D1713097

DU SYMBOLIQUE AU SYMBOLE

LOUIS-MARIE CHAUVET

234
CHA

DU SYMBOLIQUE
AU SYMBOLE

Essai sur les sacrements

LES ÉDITIONS DU CERF
29, boulevard Latour-Maubourg, Paris
1979

© *Les Éditions du Cerf,* 1979
ISBN 2-204-01366-8

INTRODUCTION

Depuis plus de dix ans, on va répétant que le traité « Des sacrements en général », ancienne voie royale d'approche des sacrements « en particulier », ne peut mener qu'à une impasse. Le concept de sacrement, souligne-t-on à juste titre, est analogique : il ne se vérifie pas de la même manière dans l'eucharistie et le mariage, dans le baptême et l'onction des malades... On est ainsi devenu aujourd'hui plus sensible à ce qui différencie les sept rites que, depuis le milieu du XIIᵉ siècle, l'on a rangés sous le concept générique de sacrement qu'à ce qui les unit. Ce mouvement est sans doute l'écho d'une évolution culturelle globale qui nous rend méfiants à l'égard des grandes systématisations rationnelles ; nous préférons centrer notre attention sur les particularités : celles de la langue (cf. la linguistique structurale), de l'histoire (cf. M. Foucault), des classes sociales ou des minorités ethniques...

En théologie sacramentaire, la chose a fini par aller de soi. On trouve actuellement de multiples articles ou ouvrages sur le baptême, sur l'eucharistie, sur la pénitence, sur le mariage, etc. ; on ne trouve presque rien sur la question comme telle des sacrements. Depuis le livre de E. Schillebeeckx, Le Christ, sacrement de la rencontre de Dieu, paru en néerlandais en 1957 et en français en 1960, on ne connaît pas d'ouvrage théologique majeur en ce domaine, alors que l'ecclésiologie et surtout la christologie, ainsi que, dans une moindre mesure, la théologie trinitaire, ont donné lieu à une impressionnante production. On a certes beaucoup écrit sur la pastorale sacramentelle et les célébrations liturgiques : il y avait là, et il y a là toujours, des urgences, dans le sillage de la Réforme de Vatican II. Si bien que *le théologien des sacrements se trouve dans une situation paradoxale : il dispose, d'un côté, d'une énorme quantité de documentation historique, sociologique (voire ethnologique), liturgique et pastorale, ainsi que, de l'autre, d'une production théologique relativement abondante sur tel ou tel sacrement ; mais il ne trouve pratiquement rien de véritablement neuf depuis vingt ans sur le fait lui-même de la sacramentalité, sur son pourquoi et sur son comment.*

Or, si la théologie est bien toujours cet effort risqué d'une foi qui s'ex-pose dans la quête de son intelligence à partir de la compréhension de soi que l'homme a de lui-même dans une culture historiquement déterminée, elle ne peut pas ne pas être confrontée à la question que soulève le fait que, dans l'Église, on fait toujours « du » baptême, « de » l'eucharistie, « du » mariage... Pourquoi y a-t-il « du sacrement » dans l'Église ? Si, comme c'est notre conviction, les sacrements ne nous tombent pas des nues, sur quoi s'appuient-ils en l'homme ? Quelle est leur résonance anthropologique ? Nous ne pouvons pas plus échapper aujourd'hui qu'aux temps de la scolastique à une telle question. Question qui en soulève une autre : pourquoi la foi chrétienne, si subversive à l'égard des rites religieux, requiert-elle pourtant de la sacramentalité ? L'Évangile n'est-il pas du côté de la « vie », de l'« engagement », de la relation de justice et d'amour à autrui ? La pratique sacramentelle n'est-elle pas démobilisatrice, mystificatrice, politiquement récupératrice, et, finalement, aliénante ? Autant de questions tout à fait fondamentales, posées chaque jour par de nombreux chrétiens, et qui procèdent toutes, non plus comme autrefois, d'un « comment ? », mais d'un « pourquoi ? ». C'est bien le fait même qu'il y ait « du » sacrement qui ne va plus de soi...

La question du « comment ? » n'est pas évacuée pour autant. Même si elle se pose différemment aujourd'hui, elle s'impose tout autant qu'hier au croyant qui essaie de comprendre. Vouloir en faire l'économie, c'est agir comme l'autruche... Comment penser le rapport de l'Église et du croyant à Dieu dans les sacrements ? Si Jésus, le Christ, est bien la Grâce de Dieu qui se donne à l'homme dans l'Esprit, comment comprendre le don sacramentel de la grâce ?

Comment le relier à la « sacramentalité » globale de l'existence chrétienne, c'est-à-dire de la foi et de la charité vécues, sans l'y dissoudre purement et simplement ? Etc.

Les réflexions que nous proposons ici n'ont pas l'ambition de faire le vaste tour des questions théologiques ouvertes aujourd'hui par les sacrements. Le choix des points traités procède d'un cycle de conférences données, au début de l'année 1977, au Centre Jean-Bart à Paris autour du thème « Les sacrements : symbole et réalité ». Nous avons bien sûr considérablement amplifié ici les réflexions alors proposées. Mais ces amplifications sont toujours telles qu'elles se limitent aux éléments constitutifs de l'épine dorsale de cet ouvrage : l'approche des sacrements par la voie du symbole. C'est pourquoi des questions aussi majeures que le rapport de la sacramentaire à la christologie ou à la pneumatologie ne font l'objet, pour le premier, que de quelques pages et, pour le second, de quelques notations assez brèves. De même, si la théologie de l'histoire impliquée dans les célébrations sacramentelles est partiellement prise en compte, ce n'est pas de front ; quant à celle de la création, elle est tout juste mentionnée. C'est dire le caractère très partiel de la réflexion sacramentaire ici présentée. Aussi bien, d'ailleurs, cet ouvrage ne veut-il être qu'un simple « essai ».

Mais un essai risqué. Risqué parce qu'il tente d'élaborer une théologie qui parle selon la « modernité » — et non plus contre elle. Ce projet, ambitieux et plein d'embûches, explique le plan d'ensemble.

Dans un premier chapitre, on essaie de reprendre à nouveaux frais la question soulevée par E. Schillebeeckx qui ouvre l'introduction de l'ouvrage déjà cité : « Il est frappant de constater que la théologie des manuels omet souvent de faire la distinction précise entre le mode propre de l'existence humaine et la simple présence des choses naturelles » (p. 11). Cette question du « réel » humain, capitale en effet, puisque selon l'adage classique : « les sacrements sont pour les hommes », nous l'abordons par la voie du langage, *en allant* « du symbolique au symbole ». *Son traitement, pour lequel, comme on le verra, nous sommes redevables notamment à la pensée de M. Heidegger, ne peut faire aujourd'hui l'économie des acquis ou des recherches d'un certain nombre de disciplines parmi les sciences dites humaines. Nous sommes conscients que pareille problématisation théologique à partir de ces sciences ne va pas sans poser de graves questions épistémologiques relatives au statut de la théologie par rapport à celui de ces sciences. Mais il ne pouvait être question, dans le cadre de cet ouvrage, de justifier nos présupposés en ce domaine. Disons simplement, pour faire bref, que nous avons au moins la conviction que le déplacement effectué en anthropologie par la linguistique, la psychanalyse, l'ethnologie, la sociologie, l'éthologie, la biologie, etc., opère nécessairement un déplacement du théologien lui-même, et donc aussi de sa théologie, si bien que la théologie concrète commence dès le dialogue avec les sciences de l'homme. Celles-ci ne sont pas une simple propédeutique au discours théologique qui ne commencerait « qu'après ». Elles traversent au contraire son questionnement de bout en bout.*

Un tel chapitre, reversant l'homme au langage et à la culture, met en place un certain nombre de concepts relatifs au rapport de l'homme au « réel » : le symbolique et l'imaginaire ; le symbole et le signe ; la métaphore et la métonymie. *Il cherche notamment à montrer comment la symbolisation — l'activité symbolique —, comme acte de langage « au second degré », est* l'espace originaire au sein duquel advient l'homme. *En raison de la part inévitable de concepts quelque peu techniques et de la problématique « anti-instrumentaliste » du langage qui le guide jusqu'au symbole, ce chapitre peut paraître assez ardu au lecteur non familiarisé avec cette perspective de modernité. Il ne faudrait pas cependant s'exagérer la difficulté — toute relative !*

Les chapitres suivants seront sans doute d'un abord plus simple. Le chapitre II *offre une lecture des sacrements* dans le réseau symbolique propre à la foi ecclésiale ; *on les situe notamment par rapport à la pratique de l'Écriture et à la pratique éthique. Fidèles au mouvement général du premier chapitre, nous poussons alors du symbolique au symbole — plus précisément : au processus (ou « procès ») de symbolisation mis en œuvre dans les sacrements. Le chapitre III essaie de comprendre pourquoi les sacrements ont, dans l'Église, cette place privilégiée dans la structuration de la foi qui apparaît au terme du chapitre précédent. La réflexion se développe ici essentiellement par le biais de la ritualité et de l'activité symbolique qui s'y déploie. Un quatrième chapitre consacré à « l'efficacité symbolique des sacrements » propose une intelligence de celle-ci qui s'inscrive fidèlement dans le sillage de la problématique développée au début. Il s'agit de comprendre l'opérativité des sacrements à partir de l'acte de langage symbolique de l'Église qui s'y « exprime » en s'y « ex-posant ». Il ne s'agit là, bien sûr, que d'une approche possible de ce qui demeure un mystère de foi. Mais le discours classique sur cette question, par la voie de la causalité métaphysique, fut-il, lui aussi, autre chose qu'une approche ? Le dernier chapitre est assez différent des précédents : c'est une problématique pastorale qui est ici esquissée. Il n'en constitue pas moins l'un des éléments de l'épine dorsale de notre ouvrage : dans une société de consommation qui, selon les analyses de J. Baudrillard auxquelles nous puisons, est régie par une logique interne d'étouffement du symbolique, quelles peuvent être les chances de la liturgie chrétienne ? On ne tirera pas de ces réflexions des recettes ; peut-être seulement un peu plus de lucidité (?) sur les mécanismes secrets qui font tourner notre société occidentale et, sans nous bercer d'illusions, quelques raisons de plus d'espérer qui mobilisent les énergies pastorales dans l'Église.*

La vie liturgique de l'Église est, selon nous, le lieu prioritaire de la structuration de la foi et de la foi chrétienne — et cela est vrai dès les origines de l'Église, semble-t-il, où l'expérience liturgique a été la matrice dans laquelle ont pris corps les premières confessions de foi christologiques et trinitaires. Puisse cet essai, trop partiel, ne pas nous démentir !

CHAPITRE I

DU SYMBOLIQUE AU SYMBOLE

La notion de symbolisme est aujourd'hui si étroitement attachée à la psychanalyse, les mots 'symbolique' 'symboliser', 'symbolisation' si souvent utilisés, et dans des sens si divers, les problèmes enfin qui concernent la pensée symbolique, la création et le maniement des symboles dépendent de tant de disciplines (psychologie, linguistique, épistémologie, histoire des religions, ethnologie, etc.), qu'il y a une difficulté particulière à vouloir délimiter un emploi proprement psychanalytique de ces termes et à en distinguer plusieurs acceptions [1].

Ce constat de relative imprécision, que font J. Laplanche et J.B. Pontalis, quant à l'acception des termes de « symbolique », « symbolisme », « symbole » dans les diverses disciplines qui en font usage, complique singulièrement la tâche que nous nous proposons dans cet ouvrage : tenter d'approcher théologiquement les sacrements à partir de ces actes de langage particuliers que sont les figures symboliques. Aussi une clarification de vocabulaire est-elle souhaitable d'entrée de jeu, au risque de rebuter quelque peu le lecteur par le caractère inévitablement « sec » et abstrait de ces précisions terminologiques. Les pages qui suivent devraient permettre de leur donner une consistance plus concrète et plus vivante.

Nous distinguerons donc :

---

1. J. LAPLANCHE et J.B. PONTALIS, *Vocabulaire de la psychanalyse*, Paris, P.U.F. 1973, p. 476.

1. LE SYMBOLIQUE

Le symbolique est de l'ordre de la culture. Selon C. Lévi-Strauss, celle-ci repose sur des « structures fondamentales de l'esprit humain » qui « sont au nombre de trois : l'exigence de la règle comme règle ; la notion de réciprocité (...) ; enfin le caractère synthétique du don (qui) change les individus en partenaires » [2].

Le symbolique désigne donc le *rapport social d'échange*. On peut considérer celui-ci soit, d'un point de vue sociologique, comme *procès* (processus) *réversible de réciprocité* — don/contre-don — (J. Baudrillard), soit, d'un point de vue psychanalytique, comme *registre psychique* de l'échange, de la réciprocité, de l'altérité (J. Lacan), soit, d'un point de vue structural, comme *système culturel* rendant possible ce rapport d'échange (C. Lévi-Strauss).

Dans ce dernier cas, le symbolique dénote le rapport structural de cohérence qu'entretiennent entre eux les divers niveaux (économique, social, politique, idéologique) et « codes » (vestimentaire, culinaire, anatomique, sociologique, éthique, etc.) d'une culture.

Selon la psychanalyse lacanienne, la *fonction symbolique* est ce qui permet au petit d'homme d'accéder à la culture, d'entrer dans « l'ordre symbolique », c'est-à-dire de communiquer avec autrui de manière signifiante (ou « humaine »). Tout rapport social d'échange et donc de réversibilité se fonde sur l'exercice de la fonction symbolique.

2. LA SYMBOLIQUE

Nous entendons par ce terme, au féminin, l'*organisation* des figures du processus *primaire* (c'est-à-dire de celles qui fonctionnent au niveau du système *inconscient*), à travers laquelle le sujet humain peut se situer dans le système d'échange symbolique. De cette

---

2. C. LÉVI-STRAUSS, *Les structures élémentaires de la parenté*, 2ᵉ éd., Mouton 1967, p. 108.

symbolique primaire relèvent notamment les *fantasmes*, c'est-à-dire les scénarios inconscients dans lesquels le sujet et son désir sont représentés : fantasme de la « scène originaire » (l'engendrement du sujet par les parents) ; fantasme oral de l'introjection/projection (manger, dévorer, assimiler) ; fantasme sadico-anal du conserver/donner ; fantasme phallique du pénétrer, etc. Ces fantasmes constituent le soubassement primaire inconscient de la symbolique secondaire (ou du symbolisme dont il est question ci-après).

Contrairement au symbolique et au symbolisme, la symbolique ne fera pas l'objet de développement particulier dans ce chapitre. Mais nous en donnerons quelques illustrations lorsque nous parlerons des « schèmes archaïques sub-rituels » au chapitre III.

3. LE SYMBOLISME

Il désigne *le monde de ces figures ambivalentes* que l'on appelle des *symboles* (symboles picturaux, religieux, poétiques...), grâce auxquelles l'homme social « exprime » son existence (en la « symbolisant », précisément). Il tend à recouvrir la symbolique *secondaire*, c'est-à-dire l'organisation des figures au niveau des systèmes *pré-conscient et conscient*.

I. LE SYMBOLIQUE

Le très bel ouvrage de l'historien G. Duby, *Le temps des cathédrales. L'art et la société de 980 à 1420* va nous servir de point de départ. Le projet de l'auteur est de « tenter de restituer autour des œuvres d'art l'ensemble culturel qui leur donne leur pleine signification ». Le monastère roman, la cathédrale gothique, le palais du bas Moyen Age ne se comprennent *qu'à l'intérieur de la société qui les produit et qui les consomme*.

Ainsi, l'art roman du XIᵉ siècle s'est forgé « dans un monde que la brutalité des hommes de guerre écrasait de tout son poids..., fortement marqué par l'empreinte d'une culture violente, irrationnelle, ignorante de l'écriture, sensible aux gestes, aux rites, aux symboles : la culture des chevaliers [3] ». Cette « *culture des chevaliers* », dont l'art ecclésiastique est l'expression *idéologique,* est évidemment dépendante des conditions *socio-économiques* et de l'univers *politique* de l'époque.

L'économie : comment fut *financé* l'art roman ? Grâce à l'énorme enrichissement des seigneurs féodaux sur le dos d'un peuple de serfs, taillable et corvéable à merci, ainsi que des monastères particulièrement florissants à l'époque. Encore fallait-il que les seigneurs eussent une âme religieuse pour cautionner des opérations aussi coûteuses... Précisément, la tradition chevaleresque était animée par des valeurs socio-politiques de loyauté, de courage et de largesse. Ces largesses purent être canalisées assez aisément dans un sens religieux, parce que, dans cet univers, chacun avait le sentiment profond de ne pouvoir sauver son âme que moyennant l'intercession de ces intermédiaires entre le monde de Dieu et celui des hommes qu'étaient les moines ici-bas et les saints au ciel.

Car le Dieu des chevaliers chrétiens de l'an mil était à l'image du seigneur féodal devant lequel les vassaux, à genoux, venaient faire acte d'allégeance, lui jurant leur « foi » (fidélité) et attendant de lui, en retour, aide et protection. Les représentations de Dieu étaient donc fortement tributaires du mode d'exercice du pouvoir *politique,* en même temps qu'elles légitimaient et renforçaient ce dernier. On n'était certes pas totalement dupe de ces images : Dieu est un Seigneur bien au-dessus de tous les seigneurs de la terre. Mais on

---

3. G. DUBY, *Le temps des cathédrales. L'art et la société de 980 à 1420,* N.R.F. Gallimard 1976, ch. 2 : « Les féodaux ». Précisons que l'auteur est un connaisseur trop averti de la civilisation médiévale pour nous la présenter seulement sous son aspect violent, irrationnel, ignare ! Le manifeste récent de Régine PERNOUD (*Pour en finir avec le Moyen Age,* Paris, Seuil 1977) contre les clichés éculés d'un Moyen Age fruste, ignare, barbare, est venu nous rappeler des vérités trop méconnues...

baignait bien dans la même *idéologie*[4] : le Dieu que l'on adorait alors n'était point le Jésus familier des évangiles synoptiques, mais le Seigneur tout-puissant de l'Apocalypse, dont on craignait la colère et le jugement redoutables. Ce jugement se manifestait déjà par son intervention quasi physique dans le monde : épidémies, cataclysmes naturels, guerres, jugements ordaliques étaient vécus comme autant de manifestations de la justice divine. On concevait Dieu comme présent dans le monde, non par son être — il réside dans les cieux —, mais, et directement, par son action. Comment pouvait-il en être autrement dans une société pré-scientifique qui cherchait partout des traces, des empreintes de lui : dans les fleurs, la lumière, les étoiles ?

Face à ce Dieu, on comprend l'attachement très vif des chevaliers chrétiens au culte des reliques et aux donations pieuses. L'art roman, écrit G. Duby, « n'avait d'autre fonction que d'offrir à Dieu les richesses du monde visible, que de permettre par de tels dons d'apaiser la colère du Tout-Puissant et de se concilier ses faveurs. Tout le grand art était alors *sacrifice*[5] ». Sacrifice pour assurer, moyennant l'intercession des saints du ciel et des saints de la terre — les moines — son salut éternel.

Là religion des chevaliers « se résolvait tout entière en des rites, des gestes, des formules[6] ». « Religion du faire, et non pas du savoir », comme le note de son côté P. Chaunu[7]. Le *geste liturgique* avait l'efficacité symbolique du geste de vassalité :

Lorsqu'un guerrier prêtait serment, ce qui comptait à ses yeux d'abord, ce n'était pas l'engagement de son âme, mais une posture corporelle, le contact que sa main, posée sur la croix, sur le livre de l'Écriture ou sur un sac de reliques, prenait avec le sacré. Lorsqu'il s'avançait pour devenir l'homme

---

4. Nous prenons ici le terme d'« idéologie » dans son sens relativement restreint : la « vision du monde », propre à un groupe social particulier, qui contribue à la reproduction des rapports de production et de pouvoir.

5. G. Duby, *op. cit.*, p. 18. Cf. p. 65 : « La donation pieuse fut alors le geste de piété fondamental d'une chrétienté qui vivait écrasée par le sentiment d'une inévitable culpabilité. »

6. *Ibid.*, p. 66.

7. P. Chaunu, *Le temps des Réformes. La crise de la chrétienté*. L'éclatement 1250-1550, Fayard 1975, p. 172.

d'un seigneur, c'était une attitude encore, une position des mains, une suite de mots rituellement enchaînés et dont le seul fait de les proférer nouait le contrat [8].

Contrat religieux, contrat politique, contrat social sont en harmonie. Le fonctionnement des symboles religieux tient à leur intégration dans un univers de représentations, dont les divers niveaux, économique, politique, idéologique, forment ensemble une certaine *cohérence culturelle*. Rites religieux, exégèse scripturaire, écrits théologiques, « valeurs » éthiques, mode de fonctionnement du pouvoir politique, organisation sociale, conditions économiques... *se répondent les uns aux autres* et forment un grand ensemble cohérent qui s'appelle une *culture*.

Le symbolique désigne précisément cette *cohérence structurale* entre les divers éléments et les divers niveaux (économique, social, politique, idéologique — éthique, religion, philosophie...) d'une culture, qui permet au groupe social et aux individus de « *se situer* » dans l'espace et dans le temps *de manière signifiante*, c'est-à-dire de s'identifier.

Mais pourquoi employer le terme de « symbolique », au risque de compliquer un peu plus les choses, au lieu de parler, plus simplement, comme tout le monde, d'« écnange réciproque » ou de « culture » ? Parce que l'échange (de mots, de femmes, de biens) n'est pas un simple attribut parmi d'autres de l'homme social, comme on pourrait se l'imaginer, mais le lieu même de son avènement. Parce que la culture n'est pas un simple secteur de l'activité sociale, mais l'ordre préétabli, le milieu (la médiation), qui instaure un ensemble d'individus comme société humaine. Le symbolique prend donc

---

8. G. DUBY, *op. cit.,* pp. 62-63. Cf. l'étude de J. LE GOFF sur « le rituel symbolique de vassalité », dans son ouvrage : *Pour un autre Moyen Age. Temps, travail et culture en Occident :* « 18 essais », N.R.F. Gallimard 1977, pp. 349-420. L'efficacité symbolique des paroles, gestes et objets qui composent ce rituel apparaît de manière remarquable. Exemple typique de langage « performatif » : langage (verbal, gestuel, postural...) qui réalise effectivement ce qu'il dit, de par la seule force de son énonciation. Suzerain et vassal sont désormais liés l'un à l'autre par un pacte sacré et inviolable.

d'emblée l'échange culturel comme *système* (Lévi-Strauss), du point de vue du sujet ou, en perspective psychanalytique, comme *registre*, distinct du « réel » et de l'« imaginaire » (Lacan). L'approche de l'homme par ces trois registres marque l'avènement d'une anthropologie fondamentalement neuve qui bouleverse l'humanisme classique.

1. LE SYMBOLIQUE ET LE RÉEL

a) Il n'est d'homme que parlant

« Le plus immédiat est la dernière chose que l'on puisse exprimer », écrit E. Ortigues, si bien que « le propre de l'homme est de commencer par la fin [9] ». Une conversion est nécessaire, où nous apprenions à commencer par le commencement. Commencer par le commencement, c'est remettre en cause ce qui nous apparaît comme une évidence première, à savoir que nous sommes en contact immédiat avec le « réel » (le monde, autrui, nous-mêmes). Nous sommes en effet sincèrement convaincus que nous percevons « objectivement » le monde, que les choses viennent s'inscrire directement, à l'état brut, dans notre esprit sous forme d'images et de représentations mentales, et que notre langage vient exprimer *après coup*, de manière fidèle, ce qui a été ainsi imprimé en nous ; le langage serait donc un moyen — le moyen sans doute le plus approprié — de restituer, copie conforme, le modèle original du « réel » que nous avons perçu ; il serait le miroir du monde. Cela va de soi, n'est-ce pas ?

Or, c'est précisément ce tout premier « ça va de soi » qui est radicalement remis en cause aujourd'hui, à travers le rejet de la conception instrumentaliste du langage et de la culture. « Et de la culture » : le réseau culturel qui structure la réalité humaine — ce que nous appelons le symbolique — se tient en effet immédiatement dans l'ordre du langage. Sur la base du langage, le symbolique pose d'emblée le « réel » à distance. Car, contrairement à ce que nous

---

9. E. ORTIGUES, *Le discours et le symbole*, Aubier-Montaigne 1962, pp. 13-14.

croyons spontanément, *nous n'atteignons jamais le réel de manière immédiate*; il ne nous est présent que de manière *médiate*, c'est-à-dire comme *construit* et aménagé à travers le réseau symbolique de la culture qui nous façonne. L'homme est un être de langage : il n'advient comme sujet qu'en parlant. Et s'il parle, c'est parce que les choses ne peuvent être signifiantes de lui et pour lui que mises à distance...

Sujet et langage s'élaborent de pair. E. Benveniste écrit :

> Nous n'atteignons jamais l'homme séparé du langage, et nous ne le voyons jamais l'inventant (...) C'est un homme parlant que nous trouvons dans le monde, un homme parlant à un autre homme, et le langage enseigne la définition même de l'homme [10].

Autrement dit, le langage n'est *pas un instrument* inventé par l'homme pour améliorer la qualité de sa vie. La brouette, la pioche, la flèche sont des instruments, des outils, des moyens que l'homme-sujet, déjà là, s'est donnés pour vivre mieux. Le langage n'est pas de cet ordre-là : il n'est pas un instrument, mais une *médiation,* c'est-à-dire un milieu dans lequel l'homme advient comme sujet. L'homme ne possède pas le langage, puisqu'il ne lui pré-existe pas, mais s'élabore en son sein; il est bien plutôt possédé par lui. En langage plus philosophique, nous dirons que le langage est l'existential fondamental de l'homme.

« Langage » s'entend ici d'abord de la mise en œuvre de la langue comme telle, mais aussi de ces *« quasi-langages »* que sont : d'une part, le « supra-langage » constitué par le geste, la mimique, l'œuvre d'art... ; d'autre part, l'« infra-langage » des pulsions archaïques du désir humain : ces pulsions du système inconscient ne sont précisément humaines que dans la mesure où elles fonctionnent « sans arrêt... vers et dans le langage » [11]. Un désir sans langage ne serait plus qu'un réflexe animal instinctuel ou une jouissance mort-née de type psychotique. Le langage n'intervient pas après coup seulement

---

10. E. BENVENISTE, *Problèmes de linguistique générale,* Gallimard 1966, t. I, p. 259.
11. J. KRISTEVA, *La révolution du langage poétique,* Seuil 1970.

pour « traduire » une expérience préalable dont l'homme serait en possession immédiate, un peu comme l'utilisation d'un pinceau permet de « reproduire » — croit-on ! — un paysage aimé : nous venons de dénoncer comme illusoire cette conception instrumenta-liste. Le langage est, au contraire, toujours déjà-là : il est *constitutif de toute expérience comme expérience « humaine »*.

Il n'est d'homme que dans le langage ; il n'est d'homme que parlant. Comme l'écrit M. Heidegger :

L'être humain parle. Nous parlons éveillés ; nous parlons de en rêve. Nous parlons sans cesse, même quand nous ne proférons aucune parole, et que nous ne faisons qu'écouter ou lire ; nous parlons, même si, n'écoutant plus vraiment, ni ne lisant, nous nous adonnons à un travail, ou bien nous abandonnons à ne rien faire. *Constamment nous parlons, d'une manière ou d'une autre*. Nous parlons parce que parler nous est naturel. Cela ne provient pas d'une volonté de parler qui serait antérieure à la parole (...) (L'homme est) le vivant capable de parole. Cette affirmation ne signifie pas seulement qu'*à côté* d'autres facultés l'homme possède aussi celle de parler. Elle veut dire que c'est bien la parole qui rend l'homme *c*apable d'être le vivant qu'il est en tant qu'homme. *L'homme est homme en tant qu'il est celui qui parle* [12].

b) Pris dans les filets du langage

Autrement dit, l'homme n'a pas prise sur le langage ; il est sous son emprise. Mais qu'il est difficile de se convertir, jusqu'au bout, à la reconnaissance d'une telle maîtrise !

— Aller jusqu'au bout de cette conversion/subversion, c'est apprendre, par exemple, à reconnaître, comme le dit le même auteur, que « quand nous allons à la fontaine ou que nous marchons dans la forêt, c'est par ce que nous dit ' fontaine ' ou ce que nous dit ' forêt ' que passe notre chemin, même si nous ne parlons pas tout haut et ne pensons à rien qui mène au langage [13] » ; étant bien entendu — il importe de le préciser — que, pour Heidegger, si « forêt » désigne pour tout homme une vaste étendue de terre plantée d'arbres, ce terme n'évoque pourtant pas la même chose pour les Bororos du

---

12. M. HEIDEGGER, *Acheminement vers la parole*, Gallimard 1976, p. 13.
13. ID., *Holzwege*, Frankfurt am Main, 1957 [3], p. 286.

Brésil, les Gaulois d'Astérix ou les Parisiens en promenade dans la
forêt de Fontainebleau : le langage n'existe jamais en soi, mais
seulement concrétisé dans une langue particulière, laquelle est liée à
des conditions socio-économiques et, plus largement, à tout un
réseau culturel qui ne vient pas seulement, comme on serait tenté de
le croire pour s'en tirer à bon compte, le « colorer, » (lui donner
« couleur locale »), mais qui le *constitue*, dans sa chair même,
comme langage, comme *ce* langage particulier.

   — Dans le sillage de la parole du philosophe allemand que nous
venons de citer, aller jusqu'au bout de la conversion au langage, c'est
reconnaître que, même dans nos conversations les plus banales,
lorsque nous parlons « pour ne rien dire », « pour passer le temps »
(de la pluie et du beau temps, par exemple), nous sommes toujours
pris nous-mêmes dans ce que nous disons.

   La *linguistique* contemporaine nous fait toucher le problème de
manière particulièrement vive. E. Ortigues écrit en écho à E.
Benveniste « le JE linguistique est *un cas unique* : alors que tous les
signes du langage renvoient non pas immédiatement à la réalité de la
chose mais seulement à son idée, sa représentation, sa possibilité de
détermination (...), le JE au contraire a une portée immédiatement
existentielle : il atteste l'actualité d'un sujet qui se donne lui-même à
reconnaître dans la réalité présente d'un acte de parole ». Ce cas
unique est la condition de possibilité de tout discours : « même là où
le mot JE n'est pas prononcé, la référence à la personne qui parle est
une condition *permanente* de signification pour l'intégralité du
discours, étant donné que rien n'a de sens qui ne concerne l'homme
conscient de sa présence au monde comme sujet parlant et agissant [14]. »
Le sujet linguistique de l'énoncé et le sujet existentiel de l'énonciation ne sont jamais séparables, si ce n'est par méthode ; encore
celle-ci doit-elle prendre en compte ce statut particulier du JE. Telle
est bien la croix des linguistes signalée par Julia Kristeva :
« Comment séparer la réalité linguistique de ce qu'en pense le sujet

---

   14. E. ORTIGUES, *op. cit*, pp. 152-153. — E. BENVENISTE, *op. cit.*,
pp. 258-266.

linguiste, de ce qu'il en sait, puisqu'il est dedans [15] ? » « C'est dans et par le langage que l'homme se constitue comme sujet », écrit E. Benveniste [16] : le sujet existentiel n'advient que dans la médiation, explicite ou implicite, du sujet linguistique ; c'est en sens tout à fait fondamental qu'il nous faut comprendre *l'as-sujettissement* de l'homme à la loi du langage.

Cet assujettissement est tel que, à la limite, l'énoncé et les informations qu'il contient n'ont guère d'importance : l'enjeu véritable n'est pas ce qui est énoncé, mais l'acte même d'énonciation, le fait même de parler et par là de se situer. Tout au long de son ouvrage, *La parole intermédiaire*, F. Flahault montre que « *toute parole*, si importante que soit sa valeur référentielle et informative, se formule à partir d'un ' *qui je suis pour toi, qui tu es pour moi* ' et est opérante dans ce champ », que toute parole « loin de se réduire à un simple moyen de communiquer ou d'informer, est *demande de reconnaissance*, par le truchement d'une action entreprise à la fois sur ma propre *identité* et sur celle de l'autre ». Le sujet ne *se réalise* que dans le langage, parce que c'est dans le langage qu'il cherche à « être reconnu à une *place* ». Cette place est elle-même corrélative de celle qu'il assigne aux autres, mais aussi (d'où les conflits) de celle que les autres lui assignent (jusqu'à remettre le locuteur « à sa place », comme on dit) : le langage, qui est d'abord un pacte culturel — tous sont assujettis à sa même loi, sous peine de ne jamais pouvoir s'entendre —, vient ainsi négocier et réguler le rapport de « violence » qui constitue les sujets et leur permet de vivre ensemble [17].

L'intérêt majeur de l'ouvrage de Jeanne Favret-Saada sur la sorcellerie dans le Bocage réside précisément dans cette vive expérience du *pouvoir de la parole*. « En sorcellerie, l'acte, c'est le verbe... C'est de la parole, mais une parole qui est pouvoir et non savoir ou information. » Sans doute s'agit-il là d'une expérience

---

15. J. KRISTEVA, « Du sujet en linguistique », in : *Langages 24,* déc. 1971, p. 115.
16. E. BENVENISTE, *op. cit.*, p. 259.
17. F. FLAHAULT, *La parole intermédiaire*, Seuil 1978, pp. 50 ; 70 ; 158-159.

paroxystique; mais justement, ce paroxysme a l'avantage de nous jeter sous les yeux, dans une violente lumière, l'enjeu sans doute fondamental du langage, celui qui nous est trop proche pour que nous puissions, faute de recul, le repérer : en sorcellerie, « ce qui importe, c'est moins de déchiffrer des énoncés — ou ce qui est dit — que de comprendre *qui parle et à qui* [18] ». Bien sûr, à la différence du discours de sorcellerie, celui de la conversation courante donne-t-il généralement à l'énoncé lui-même une place importante. Le discours scientifique ne tient même sa valeur que de la pertinence des informations qu'il fournit dans son énoncé. Sur l'échelle énonciation/énoncé, il se tient à l'opposé de la sorcellerie, puisqu'il vise à être un discours sans sujet, le plus « objectif » possible. Pourtant, comme le remarque F. Flahaut, ce serait une grave illusion — le positivisme en est l'illustration — de croire que le sujet de l'énonciation, *l'homme* scientifique, serait absent de son discours, qu'il ne chercherait pas lui aussi à se donner une place parmi les autres hommes et ainsi à donner sens *humain* à sa recherche. En effet, « ce n'est plus dans le contenu de ses paroles que passe quelque chose qui le dépasse, mais dans le fait que ses paroles soient *reconnues* comme relevant de la science » ; ce dont il jouit dans son discours, c'est, « en le prononçant, d'être à la place même du Tiers incontestable, d'être cet inattaquable 'on' ou 'il' impersonnel ('on sait que', 'il a été prouvé que'), de trôner sur ce garant de la vérité qu'est 'l'acquis scientifique' [19] ». Nous voyons ici émerger la polarité proprement symbolique du langage, dont nous traiterons dans la partie III de ce chapitre.

c) La case vide

Même dans le discours qui se veut le plus « objectif », l'homme est encore en quête d'une place, c'est-à-dire d'une identité et d'une

---

18. J. FAVRET-SAADA, *Les mots, la mort, les sorts*. La sorcellerie dans le Bocage, Gallimard 1977, pp. 21 et 26.

19. F. FLAHAULT, *op. cit.*, pp. 220-221.

demande de reconnaissance de cette identité par autrui. Opération sans cesse à reprendre, tant le jeu des relations au « réel » (les autres, les choses, l'objet perdu que poursuit inlassablement l'inconscient de l'individu) est en perpétuelle mouvance. Comme dans le jeu du taquin, ce jeu requiert une *case vide* : c'est elle qui permet de faire glisser les pions (lettres de l'alphabet ou chiffres) pour les mettre en ordre, les situer à la bonne place[20]. Si l'homme est sujet, c'est-à-dire s'il parle, c'est précisément parce qu'il existe un *vide,* une *brèche* entre soi et son désir, entre soi et autrui, entre soi et le monde ; bref, entre soi et le « réel ». C'est de cette insurmontable impossibilité de coïncider adéquatement avec soi, de reconquérir sa propre origine, de s'approprier sa mort et ainsi de colmater la fissure qu'elle crée tout au long de l'existence humaine, c'est de cette inobturable « case vide », différence, absence (ce qu'on appelle l'« inquiétude humaine », l'« angoisse » d'être *toujours-déjà* « jeté-au-monde » et « livré-à-autrui »[21]) que jaillit le langage ; là est son lieu. Dire que l'homme n'advient que dans le langage, c'est dire cette *expropriation radicale,* cet écart permanent entre soi et son désir, son histoire, sa société, son monde…

C'est dans le langage lui-même que l'homme se voit assujetti à cette expropriation qui fait brèche en lui et qui est la condition de son avènement. Les analyses de E. Benveniste, reprises par E. Ortigues, sont précieuses sur ce point capital[22]. Elles font apparaître la *structure triadique de la personne linguistique :*

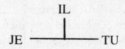

Si le JE a un statut linguistique si particulier, c'est, outre les raisons avancées plus haut, parce que « le JE n'est pas concevable

---

20. Cf. E. ORTIGUES, *op. cit.,* pp. 17-19.
21. Cf. M. HEIDEGGER, *L'être et le temps,* Paris, Gallimard 1964.
22. E. ORTIGUES, *op. cit.,* pp. 153-154 ; E. BENVENISTE, *op. cit.,* pp. 258-266.

sans le TU », lui aussi linguistique et existentiel, c'est-à-dire sans la possibilité de prise en compte de mon discours par un autre qui, dans sa réponse, se pose lui-même comme JE. Mais cette *réversibilité* ne peut elle-même exister qu'en se déployant sur l'horizon du *monde,* c'est-à-dire de la catégorie de l'objet. Sans quoi, il n'y aurait pas échange symbolique (réversible), mais simple renvoi spéculaire dans une relation duelle en miroir, mortellement enfermée dans la fascination imaginaire et narcissique du double « in-différent » (cf. *infra,* II). C'est de cette nécessaire médiation du monde pour l'instauration de l'échange JE-TU que le IL est le support linguistique : le IL de la « non-personne ». IL tend à repousser la personne aux frontières, à la placer sous la catégorie de l'objet ; mais de ce fait, IL tend aussi à l'ouvrir à l'universalité, à l'Autre universel. Du point de vue linguistique, la relation JE-TU sans laquelle aucun des deux termes relatés n'aurait d'existence possible n'est posable que sous l'instance du IL, *médiation de l'Autre inappropriable,* de l'institué, de la Loi même qui régit tout échange symbolique, de ce Tiers qui est le « témoin » sous l'œil duquel se déroule toute communication inter-subjective (le père, la société...). Figure primordiale de la brèche entre soi et autrui ou entre soi et soi-même.

d) L'appel

C'est parce que le « réel » ne nous est jamais directement présent qu'il nous faut le *nommer*. Le nommer, c'est l'*appeler,* pour qu'il *nous vienne en présence* et qu'ainsi il « nous » parle (au sens transitif plus encore qu'intransitif), tout en restant dans son absence. Méditant sur le poème de Georg Trakl intitulé « un soir d'hiver », poème qui s'ouvre par ces deux vers :

« Quand il neige à la fenêtre,
Que longuement sonne la cloche du soir »,

M. Heidegger nous convie à entrer dans ce *jeu primordial du langage* qui, loin de se cantonner à désigner les choses, à les décrire, les « appelle » à nous :

Nommer est appel, (...) appel à venir dans la présence, appel à aller dans l'absence. La neige qui tombe et la cloche du soir qui sonne : maintenant, ici, dans le poème, les voilà qui sont adressées à nous dans une parole. Pourtant, elles ne viennent aucunement prendre place parmi ce qui est là, ici et maintenant, dans cette salle. Quelle présence est la plus haute, celle qui s'étend sous nos yeux, ou bien celle de ce qui est appelé [23] ?

Oui, quelle présence est la plus haute ? Nommer la cloche du soir, c'est — dans notre culture particulière — laisser résonner en nous l'écho mélancolique d'un déclin dont l'horizon dernier est celui même de notre propre vie. *Nommer, c'est appeler en présence « humaine »* et c'est, du même coup, se laisser soi-même interpeller dans le langage. Mais, va-t-on objecter, il s'agit ici de poésie ; rien à voir avec la banalité de tant de nos conversations quotidiennes... C'est là oublier que

La poésie proprement dite n'est jamais seulement un mode plus haut de la langue quotidienne. Au contraire, c'est bien plutôt le discours de tous les jours qui est un *poème ayant échappé*, et pour cette raison un *poème épuisé dans l'usure*, et d'où à peine encore se fait entendre un appel [24].

Autrement dit, le poème est comme l'inscription en gros caractères de ce que fait fondamentalement tout langage, même le plus courant.

En deçà de la désignation, le langage est « *vocation* » ; en deçà de l'appellation, il est appel. Il effectue, selon le mot de J. Lacan, « *le meurtre de la chose* ». Il arrache les choses à leur statut de pures choses brutes pour en faire des *signifiants de l'homme,* par le biais de sa culture et de son désir. Car lorsque je parle, c'est toujours de quelque manière ma culture et mon désir concrets que je parle. C'est pourquoi « ce que la perception m'apporte, ce n'est pas l'arbre que j'ai devant moi, mais une certaine vision que l'arbre provoque en moi, et qui est *ma réponse à l'appel de l'arbre* » [25]. L'eau que

---

23. ID., Acheminement vers la parole, *op. cit.*, p. 23.

24. *Ibid.*, pp. 34-35.

25. B. PARAIN, *Recherches sur la nature et les fonctions du langage*, Gallimard, 1942, p. 61.

j'observe, sauf à en faire de manière exclusive une analyse chimique
— et encore!... compte tenu du statut du discours scientifique
esquissé plus haut —, n'est jamais une pure chose « naturelle » ; elle
est nécessairement appréhendée à quelque degré comme le signifiant
de ma propre existence, comme quelque chose de mon corps de
désir[26]. Du paysage que j'observe, je ne retiens que quelques traits
d'ensemble ou certains détails, des traits et des détails qui ont un
écho en moi, débordant largement la conscience que je peux en
avoir ; cet écho est relatif aux avatars de mon désir, ainsi qu'aux
valeurs que le système socio-culturel auquel j'appartiens m'a
inculquées et que j'ai tellement intériorisées depuis la prime enfance
qu'elles m'apparaissent comme « naturelles ».

e) *Un jeu de construction*

Je ne perçois jamais une pure objectivité, parce que je me projette
toujours-deja d'une manière ou d'une autre dans ce que je perçois ;
l'objet est « investi avant que d'être perçu » (S. Lebovici).

L'activité langagière n'est jamais confrontée (sauf dans les sciences de la
nature, et encore, cela ne va pas de soi) à un univers physique qui lui serait
hétérogène, mais à un monde *toujours déjà rempli de signification,* toujours
déjà ordonné, toujours déjà *socialement aménagé.* Certes, la réalité matérielle
a une existence indépendante de la conscience qu'en prennent les sujets ; mais
ce n'est justement pas à cet univers, en tant qu'il est physique, que l'enfant
est d'abord confronté ; c'est dans un monde *habité* par d'autres qu'il se fraye
un chemin, et les éléments de ce monde prennent un sens pour lui par rapport
à la relation qui s'établit entre lui-même et ces autres, dont il dépend
entièrement, tant physiquement que psychiquement (...) Il en va de même
pour les adultes : se vêtir, manger, habiter, se déplacer, travailler, souffrir,
prendre du plaisir, tout cela nous plonge dans un monde de repères
symboliques[27].

Chaque groupe social *institue son réel* : l'homme ne mange jamais
de simples calories, mais des aliments socialement institués ; et la
sexualité sociale est bien autre chose que le simple sexe biologique.

---

26. A. VERGOTE, Interprétation du langage religieux, Seuil 1974, p. 64.
27. F. FLAHAULT, *op. cit.,* pp. 84-85.

Ainsi le monde est-il *toujours-déjà ma construction,* celle de ma culture et de mon désir, celle du langage, en dernière analyse. F. Nietzsche l'avait déjà perçu, voici un siècle :

> Ce qui m'a coûté et me coûte encore constamment le plus de peine, c'est de me rendre compte qu'il est infiniment plus important de *connaître le nom* des choses que de savoir ce qu'elles sont. (...) Il suffit de forger des noms nouveaux, de nouvelles appréciations et de nouvelles probabilités pour créer à la longue aussi des *'choses'* nouvelles [si bien que], nous faisons d'abord de toute chose une image, *notre* image [28].

Je ne puis vivre qu'en *habitant* le monde ; et pour l'habiter, il me faut le *bâtir* : ce que fait le langage, ce que fait le symbole [29]. Hors de l'ordre symbolique, je ne pourrais jamais me situer de manière signifiante dans le monde, la société, l'histoire ; jamais je ne pourrais trouver mon identité de sujet. Sans la *médiation* du langage et de la trame symbolique que constitue la culture qui m'a façonné, je serais asservi à l'empire mortifère de la chose, dans une immédiateté close sur elle-même. Il faut que le langage opère « le meurtre de la chose » pour que je puisse advenir comme sujet dans un monde signifiant : un espace de respiration est ainsi dégagé où la vie humaine devient possible.

Mais je renonce du même coup à croire que je peux atteindre le réel brut, illusion qui me vouerait à la mort : le symbole m'arrache ainsi à l'impérialisme de l'imaginaire.

2. LE SYMBOLIQUE ET L'IMAGINAIRE

a) *Narcisse*

Selon le mythe grec, *Narcisse* se contemplait un jour dans l'eau d'une fontaine. Il fut tellement amoureux de sa propre image qu'il

---

28. F. NIETZSCHE, *Le gai savoir,* 1882, § 58 et 112.
29. Cf. M. HEIDEGGER, « Bâtir, habiter, penser », in *Essais et Conférences,* Paris, Gallimard 1958, pp. 170-193.

voulut se l'approprier, se rejoindre, coïncider avec son propre double : il se pencha, se pencha... et se noya. Pourtant, si leurrante qu'elle soit, cette fascination narcissique par l'image de soi-même est nécessaire : le moi prend son origine, selon la réflexion de J. Lacan sur le stade du miroir, dans la captation par l'enfant de son image spéculaire. Cette expérience est l'un des éléments qui structurent de manière décisive le psychisme, et elle ne cesse de se projeter tout au long de la vie humaine : « je t'aime » déguise toujours un « je m'aime » ou un « je t'aime m'aimant ».

Le narcissisme se joue en nous sur le *registre de l'imaginaire*. Registre de la relation duelle, fermée et immédiate de soi à soi, il fait l'économie de la médiation de l'Autre, de la culture, de l'échange réciproque : autrui n'est pas « reconnu » comme un autre ; il est capté comme une partie et une image de soi-même, comme le « double » fascinant. Autrement dit, là où le symbolique travaille dans le champ de l'échange, de la réciprocité, de l'ouverture, c'est-à-dire de la structuration et de l'ordonnancement de la culture et du social, l'imaginaire travaille dans le champ de l'*individuel,* de l'*isolement,* de la *fermeture.* Il est constitué par les matériaux individuels hérités par chacun de ses parents et soumis aux avatars de l'histoire propre de son désir. Si ces matériaux ne sont pas suffisamment accrochés au cadre symbolique, ils conduisent fatalement à la mort, comme l'illustre le mythe de Narcisse.

b) *Hors-jeu*

C'est pourquoi, ainsi que l'écrit E. Ortigues, « un même terme peut être imaginaire si on le considère absolument, et symbolique si on le comprend comme valeur différentielle, corrélative d'autres termes qui le limitent réciproquement... On ne peut isoler un symbole sans le détruire, le faire glisser dans l'imaginaire ineffable [30]. » L'imaginaire tend à mettre le réel *hors-jeu,* c'est-à-dire à transférer les choses hors culture et hors social, à les *isoler* et, par la fascination qu'elles

---

30. E. ORTIGUES, *op. cit.,* p. 220.

exercent ainsi, à les substantifier. Pour revenir à l'illustration qui nous a servi de point de départ, lorsque les chevaliers de l'an mil observaient les bestiaires sculptés de leurs chapiteaux romans ou peints sur leurs livres liturgiques, ils pouvaient, du point de vue de l'imaginaire, se laisser comme envoûter par ces monstres terrifiants d'une manière assez analogue à celle des Perses devant leurs taureaux ailés ou à celle des Chinois devant les dragons ornant leurs poteries. Malgré la luxuriance des variations de détails, c'est un même fonds commun d'imagerie mythique qui se déploie ici et là. Si l'on *isole* celle-ci de la culture romane, ou perse, ou chinoise, on la traite sous l'angle de l'imaginaire dont les folles proliférations se rejoignent partout de manière indifférenciée.

Si, par contre, nous essayons d'intégrer les bestiaires de nos médiévaux *à l'intérieur de leur système culturel,* nous découvrons qu'ils y trouvent une certaine cohérence avec, pour ne prendre que l'« idéologie », la « lecture » analogique de la Nature et de l'Histoire perçues d'emblée comme des « signes » porteurs de traces de Dieu, avec l'exégèse de l'Écriture fortement allégorique et anagogique à cette époque, avec la mise en scène rituelle de la liturgie, dont les contours terrestres visibles — tels « la moitié du dessin-puzzle [31] » — tracent ceux de la Réalité céleste invisible et mettent en communication de manière efficace avec elle, avec les valeurs éthiques poursuivies par toute cette part de la société plus ou moins lettrée tournant dans l'orbite des clercs, etc. Tous ces éléments fonctionnent en se renvoyant les uns aux autres, *selon une structuration interne* qui leur donne une *cohérence* différente de celle que l'on trouve chez les Perses ou les Chinois. Les exubérantes proliférations de l'imaginaire sont en fait canalisées par le « *pacte culturel* » commun dont vivent nos médiévaux, et au sein duquel ils trouvent leur identité, leur place dans l'espace et dans le temps. Au sein de l'ordre symbolique, c'est-à-dire de ce réseau combinatoire qui structure une

---

31. Y. CONGAR, *L'ecclésiologie du haut Moyen Age,* Cerf, 1968, p. 107. Cf. O. Casel, cité par l'auteur : « Qui a le symbole a un début de l'idée spirituelle : Symbole et Réalité composent ensemble le tout... »

culture, et dans lequel chacun, sous peine de ne jamais pouvoir
s'identifier comme sujet, se trouve pris comme dans un filet, tous les
éléments se trouvent *« jetés ensemble »* (c'est le sens étymologique de
« symbole »). Pour nos médiévaux, les bestiaires, dans cette culture
fortement dominée par l'Église, étaient appréhendés non pas
seulement comme une terrifiante évocation du grand livre de la
Nature, mais comme un *livre symbolique* de l'Histoire du salut au
sein de la société humaine.

De même, dans les *sociétés totémistes* étudiées par C. Lévi-
Strauss, chaque clan peut s'identifier à une espèce animale (coyote,
aigle, lézard...) ou végétale (igname, cocotier, bananier...). Phénomène étrange et bien « mystérieux », dira-t-on ! C'est le sentiment
qu'éprouvaient autrefois les ethnologues. Le « mystère » provenait en
fait de leur « illusion totémique » : « On rendait (ces phénomènes)
mystérieux du seul fait qu'on les *soustrayait au système* dont ils
faisaient intégralement partie comme ses transformations [32] ». Le
totémisme ne s'éclaire aucunement tant qu'on le fait reposer sur
l'analogie qui existerait entre un terme de la « nature » (le coyote) et
un terme de la « culture » (le clan dit « du coyote ») en vertu d'une
certaine ressemblance qui provoquerait une identification imaginaire.
La logique de cette « pensée sauvage », dont le totémisme est une
illustration particulièrement intéressante, est fondée sur une *homologie* entre la *classification* dans la série animale (coyote/
aigle/lézard...) et la classification dans la série humaine (les clans qui
forment la structure sociale). « Ce ne sont pas les ressemblances
(entendez : de terme animal ou végétal à terme humain), mais *les
différences* (entendez : entre les termes de la série animale d'une
part, et ceux de la série humaine de l'autre) *qui se ressemblent... La
ressemblance est entre ces deux systèmes de différences.* » Le critère
n'est pas celui de « l'analogie externe », mais celui de « l'homologie
interne » [33]. Si l'on traite le totémisme du point de vue de
l'imaginaire, on n'y verra qu'une assimilation « sauvage » — voire

32. C. LÉVI-STRAUSS, *Le totémisme aujourd'hui*, P.U.F., 4ᵉ éd. 1974, p. 29.
33. *Ibid.*, pp. 115-116.

« pré-logique », en tout cas bien mystérieuse — d'un clan à un animal. Si on le traite, comme il se doit, dans le champ du système symbolique qui structure la culture des sociétés en question, on y perçoit une rigoureuse logique d'*identification symbolique* : chaque clan (de même que chaque individu et tout l'ensemble du groupe social) trouve sa place « humaine » sous le soleil et son identité en se différenciant symboliquement des autres clans (ou individus, ou groupes) par homologie avec les différences qu'entretiennent entre eux, dans la série animale le coyote, l'aigle, le lézard, etc. Par là même s'établit entre les humains et les animaux, les végétaux ou les astres cet échange symbolique si caractéristique des sociétés archaïques : tous sont *partenaires* de l'échange. Les animaux que l'on sacrifie, par exemple, sont de véritables répondants ; on ne les tient pas pour des « bêtes » innocentes, on leur fait honneur au contraire en les regardant comme coupables. Selon cette même logique symbolique, les morts demeurent de vivants partenaires : la mort, chez lesdits « primitifs », n'est jamais « naturelle » ; elle est un rapport social d'échange [34].

c) *En-jeu*

C'est donc dans le champ du symbolique, dont le langage est la pierre angulaire et le ciment, que le sujet advient. Enveloppé en lui, il n'atteint jamais le « réel » comme tel : il le filtre sans cesse, il *le construit* — et *s'y construit* simultanément. Il ne se laisse pas emporter à la confusion imaginaire entre soi et soi-même, soi et autrui, soi et le monde, bref entre le moi et tout ce qui n'est qu'image spéculaire du moi : il « fait la différence », il reconnaît la brèche qui le constitue. L'imaginaire qui le travaille et l'aiguillonne le laisserait volontiers aller au vagabondage confusionnel et à la fantaisie débridée. Mais le symbolique le structure de telle manière qu'il lui impose les *règles du jeu*, des règles communes à tout le groupe

---

34. J. BAUDRILLARD, *L'échange symbolique et la mort*, Gallimard 1976, pp. 202-220.

culturel ; il le met « en-jeu ». Grâce à ce pacte social, où l'économique, le politique, les règles de parenté, l'éthique, le religieux... se renvoient les uns aux autres de manière signifiante, il ne peut se fabriquer son monde, sa société, son histoire n'importe comment : il n'en est pas propriétaire, pas plus que de lui-même ; il lui faut renoncer à l'imaginaire appropriation immédiate de soi, comme de tout le « réel » : telle est la tâche qui lui est impartie, s'il veut devenir un « sujet »...

II. LA FONCTION SYMBOLIQUE[35]

Une telle tâche ne se réalise pas d'emblée dès la naissance. Jusque vers 3-5 ans, c'est-à-dire jusqu'à la crise œdipienne, le petit d'homme vit en effet sous le règne de l'imaginaire. Il se prend pour le centre du monde, ramenant tout à sa toute-puissance mégalomaniaque. Entre le bébé et sa mère, il n'y a pas de différence, mais fusion et confusion imaginaires. La mère n'est pas « un autre », mais un « objet ». Peu à peu cependant, il se détache d'elle. Mais ce mouvement ne trouve son accomplissement décisif que dans la *crise œdipienne,* c'est-à-dire dans ce nœud complexe de relations où l'enfant va « *reconnaître* » le père et va, du même coup, être séparé de sa mère.

La mère est en effet pour lui la source imaginaire de toute jouissance. Au temps de son nirvana prénatal, c'est-à-dire au temps

---

35. Le discours psychanalytique des pages qui suivent n'a d'autre ambition que de rappeler quelques éléments bien connus de la psychanalyse freudo-lacanienne, éléments tous centrés ici autour de l'épreuve structurante du « complexe d'Œdipe ». Dans la mesure où, selon J. Lacan, la cure analytique s'inscrit tout entière *dans le champ de la parole,* le discours que l'on tient sur elle, notamment sur l'avènement de la subjectivité dans cet espace du langage, concerne directement notre sujet. Mais nous sommes conscient du risque entraîné par notre volonté d'être bref sur un tel sujet : risque d'en dire à la fois trop et trop peu...

d'avant..., au temps primordial du paradis originel ou de la
« béatitude océanique » dans le sein maternel, tous ses besoins étaient
immédiatement satisfaits. Ce temps bienheureux de fusion ne peut
cependant durer éternellement après la naissance : le « bon objet »
que représente la mère d'abord à travers son sein nourricier devient
« mauvais objet » du fait de ses absences réitérées. L'enfant lui
substitue des « objets de transition », depuis le pouce jusqu'à l'ours
en peluche, qui recréent pour lui, imaginairement, ce sein maternel
toujours convoité.

Inéluctablement cependant, à travers la différenciation sexuelle,
l'épreuve fondamentale de la différence — épreuve de réalité par
excellence — finit par s'imposer. Épreuve de réalité, car si nous
pouvons nous demander logiquement pourquoi nous n'avons pas
deux nez au visage ou six doigts à chaque main, il est absurde de se
demander pourquoi nous n'avons pas les deux sexes simultanément.
« Absurde, parce que la sexuation, c'est précisément la partition qui
traverse chaque sujet, ce qui rend impensable 'l'un' ou le
'plusieurs' ». D'où l'ambivalence symbolique de la sexualité,
irréductible à la bivalence comptable de deux termes addition-
nables[36]. Lors de la crise œdipienne, *le père* — ou son substitut,
comme l'oncle maternel dans de nombreuses cultures — apparaît
comme le possesseur de la mère, interdisant ainsi à l'enfant l'accès à
celle-ci. Sur la base de l'interdit de l'inceste — qui, pour
Lévi-Strauss, est moins une règle parmi d'autres que « le fait de la
règle » lui-même[37] —, le père joue, dans le psychisme de l'enfant, le
rôle de *représentant symbolique de la Loi fondamentale de la
différence*.

Encore faut-il que le petit le reconnaisse comme tel. Le tribut à
payer pour cela est lourd : il ne s'agit de rien de moins qu'un
sacrifice : il lui faut tuer le père idéalisé — possesseur enviable de la
mère, source de tout bien, et par là même rival tout-puissant à
éliminer. Mais c'est aussi à l'impérialisme de son propre imaginaire

---

36. J. BAUDRILLARD, *op. cit.*, p. 185.
37. Cf. LÉVI-STRAUSS, *Les structures élémentaires...*, *op. cit.*, p. 10.

qu'il porte, simultanément, un coup fatal : car ce père idéalisé qu'il sacrifie pour la première fois n'est autre que la projection imaginaire du Moi Idéal qu'il voudrait être.

Au prix de cette violence, de cette « castration symbolique », l'enfant peut prononcer le « Nom-du-Père ». Il reconnaît le père ; il intègre sa Loi. Ils ne sont plus, imaginairement, deux : l'enfant et la mère ; ils sont, symboliquement, trois : la figure paternelle fait fonction de représentant métaphorique de la Loi, de la culture, de l'histoire (la généalogie) ; elle est la *médiation* obligée de toute reconnaissance d'autrui et de soi. « Je ne suis pas ma mère, ni mon père » ; « je suis autre » ; « je suis moi, limité, non tout-puissant »... La reconnaissance du père se double immédiatement de la reconnaissance de la *différence,* de l'*altérité,* de la *finitude,* et donc, pour l'enfant, de sa propre identité. Il accède du même coup à la *réciprocité,* à l'*échange symbolique,* à la *culture.* « Le symbolique exige la *reconnaissance* : reconnaissance du (et par le) sujet, reconnaissance de (et par) l'autre, mais aussi [...] reconnaissance en l'Autre, comme lieu de la Loi [38] », écrit G. Rosolato, en écho à J. Lacan : « C'est dans le nom du père qu'il nous faut reconnaître le support de la fonction symbolique qui, depuis l'orée des temps historiques, identifie sa personne à la figure de la loi [39]. » Le sujet cesse d'être captif de son imaginaire. Bien sûr, celui-ci n'est pas anéanti ; il continue de « travailler ». Mais, accroché au cadre symbolique, il est désormais intégré à la culture et organisé de manière signifiante par la *fonction symbolique* du système inconscient.

---

38. G. ROSOLATO, Essais sur le symbolique, Gallimard 1969, p. 118.
39. J. LACAN, *Écrits,* Seuil 1966, p. 278.

III. LE SYMBOLISME ET LES SYMBOLES

« C'est la perte du paradis qui est le chiffre du monde symbolique [40]. » Ce paradis perdu de l'innocence première, celle du temps
primordial de la confusion avec la mère, est la terre natale des
symboles. L'homme ne cesse de « pâtir son origine »... et sa mort
(origine et mort sont les deux faces de la même angoisse, aussi
inséparables que le recto et le verso d'une feuille de papier). Aussi
son désir est-il de se posséder adéquatement lui-même, de coïncider
identiquement avec soi, de s'approprier son origine, bref d'être le
Maître tout-puissant.

Revendication mortelle, nous l'avons vu. La condition d'avènement du sujet est de reconnaître la brèche qui le constitue et de
décrocher de l'immédiateté imaginaire pour *symboliser son existence*.
La fonction symbolique fait précisément entrer le matériau de son
imaginaire dans le cadre du système culturel d'échange. Ce réseau du
symbolique structure alors et organise les figures inconscientes qui le
parlent. Celles-ci peuvent apparaître ensuite, mais déguisées, distordues, censurées par le Surmoi social, au niveau du système
conscient, sous forme de *symboles*.

Depuis S. Augustin, et surtout depuis sa reprise par la théologie
scolastique à partir du XII⁰ siècle, la théologie occidentale nous a
habitués à ranger les sacrements sous la catégorie du *signe*. Comme
le laissent entendre nos pages précédentes, c'est plutôt comme
symboles que nous tendons à les comprendre. Mais cela nous pose un
certain nombre de questions fondamentales : existe-t-il des différences pertinentes entre signe et symbole ? Comment comprendre cette
notion de symbole, employée souvent de manière si floue qu'elle sert
de grand fourre-tout — depuis le symbole mathématique de l'addition
ou de la multiplication jusqu'aux symboles de la mort et de la

---

40. A. VERGOTE, *op. cit.*, p. 68.

régénération dans les rites d'initiation, en passant par le franc symbolique, le drapeau comme symbole de la patrie ou le cadeau comme symbole d'une amitié... ? A supposer que nous parvenions à nous frayer un chemin dans cette forêt apparemment inextricable, il faudra encore nous demander si et comment le symbole s'accroche sur le symbolique tel que nous l'avons analysé précédemment. Enfin notre approche des sacrements par le symbole exclut-elle tout accès à eux par le signe ? Ou bien, faut-il distinguer là deux niveaux de lecture et/ou deux polarités, qui seraient toujours de quelque façon en rapport ? On voit l'ampleur des questions posées. Il ne saurait être question en quelques pages d'en creuser tous les aspects. Tout au plus pouvons-nous prétendre dégager quelques balises majeures, à titre de points de repère. Notre réflexion sur le symbole se fera pour une large part dans la perspective de l'établissement de ses différences avec le signe.

1. UN OPÉRATEUR DE COMMUNICATION ET D'ALLIANCE

a) *Le symbole antique*

Le verbe grec *sym-ballein* signifie littéralement « jeter ensemble ». Construit transitivement, on le traduit, selon le contexte, par « rassembler », « mettre en commun », « échanger » (*symballein logous* = « échanger des paroles ») ; intransitivement, par « se rencontrer », « s'entretenir ». Le substantif *symbolè* désigne l'articulation du coude ou du genou, ainsi que toute idée de (con)jonction, de réunion, de contrat ou de pacte. Le *symbolon* antique est un objet coupé en deux dont chacun des deux partenaires d'un contrat reçoit une partie. Chaque élément n'a évidemment aucune valeur isolément et peut signifier n'importe quoi. Mais lorsque, des années, voire des générations plus tard, les deux porteurs ou leurs descendants viennent à les ajuster, ils y reconnaissent le gage d'un même contrat, d'une même alliance. C'est la *relation* entre les deux termes, la *communication* établie entre les deux partenaires qui fait le symbole. Il est l'*opérateur d'un pacte social de reconnaissance mutuelle* et, de ce fait, un *médiateur d'identité.*

Le champ sémantique du mot « symbole » s'est étendu à tout objet, mot, geste, personne... qui, *échangé* au sein d'un groupe, un peu comme un mot de passe, permet soit au groupe comme tel, soit aux individus, de *se reconnaître,* de s'identifier. Le pain et le vin de l'eucharistie, l'eau du baptême, le cierge pascal, l'« Agneau de Dieu qui enlève le péché du monde », etc., sont ainsi des médiateurs d'identité chrétienne. L'Église, comme tout groupe, se reconnaît dans ses symboles, à commencer par son formulaire de confession de foi appelé justement « Symbole des Apôtres ».

b) *Dans l'ordre des signifiants*

D'une certaine manière, nous avons déjà tout dit sur le symbole. Encore faut-il, évidemment, mettre ces propos à l'épreuve de la vérification. La distinction qu'établit E. Ortigues, dans son ouvrage « Le discours et le symbole » — ouvrage auquel les pages qui suivent, on le verra, doivent beaucoup —, entre le signe et le symbole s'inscrit tout à fait dans la perspective que nous venons d'esquisser. « Le symbole ne renvoie pas comme le signe à quelque chose d'un autre ordre que lui-même, mais il a pour fonction de *nous introduire dans un ordre dont il fait lui-même partie et qui se présuppose dans son altérité radicale* comme ordre signifiant... [41] »

Ainsi, le mot « pierre », selon la linguistique élaborée au début du siècle par F. de Saussure, est un signe. Ce signe exprime un rapport entre un signifiant /pierre/ (les sons entendus, les phonèmes) et un signifié « pierre » (l'idée, le concept); plus précisément, le signe est un rapport entre deux systèmes de rapport : le signifiant /pierre/, en tant que distinct par au moins un phonème de /bière/, /lierre/, /piètre/..., et le signifié « pierre », en tant que distinct des signifiés de la même classe sémantique comme « roc », « gravillon », « caillou », — et, bien sûr, de ceux des autres classes minérales, animales,

41. E. ORTIGUES, *op. cit.,* p. 65.

etc. Le signe « pierre » (le mot), dans sa composition interne, met ainsi en rapport deux unités *hétérogènes* ; le signifié est *d'un autre ordre* que le signifiant, et c'est pourquoi le même signifié « pierre » pourra être désigné par des signifiants variables selon les langues (anglais : /stone/ ; allemand : /Stein/). Aussi les signes linguistiques sont-ils dits *arbitraires* ; ils sont l'effet d'une *convention* sociale — mais, on s'en doute, d'une convention bien particulière, comme nous le verrons dans un instant. En outre, le mot « pierre » a pour fonction extra-linguistique dans le discours, c'est-à-dire dans l'*acte* de langage qui met en œuvre, au minimum par une phrase ou un mot-phrase (« Pierre ! »... « Jolie pierre ! »...), le système de la langue (française, en l'occurrence), de référer au minéral physico-chimique qu'est la pierre : il renvoie à quelque chose *d'un autre ordre que lui-même*. C'est précisément la fonction fondamentale du langage de marquer une *distance* par rapport aux choses. *Le signe brise toute prise immédiate ;* nommer, c'est « avouer » la différence, c'est créer l'altérité, c'est appeler à venir-en-présence, comme nous le notions plus haut. Selon l'expression de T. Todorov : « le signe est toujours à la fois *marque* et *manque*[42] ».

Supposons maintenant que, déambulant seul dans les rues de Pékin, j'entende distinctement le mot « pierre ». On imagine l'effet de surprise : « Pas possible ! Des Français ici ?... » Le mot « pierre » fonctionne non pas comme signe — si ce n'est à titre tout à fait secondaire peut être : seul le signifiant acoustique est ici pris en compte, et non le signifié. Peu m'importe que des gens parlent de pierre ou d'autre chose. Le signifiant entendu me met directement en rapport avec le signifiant que constitue la langue française : je suis *d'emblée introduit dans l'ordre de la « francité »* auquel appartiennent les phonèmes perçus. Le mot a fonctionné comme *symbole*.

Si insuffisant qu'il soit pour nous aider à circonscrire tous les enjeux du symbole, cet exemple très simple nous permet pourtant d'en dégager quelques traits pertinents. D'une part, le symbole unit

---

42. T. TODOROV, art. « Signe », in : O. DUCROT et T. TODOROV, *Dictionnaire encyclopédique des sciences du langage*, Seuil 1972, p. 133.

des *signifiants*, c'est-à-dire des *unités de même niveau*, alors que le signe unit un signifiant à un signifié qui lui est hétérogène. D'autre part, le symbole joue au niveau du procès même de communication, il *« fait »* la communication, ce qui veut dire qu'il instaure une *reconnaissance*, un pacte, une alliance entre des sujets (« Tiens ! des Français... ») ; le signe, lui, joue au niveau de la connaissance, de ce qui est communiqué, et non pas du fait primordial de la communication. Le signe « *dé-signe* » ; le symbole « *assigne* » (une place).

c) Le « témoin intérieur d'un système de langage [43] »

— Le « symbole » phonétique

Faisons un pas de plus. Si, dans les circonstances particulières susdites, je me suis reconnu comme Français à la simple audition du mot « pierre », c'est parce que celui-ci est composé de phonèmes qui me sont tous familiers et immédiatement identifiables. Pareille identification n'est pas aussi « naturelle » qu'on pourrait le croire, car, comme le note E. Ortigues à la suite d'E. Sapir, certaines distinctions phonétiques, très nettes pour nos oreilles d'occidentaux, sont à peine ou même pas du tout perceptibles par des Indiens ; le cas inverse existe aussi bien sûr (p. 95). A supposer que l'Indien et l'Européen ne se voient pas et que par impossible chacun ne puisse entendre qu'un phonème non identifiable prononcé par l'autre, aucun d'entre eux ne pourra supposer qu'il est en présence d'un autre humain : il ne percevra qu'un « bruit », il n'aura aucune idée d'une communication, parce qu'il n'y reconnaît rien qui puisse lui évoquer quelque convention humaine. Si donc nous pouvons dire avec Ortigues qu'« un phonème est un symbole » (p. 65), c'est d'une part parce qu'il n'a aucun signifié ; et surtout, d'autre part, parce qu'il présuppose cette *convention* humaine qui l'arrache à son simple état de « bruit » pour le situer d'emblée au niveau de la *communication*,

---

43. E. ORTIGUES, *op. cit.*, p. 175. Les références qui suivent renvoient à ce même ouvrage.

donc de la *reconnaissance d'une présence humaine*. Le pacte social du symbole commence en quelque sorte avec les phonèmes, dès l'orée du langage.

Mais la convention en question a quelque chose de bien particulier, en raison de la nature même du langage dont nul ne peut apprendre à se servir qu'en sachant déjà en disposer. Elle est en effet *contemporaine du langage lui-même*. C'est dire qu'elle ne peut faire l'objet d'aucun décret de la part de la société. Le symbole phonétique constitue le *degré zéro du langage*. C'est donc dans l'espace *originaire* où se fonde toute convention, toute règle du jeu, toute possibilité de communication qu'il nous fait entrer. Il est l'opérateur qui, introduisant des différences chaque fois identiquement repérables dans une échelle de « bruits » naturels, en fait un *système* culturel de communication humaine. A ce niveau intra-linguistique, le « symbole » traduit, écrit E. Ortigues, « *la fonction de négativité essentielle au langage* ; ce qui veut dire qu'il correspond, à l'intérieur même du Logos, à ce qui est action, travail, opération qui transforme le donné naturel (et à ce titre le nie, refuse de s'en contenter) » (p. 186).

— *Le « symbole » mathématique*

Chaque fois donc qu'une figure signifiante est le témoin de la structuration interne d'un système de langage, elle donne « lieu » au symbole. Ainsi le mot « pierre », dans les conditions décrites plus haut, fonctionne comme symbole de l'appartenance à la communauté linguistique française et noue ainsi une communication, une reconnaissance, entre l'auditeur et le locuteur. Ainsi encore, la variable « x » dans une fonction *mathématique* est-elle dans cette perspective un « symbole ». Vide de tout contenu représentatif, pure figure d'une règle de langage que se sont donnée les mathématiciens, ce « x » n'a pas de « sens » dé-signable comme tel, parce qu'il est *indissociable de la « forme »*, laquelle tient toute sa réalité de la valeur distinctive qu'elle entretient avec les autres notations mathématiques. Là encore, le symbole ne renvoie pas à un signifié d'un autre ordre que lui-même. Le « sens » du symbole logico-mathématique ou méthodologique s'épuise tout entier dans la constitution de la règle du jeu (p. 174).

Le symbole, on le voit dans les deux cas décrits, marque *la limite du langage* : il atteste le rapport interne originaire du langage au langage, en en manifestant la loi qui le régit intérieurement. C'est pourquoi, il *scelle un pacte, une alliance entre les sujets,* dans la mesure où ceux-ci ne peuvent « s'entendre » que s'ils se reconnaissent soumis à la même loi linguistique. Plus encore, il est *l'opérateur originaire de toute « convention »* langagière et, de ce fait, c'est prioritairement selon sa dimension symbolique que le langage instaure la subjectivité humaine.

— Le symbole proprement dit

Nous retrouvons ces mêmes caractéristiques au niveau des symboles où se noue de la manière la plus manifeste le pacte social de reconnaissance entre sujets, et qu'E. Ortigues appelle pour cette raison les *« symboles proprement dits »* : symboles religieux, mythiques, littéraires, etc. Dire le Symbole de la foi, participer à un baptême, regarder une croix de granit, entendre quelque part un « Kyrie eleison » s'adresser à un prêtre en tant que tel, etc., c'est être introduit d'emblée dans l'ordre de la chrétienté auxquels ces symboles appartiennent. Peu importe, pour l'instant, de savoir si les signifiés que l'on attribue à ces réalités sont ou non orthodoxes. Seuls jouent ici les signifiants, en tant qu'ils renvoient à d'autres signifiants du même système chrétien reçu par *tradition.* Symboliquement, ces figures, de par leur simple consistance, attestent le christianisme et nouent un rapport avec lui, *rapport où s'effectue une identité* : soit par adhésion personnelle, comme dans le cas du baptême ; soit par différenciation, voire opposition, comme dans le cas d'un anti-clérical regardant un crucifix. Dans cette perspective, les symboles rituels peuvent être définis avec V. Turner comme « des magasins d'information sur les valeurs structurales dominantes d'une culture [44] ».

---

44. V. TURNER, *Les tambours d'affliction. Analyse des rituels chez les Ndembu de Zambie,* Gallimard 1972, p. 16.

— *Le symbole fait voir et figure le symbolique*

Nous pouvons schématiser les principaux résultats acquis de la manière suivante :

SYMBOLE

1 - Met en rapport des signifiants.
2 - Nous introduit dans l'ordre dont il fait lui-même partie, ... si bien que le « sens » est inséparable de la « forme ».
3 - Se prend du côté de l'acte de communication ; noue un pacte de reconnaissance, une alliance, entre sujets. « Assigne »
4 - Opérateur du travail originaire de négativité (de manque) à l'égard du simple donné « naturel », travail qui est constitutif du langage.

SIGNE

1 - Met en rapport un signifiant et un signifié.
2 - Renvoie à une réalité d'un autre ordre que lui-même.
3 - Se prend du côté du « message » communiqué et de la connaissance. « Désigne »
4 - Marque ce manque, cette négativité : l'homme ne peut jouir immédiatement des choses ; leur être est toujours autre que leur simple apparaître.

D'autres critères de distinction viendront s'ajouter à ceux-ci. Cette liste nous suffit pour l'instant. Elle a l'avantage de pouvoir s'appliquer à toutes sortes de symboles : le symbole phonétique — les éléments formateurs du langage ; le symbole logico-mathématique — langage méthodologique particulier ; le symbole religieux, mythique, poétique — symbole proprement dit.

d) *Un concept analogique*

L'expression de « symbole proprement dit » nous indique que le terme de « symbole » ne vaut que de manière *analogique* dans les trois cas. Ce sont les symboles « traditionnels » qui en constituent le premier analogué : à eux convient prioritairement le terme de « symbole ».

L'application de ce vocable aux notations mathématiques peut même conduire à l'équivoque. Car elles ne sont que *l'effet* d'une convention préalable, la formalisation concentrée d'un langage qui pourrait s'énoncer de manière courante, mais avec l'inconvénient majeur de devoir alors s'étirer considérablement en longueur. D'autre part, alors que le symbole effectue un pacte d'échange entre sujets, l'algorithme mathématique tend à écarter tout coefficient subjectif. Si le terme de « symbole » peut encore lui convenir, c'est parce qu'il noue entre ceux qui savent parler ce même langage un pacte qui les identifie comme « spécialistes », ce qui implique nécessairement un rapport au langage ordinaire.

De même, le fait de parler de symbole à propos des éléments formateurs d'une langue n'est pas sans risque d'équivoque, puisque l'accent se porte alors sur la valeur différentielle de chaque élément au sein du système phonétique. Pourtant, l'intérêt de notre régression jusqu'à ce niveau est de dégager le fait que toute reconnaissance et échange réciproque entre sujets s'origine dans la distinction par chacun des mêmes phonèmes, donc dans une loi, un pacte, une convention culturelle dont le point de départ échappe toujours et dont le « symbole » indique le lieu : lieu, pour cette raison, *originaire,* et non pas originel — ce dernier terme impliquant la possibilité de désigner l'origine, le premier impliquant au contraire que celle-ci est toujours-déjà contemporaine de surgissement de l'homme, donc indésignable. En d'autres termes, « sujet » implique « assujettissement » à la loi *commune* du langage, et plus précisément à une langue déterminée, donc aussi à une culture.

S'il est clair, par ailleurs, que les symboles d'ordre artistique et surtout religieux auxquels nous allons nous intéresser ont une fonction psychologique, il est non moins clair, suite à tout ce que nous venons de dire, qu'il faut dénoncer comme non-pertinentes les interprétations « psychologistes » que l'on en donne assez souvent : l'in-dicible du symbole n'est pas l'« indicible » des sentiments qui n'est, bien souvent, que régression vers l'imaginaire « ineffable »…

2. SIGNE ET SYMBOLE : DEUX NIVEAUX DU LANGAGE [45]

Nous parlerons plus loin du signe et du symbole comme de *deux polarités* du langage, pour indiquer que l'un ne va jamais sans l'autre dans tout acte de langage, même si l'accent porté sur l'un est tel parfois que l'autre est à peine perceptible. En employant ici le concept de *« niveau »*, nous voulons, dans le sillage des pages précédentes, indiquer que nous avons affaire à *deux logiques qui ne sont pas du même ordre.* Ce qui veut dire : nous ne pouvons pas comprendre le symbole à partir du signe, contrairement au présupposé de toute la rhétorique occidentale jusqu'au romantisme allemand du XIXe siècle, ainsi que le montre T. Todorov dans son ouvrage « Théories du symbole [46] ».

a) *De l'extérieur à l'intérieur :* *autotélisme et intransitivité du symbole*

La rhétorique occidentale a en effet compris le symbole (figure, trope...) à partir d'une théorie du signe. Cette théorie postule un rapport conventionnel (créé par la société) entre le mot/signe et la pensée, et un rapport naturel entre celle-ci et la chose désignée. Perspective typiquement instrumentaliste présupposant une *norme* extérieure au langage : l'idéal des mots/signes est de signifier directement et adéquatement les représentations mentales, elles-mêmes reflets fidèles et « naturels » des choses. Le symbole ne peut être alors considéré que comme un *signe plus complexe* et qui, de ce fait, *s'écarte* d'autant de la norme. Par un « changement *intention-*

---

45. Sur les deux niveaux du langage et leur bipolarité, cf. F. MARTY, *La question de la vérité. Une recherche sur le langage,* Cours ronéoté du Centre d'Études et de Recherches Philosophiques, 128 rue Blomet, 75015 Paris, 2e éd., 1977.

46. T. TODOROV, *Théories du symbole,* Seuil 1977. — Les citations des pages suivantes renvoient à cet ouvrage.

nel » (p. 75), il revêt la chose d'un *ornement* plus beau, il l'habille d'une enveloppe externe ; interpréter, c'est enlever cette enveloppe pour retrouver la chose imprimée dans l'esprit (p. 77). La valeur des signes et figures symboliques n'est pas déterminée par leur consistance propre, mais seulement par le signifié auquel ils renvoient. « Traitant des signes, écrit S. Augustin, je préviens qu'on ne porte pas son attention sur ce que les choses sont, mais au contraire sur les signes qu'elles représentent, c'est-à-dire *sur ce qu'elles signifient* [47]. » Le signe, ici, n'a pas d'intérêt pour lui-même, comme chose signifiante, mais seulement en tant que tremplin vers le signifié présent dans la pensée — vers ce « verbe qui luit au-dedans », comme dit S. Augustin, et qui est le reflet en l'homme du Verbe de Dieu, la Norme absolue (pp. 41-42). Corollaire obligé : tout au long de la rhétorique traditionnelle, « l'existence de la figure repose sur la conviction que deux expressions, l'une avec, l'autre sans image, expriment, comme disait Du Marsais (au XVIIIe siècle) *'le même fond de pensée'* » (p. 123).

Les romantiques allemands révolutionnent ce modèle. « Langage à la deuxième puissance », écrit Novalis, le langage symbolique n'est pas « un moyen vers un but », mais *« le but en soi »* (p. 207) : il est *« auto-télique »*. Il ne *renvoie pas* à une « idée » qui lui serait extérieure et lui préexisterait : il est *« in-transitif »*. Le « sens » ne se donne que dans sa « chair » même. A proprement parler, il ne « signifie » rien, puisque « signifier » ne vaut, remarque encore Novalis, que pour « ce qui n'est pas pour lui-même, mais pour un autre » (p. 246). Il *est* de quelque manière ce qu'il symbolise, en ce sens que le symbolisé ne se donne que *dans* le symbolisant. Remarquable à cet égard est la formule de Goethe que cite Todorov : le symbole « est la chose, sans être la chose, et quand même la chose » (p. 239) ; ou encore celle de Schelling : « Est symbolique une image dont l'objet ne signifie pas seulement l'idée, mais *est* cette idée même » (pp. 245-246).

---

47. S. AUGUSTIN, *De doctrina christiana*, II, 1, 1.

Le symbole n'est plus considéré comme une expression *déviante* par rapport à la norme de la désignation univoque de la vérité. Cela porte un coup fatal à la conception instrumentaliste du langage, même s'il faudra beaucoup de temps encore pour reconnaître l'ampleur et la radicalité de la subversion opérée[48].

b) *De la reproduction à l'acte de production ;*
   de l'énoncé à l'acte d'énonciation

Du fait de l'intérêt qui est porté aux signifiants pour eux-mêmes, puisque leur valeur est attachée à leur consistance même — on est bien loin d'Augustin! —, on ne prend plus — ou plus guère — en compte le rapport du produit au modèle extérieur, mais celui *du produit au producteur*. L'idéal artistique classique d'imitation de la nature, si cher encore à Diderot, est battu en brèche. Un tableau d'art ne renvoie pas à un signifié « naturel » externe. L'accent est mis sur l'acte de production, sur la *« productivité »*. Ce n'est pas la nature qui est reproduite ; c'est l'« auteur », l'artiste qui *« se pro-duit »* lui-même dans sa production. De même que « les mots ne sont pas l'image des choses mais de celui qui parle », ainsi « la fonction expressive prime sur la fonction représentative » (pp. 205-206). Le symbole ne fonctionne que comme une réalité vivante, comme un *acte d'énonciation* et de *communication* entre, au moins, soi et ce toujours autre que soi qu'est soi-même. Le figer en simple énoncé, c'est lui retirer son souffle, entendons : le faire mourir.

D'où l'extrême difficulté de traiter discursivement du symbole : il échappe dès qu'on l'isole pour en faire un objet d'étude ; il se

---

48. Pour comprendre l'ampleur de la subversion opérée en ce « siècle des Lumières », il faut en mesurer les implications philosophiques et politiques. En effet, au-delà de la norme du langage, c'est l'existence même de Dieu comme *Norme absolue* qui est remise en cause, et, politiquement, c'est l'aspiration à une *démocratie* où chacun est censé pouvoir devenir sa propre norme qui se fait jour (cf. l'abolition des privilèges, avec la Révolution française de 1789). « Je déclarai les mots égaux, libres, majeurs », écrit V. Hugo. « L'égalité règne entre les phrases comme entre les individus », commente T. Todorov (p. 138).

dégrade en image, et c'est précisément pourquoi nous disions plus haut, avec E. Ortigues, qu'«on ne peut isoler un symbole sans le détruire, le faire glisser vers l'imaginaire ineffable». Le symbole est «inutilisable», parce qu'il n'existe que dans le moment même de sa *«productivité»* ; il est indissociable du *«travail»* qui lui donne corps, travail de la fonction symbolique du système inconscient et travail du réseau symbolique que forme une culture. Ce n'est par conséquent jamais un «objet», matériel ou autre, qui s'imposerait de soi, naturellement en quelque sorte, comme symbolique ; c'est *l'activité* humaine, donc culturelle, activité largement inconsciente, qui le fait fonctionner symboliquement. D'où la part d'illusion qu'il y a à vouloir trouver «de nouveaux symboles» pour la liturgie par exemple. Comme si l'on pouvait décréter a priori que tel élément verbal, gestuel, postural... va nécessairement fonctionner symboliquement ! Le soi-disant symbole risque fort de tomber en fait comme un cheveu sur la «soupe» culturelle, puisque son fonctionnement dépend fondamentalement de l'écho qu'il trouve dans l'univers culturel des participants ; et nul n'a barre sur celui-ci. Cela n'interdit évidemment aucunement de proposer de nouvelles figures expressives en liturgie ; mais leur fonctionnement symbolique n'est ni décrétable a priori ni contrôlable a posteriori. Dès qu'on prétend «utiliser» un symbole, dès qu'il est «particulier, fermé et usuel, il s'est déjà dégradé» : il n'en reste plus que le squelette[49]. *Il ne livre sa chair vive que dans son acte de production. Fondateur* de communication, il n'existe que dans sa mise en œuvre concrète, il est toujours un *acte,* un *événement.*

c) De l'équivalence à l'ambivalence

Comme le montrent les symboles oniriques, poétiques, religieux, etc., le symbolisme nous plonge dans le règne de l'ambivalence. Le symbole jette un défi à la logique du signe — celle de la

---

49. M. BLANCHOT, *Le livre à venir*, Gallimard 1971, «Idées», 246, p. 131.

connaissance et de la science — qui, pour attribuer à chaque
signifiant son signifié adéquat, tend à canaliser le langage vers
l'*équivalence* et l'*univocité*.

Ainsi en est-il, comme nous l'avons vu, du signe — le mot —
« pierre ». Pris comme symbole, la pierre, par contre, peut évoquer
aussi bien la douleur — comme nous le montrerons plus loin — que
la solidité (physique ou morale : la fidélité), ou l'aridité et l'absence
de vie, ou la dureté, ou la pierre du sacrifice, ou la pierre noire
sacrée de la Kaaba à La Mecque. De même, le pain, comme symbole
est toujours marqué' d'une prolifération d'évocations possibles : le
pain bis de la souffrance et de la mort ; le pain blanc de la jouissance ;
le pain-rassasiement ; le pain-partage, le pain-Corps du Christ, etc.
Mais ce nécessaire halo de significations flottantes ne suffit pas à le
faire fonctionner comme symbole. Car il n'a pas seulement des sens
divers et ambigus ; *à proprement parler, il ne signifie rien ;* il ne vit
que de n'avoir pas de signifié adéquatement désignable. Certes, nous
venons bien d'attribuer à la pierre et au pain un certain nombre de
« significations » possibles ; il le faut bien, sous peine de nous
condamner à n'en jamais pouvoir parler. Mais c'est alors selon sa
nécessaire *tension vers* le pôle du signe que nous prenons le
symbole : nous n'en saisissons alors, par l'analyse rationnelle, que
les contours formels, non la chair vive.

Là donc où la logique du signifiant/signifié, qui est celle de la
connaissance discursive rationnelle, tend vers le maximum de
justesse et d'univocité dans l'information, la logique du symbole, qui
est celle de la reconnaissance réciproque, de l'échange réversible
entre sujets, et donc de la parole pleine, cultive l'*ambivalence* du
désir et de l'échange (cf. *infra*) et s'alimente de l'*équivocité* de ce qui
n'est jamais « dé-signable » de manière transparente.

d) *L'immaîtrisable*

Parce que gratuit, donc « inutilisable », et parce que ambivalent, le
symbole *ne peut être maîtrisé par la connaissance rationnelle*.
L'expliquer, ce serait nécessairement le faire périr. Le symbole ne

contient pas de réalité cachée préexistante à lui, et qu'il habillerait d'un élégant ornement pour faire plus joli... Sa vérité, c'est ce qu'il manifeste. Tout se trouve ici *dans la peau,* et non dans quelque noyau dur séparable de lui, comme le noyau de pêche. Analyser le symbole pour y trouver une vérité cachée, c'est peler l'oignon pour trouver l'oignon. Si le symbole me fait vivre, dans l'ordre de la foi comme dans l'ordre humain, c'est précisément en tant qu'il *ex-pose* le « réel » de ce qui fait ma vie d'homme et de croyant.

C'est lui qui nous maîtrise et nous parle, bien plus que nous ne le maîtrisons et ne le parlons. L'expérience symbolique, selon Lévi-Strauss, semble naître de ce que, par rapport aux signifiés repérés par sa connaissance, l'homme se trouve toujours en face d'un « surplus de signification », d'une « ration supplémentaire » de signifiant ; ce « signifiant flottant », résidu inépongeable, est « la servitude de toute pensée finie » dans l'ordre de la connaissance rationnelle ; mais il est aussi, ajoute l'auteur, « le gage de tout art, toute poésie, de toute invention mythique et esthétique », c'est-à-dire de tout symbolisme [50].

Faisant éclater toute équivalence comptable, tout savoir « scientifique », l'activité symbolique crée un vide, libérant ainsi, par un brusque « changement de niveau », un espace d'avènement pour l'homme vers « une région autre » [51]. C'est pourquoi, ce qui s'échange prioritairement dans le symbole, au-dedans même des « valeurs » qui forment une culture, c'est *l'homme lui-même,* comme corps de parole et de désir, selon le *manque-à-être inépongeable* ou la brèche inobturable qui le constitue. Comme dans l'amour, au dire de Lacan, c'est ce qu'on n'a pas qui se donne ici [52] ; c'est

---

50. C. LEVI-STRAUSS, « Introduction à l'œuvre de M. Mauss », in : M. MAUSS, *Sociologie et anthropologie,* P.U.F. 1950, pp. XLVIII-XLIX.

51. M. BLANCHOT, *op. cit.,* p. 130. Le symbole nous précipite « vers une région autre à laquelle manque tout accès. Par le symbole, il y a donc saut, changement de niveau, changement brusque et violent, il y a exaltation, il y a chute, non point passage d'un sens à un autre, d'un sens modeste à une plus vaste richesse de significations, mais à ce qui est autre, à ce qui paraît autre que tous sens possibles ».

52. J. LACAN, *op. cit.,* p. 691.

l'impensable différence entre ce que j'ai et ce que je n'ai pas, entre
ce que je suis et ce que je ne suis pas, qui se creuse dans l'échange
symbolique — puisque telle est la logique contradictoire du désir qui
nous anime : « aspirer à ce qu'il refuse : se boucler sur une
possession [53] ». Mais c'est dans le consentement à cette *perte,*
donc à l'altérité, que l'homme apprend peu à peu à se trouver. C'est
ce que figure typiquement cette activité symbolique majeure qu'est le
sacrifice, pierre angulaire de toute religion et peut-être aussi de toute
culture : c'est dans *l'échange sacrificiel de sa mort* que l'homme
peut vivre. Telle est la loi originaire qui se figure de manière plus ou
moins manifeste dans les symboles proprement dits. Toujours, en
définitive, s'y joue *l'ambivalence de donner/recevoir ou du
prendre/rendre,* dont le langage lui-même porte la trace comme l'a
montré E. Benveniste, et qui est la loi d'échange symbolique
constitutive de toute réciprocité et subjectivité humaine [54].

---

53. A. VERGOTE, *op. cit.,* p. 153.
54. La racine indo-européenne « do », écrit E. BENVENISTE, « ne signifiait
proprement ni "prendre", ni "donner", mais *l'un ou l'autre* selon la construction ».
De même, la racine « nem- », en gotique « niman » (cf. « nehmen » en allemand) « veut
dire "prendre", non pas au sens de "saisir", mais au sens de *"recevoir"* » (*op. cit.,*
pp. 315-326 : « Don et échange dans le vocabulaire européen »). Comment ne pas
rapprocher cette étude linguistique du célèbre « Essai sur le don » (1923-24) de
M. MAUSS, où l'auteur constate que toute la vie de certaines sociétés archaïques est
« un constant donner et prendre » (p. 188) alors même que, précisément, comme chez
les Mélanésiens, ces sociétés « n'ont *qu'un seul terme* pour désigner l'achat et la vente,
le prêt et l'emprunt » (p. 193). Donner/recevoir, ainsi que le souligne LÉVI-STRAUSS,
poussant plus avant sur la voie ouverte par Mauss dans l'Introduction qu'il rédige en
1950 à la publication de cet ouvrage, ne sont en fait pas des réalités antithétiques, mais
« deux modes d'une même réalité » : aucun terme ne peut exister sans l'autre. Réalité
typiquement *ambivalente* et symbolique. D'où notre difficulté, dans une société
marchande, technicienne, rationnelle, d'entrer dans ce langage « archaïque » : « Les
termes que nous avons employés, écrit justement Mauss : présent, cadeau, don, ne
sont pas en eux-mêmes tout-à-fait exacts. *Nous n'en trouvons pas d'autres, voilà tout* »
(p. 267). Mais tout cela ne signifie pas que nous-mêmes, aujourd'hui comme hier, ne
vivions pas de cet archaïque symbolique ; l'ouvrage de J. BAUDRILLARD, « L'échange
symbolique et la mort », se charge — et comment ! — de nous le rappeler... —
Cf. M. MAUSS, Sociologie et anthropologie, *op. cit.,* pp. 145-279.

e) *Le symbole, ou la limite extrême du langage*

Nous avons déjà employé cette expression de « limite extrême du langage » à propos du symbole. Nous la prenions alors par le degré minimal de la communication rendue possible par le système que forment les éléments phonétiques. Mais nous retrouvons la même caractéristique par l'autre bout du langage, dans sa mise en œuvre *métaphorique*.

A ce niveau nous pouvons, pour reprendre le même exemple que plus haut, nous arrêter sur l'usage métaphorique du terme de « pierre ». « La douleur pétrifia le seuil » : la pierre qu'évoque ce vers de Georg Trakl ne renvoie pas à la douleur comme à un signifié hétérogène. « La pierre *est* le massif de la douleur », écrit à ce propos M. Heidegger [55]. Rien n'est plus douloureux que cette pétrification. La pierre n'est jamais autant pierre pour G. Trakl — et pour le lecteur, s'il « entre » dans le poème — que comme douleur; la pierre n'a plus de pierre que son être de douleur. Et la douleur n'est jamais aussi douloureuse que lorsqu'elle devient tout ce qui se pétrifie. Pierre et douleur se volatilisent l'une dans l'autre, si bien que le tour linguistique le plus homogène pour crier l'insupportable et in-dicible douleur est de l'exprimer dans les termes qui conviennent à la pierre et que la perception de la pierre n'est jamais aussi humaine qu'à travers le langage de la douleur. Pierre et douleur sont *immédiatement homogènes :* ils fonctionnent non comme des signes, mais comme des symboles. C'est la chair même des signifiants qui fait leur consistance. La pétrification nous introduit dans l'ordre même de cette « inhumaine » douleur auquel appartient l'entre-deux du seuil dans le poème.

Nous tendons là vers les *limites même du langage*. Celui-ci voit sa polarité de signe s'effacer presque totalement au profit de sa polarité de symbole. Le poème ne signifie rien, à proprement parler; il n'a pas de « sens ». La rencontre des signifiants, comme en un choc violent, n'en produit pas moins de multiples effets de sens d'où

55. M. Heidegger, *Acheminement...*, *op. cit.*, p. 48.

s'effectue tout un travail en nous. C'est pourquoi, si la figure
métaphorique précédente ne nous apporte rien au plan de la
connaissance, et si elle semble même défier celle-ci — quelle idée
d'associer la pierre à la douleur! —, en revanche elle opère notre
reconnaissance : nous nous y retrouvons! Nous nous y retrouvons
sans doute bien mieux encore que dans tout discours explicatif sur la
douleur. Car le réel humain ne se laisse jamais épuiser par le
discours; impossible d'en faire le tour : ce serait l'anéantir. Il y a
toujours-encore à dire sur la douleur comme sur l'amour, la vie, la
mort... Précisément, le symbole, coupant au court, court-circuitant le
discours, est comme l'expression exacerbée de ce *« toujours-encore à
dire »,* de cet *« in-dicible »* (à ne pas confondre avec l'« indicible »
romantique). Ce qu'il symbolise, au fond, c'est la *« brèche
anthropologique »* elle-même [56]. Et c'est pourquoi il touche au plus
réel de l'homme — avec le risque, d'ailleurs, de sombrer dans
l'ineffable « touchant ». Par là, il effectue *à la seconde puissance*
ce meurtre de la chose qui est l'originaire tâche de tout langage.
Exprimée comme pétrification, la douleur, dans le poème cesse
d'être un destin fatal : l'homme peut l'habiter; elle lui devient
compagne familière.

La symbolisation poétique n'est ni un simple ornement, ni non
plus, bien sûr, une maladie ou une dégénérescence du langage. Elle
le rapproche au contraire de son état de « nature », si l'on peut ainsi
parler; elle est comme la marche du langage *vers son état originel*

---

56. E. MORIN, *Le paradigme perdu : la nature humaine,* Seuil 1973, p. 111 :
« Entre la vision objective et la vision subjective, il y a donc une brèche que la mort
ouvre jusqu'au déchirement, et que remplissent les mythes et les rites de la survie, qui
finalement intègrent la mort. Avec "Sapiens" s'amorce donc la dualité du sujet et de
l'objet, lien indéchirable, rupture insurmontable que, par la suite, de mille manières,
toutes les religions et philosophies vont tenter de surmonter et d'approfondir » (p. 112).
— « En tout état de cause, il demeure une vaste zone d'ambiguïté, une brèche
indécidable, entre le cerveau et le monde phénoménal, que comblent les croyances, les
"doubles", les esprits, les dieux, les magies et leurs héritières, les théories
rationalisatrices (...) Sans cesse il ("Sapiens") referme la brèche par de la mythologie
et de l'idéologie, sans cesse quelqu'un rouvre la brèche » (p. 141).

(T. Todorov)[57] — lequel, loin d'être la « copie » du concret fut, dès le départ, « abstrait »[58] ; elle est le langage « à la seconde puissance » (E. Ortigues)[59], « le plein du langage » (P. Ricœur)[60]. Lorsque le poétique fait de la forme même le message (R. Jakobson)[61], il ne fait que mettre en œuvre *l'aptitude congénitale du langage à la symbolisation*. Une telle aptitude ne saurait nous étonner, compte tenu de la fonction que nous lui avons reconnue : signifiant dès le départ l'insurmontable distance du réel, il fait mourir celui-ci comme chose brute pour y faire advenir le sujet comme présence. La présence qu'il médiatise ainsi est à la mesure du travail symbolique effectué. C'est pourquoi, lorsque le scientifique, au contraire, veut coller au « réel » de la manière là plus univoque qui

---

57. T. TODOROV, « Introduction à la symbolique », in : *Poétique 11,* 1972, p. 298.

58. E. BENVENISTE, par exemple, a montré, à propos du rapport entre l'indo-européen « drow- » et « dreu- », en anglais « tree » (arbre) et « trust » (confiance, fidélité, fermeté) que « ce n'est pas le nom ''primitif'' du chêne qui a créé la notion de solidité, c'est au contraire par l'expression de la solidité que l'on a désigné l'arbre en général et le chêne en particulier » (*op. cit,* p. 301). — Dans un autre domaine, mais pas sans lien sans doute avec le précédent, un paléontologue comme A. LEROI-GOURHAN souligne le caractère « abstrait » de l'art magdalénien, vers 35 000 avant J.C. : « Il est transposition symbolique, et non calque de la réalité, c'est-à-dire qu'il y a entre le tracé dans lequel on admet voir un bison et le bison lui-même la distance qui existe entre le mot et l'outil » (*Le geste et la parole 1 : Technique et langage,* Paris, Albin Michel 1964, p. 266).

59. E. ORTIGUES, *op. cit.,* pp. 198, 192, 67.

60. P. RICOEUR, *Le conflit des interprétations,* Seuil 1969, p. 283.

61. R. JAKOBSON, *Essais de linguistique générale,* Paris, Minuit 1963, p. 218. La fonction poétique du langage est bien plus large que la « poésie » : « Pourquoi dites-vous toujours Jeanne et Marguerite, et non Marguerite et Jeanne ? Préférez-vous Jeanne à sa sœur jumelle ? Pas du tout, mais ça sonne mieux ainsi » (p. 218). La fonction poétique joue sans doute à quelque degré en tout langage. — Cependant, on tiendra compte de la critique que F. Flahault adresse à l'égard des « fonctions » jakobsonniennes de la communication, fonctions qui, selon lui, sont tributaires d'une théorie de l'information où « il n'est logiquement possible d'assigner au langage aucune autre fonction que celle de produire et de transmettre un message », c'est-à-dire finalement « de retrouver l'instrument » (*op. cit.,* pp. 27-37). Cette critique n'invalide cependant pas (au contraire) notre propos, compte tenu de la perspective où nous le tenons ici.

soit, il doit se désimpliquer et effacer sa présence, autant que faire se peut.

f) *Le symbole non linguistique, ou :*
   « *quand ça nous coupe la parole* »

Ce qui vaut prioritairement des symboles linguistiques vaut aussi au plan non linguistique. Choses, gestes, personnes, ne prenant signification « humaine » que dans le langage et la culture qui en marquent l'altérité, fonctionnent alors comme « quasi-langage ».

— *L'eau*

Ainsi, « l'homme ne perçoit jamais l'eau à l'état de 'réel' pur, entendons : non signifiant pour l'homme. L'eau que je regarde est toujours profonde, limpide, pure, fraîche ou stagnante. *Son réel est d'être immédiatement métaphorique de toute mon existence.* Certes, je peux dire : frais ou pur comme de l'eau. Mais le 'comme' n'opère pas la transposition de l'eau à sa signification symbolique[62] ». Avant toute intention de notre part, et de manière irréductible à ce que nous pouvons en éprouver affectivement — attention ici à ne pas psychologiser ce dont il est question : ce serait dénaturer le symbole, en le ramenant à l'extériorisation d'une expérience intérieure détachable de lui ; ce serait quitter l'oignon pour le noyau de pêche ! —, l'eau est quelque chose de notre corporéité parlante et parlée, c'est-à-dire de ce « *corps vif* » qui, selon l'expression de D. Dubarle, est « comme l'archi-symbole de tout l'ordre symbolique[63] », parce qu'en lui s'enracine tout ajointement, toute « mise ensemble », toute « symbolisation » du désir et de la parole, de la nature et de la culture, de l'identité et de l'altérité, du microcosme et du macrocosme. Notre vie n'est pas simplement *comme* l'eau du torrent : la

---

62. A. VERGOTE, *op. cit.*, p. 64.
63. D. DUBARLE, « Pratique du symbole et connaissance de Dieu », in : *Le mythe et le symbole*, Beauchesne 1977, p. 243.

comparaison, comme dans la parabole où le Royaume caché aujourd'hui (A') est au Royaume manifesté à la fin des temps (B') comme le minuscule grain de sénevé (A) est à « la plus grande de toutes les plantes potagères » (B), établit un lien tout extérieur ; elle n'a rien à voir avec le symbole qui est constitué par un rapport *interne* de « circumincession », de telle sorte que le « sens » n'est pas séparable de la « forme ». Un peu comme dans le cas précédent de la douleur et de la pierre, nous sommes en présence d'un *enroulement* symbolique du signifiant qu'est l'eau du torrent et des signifiants pulsionnels et culturels qui font notre vie. Le torrent n'est jamais aussi réel que lorsqu'il devient le lieu métaphorique de notre vie, c'est-à-dire aussi de ce qu'elle n'est pas, de ce qu'elle désire être, de ce qu'elle pourrait devenir : existence bouillonnante de vitalité, vie tumultueuse où les énergies du désir achoppent sans cesse contre le roc de la Loi, vie éphémère aussi qui s'écoule irréversiblement vers la mort, etc.

Mais nous avons à nous demander maintenant comment s'effectue le procès de symbolisation dans l'exemple choisi. Nous l'avons précisément choisi parce que, très proche de la « nature » et apparemment très éloigné de la « culture », il illustre bien le risque de régression vers l'imaginaire dans ce genre de cas. Si notre rapport à l'eau du torrent n'est pas imaginaire mais bien symbolique, c'est parce que celle-ci nous « parle ». C'est en tant que *parlante* que l'eau est une réalité humaine : « toute réalité humaine a pour catalyseur le langage », c'est-à-dire aussi la culture (Ortigues, p. 203). Le langage interdit l'abolition de la distance entre l'eau et nous ; il la creuse au contraire. Et si cette eau nous prend symboliquement en elle, c'est *sans confusion :* elle demeure *l'autre,* l'autre de cet autre que nous sommes indéfiniment par rapport à nous-mêmes et par rapport à autrui. Elle médiatise la *brèche anthropologique* qui nous traverse et empêche toute coïncidence de soi à soi. Elle la *médiatise,* c'est-à-dire qu'elle l'ouvre à nouveau et qu'elle nous permet en même temps de la vivre.

Mais le « langage » de l'eau n'est jamais, par définition même, « naturel » ; il emporte toujours avec soi *la culture,* c'est-à-dire ce

réseau symbolique de valeurs que nous avons analysé précédemment.
La profusion de richesses virtuelles et de promesses qu'évoque pour
nous le grondement du torrent, ainsi que l'écho de l'éphémère qu'il
emporte dans sa course vers la « mort » n'existent que marqués
culturellement, à savoir, pour nous, occidentalement : vie et mort ne
sont pas habitées de la même manière dans d'autres civilisations.
Nous voyons ainsi que, même dans ce cas si éloigné apparemment de
la culture, le fonctionnement symbolique du torrent est médiatisé par
sa mise en rapport avec ce *système social* que nous avons défini
comme *le symbolique ;* il le *donne à voir ;* il requiert que soit scellé à
nouveau le *pacte culturel.* Faute de quoi, la distance de soi à soi, de
soi à autrui, de soi au torrent et aux choses serait imaginairement
abolie ; l'impérialisme mortel de la relation duelle fascinante ferait
échec à *la médiation de ce Tiers social* qui advient avec le langage.
« Tout le problème de la symbolisation se situe dans ce passage de
l'opposition duelle à la relation ternaire » (p. 205).

— Le geste

L'eau du torrent joue symboliquement comme du langage plein.
Ce trait fondamental apparaît mieux évidemment dans l'échange
symbolique avec autrui, dont le *cadeau* représente sans doute l'une
des meilleures figurations. Le geste du cadeau — par exemple,
lorsqu'un ami intime est durement éprouvé par la mort d'un être
cher, l'offrande d'une rose ou l'échange d'un baiser muet ou encore,
en ce cas, le silence plein de la corporéité qui se « présentifie » à lui
— est-il autre chose en effet que du *trop plein de langage ?* Les mots,
impuissants ou déplacés en une telle circonstance, ne peuvent que
céder le pas au langage du corps. Seul le geste peut donner corps à la
parole sans déflorer l'étrange espace sacré créé par la présence de la
mort. La rose ou le baiser disent, en l'occurrence, infiniment mieux
que les mots l'implacable distance qui à la fois sépare et unit les
humains : « je ne peux pas me mettre à ta place... Je ne suis pas toi » ;
mais au creux même de la brèche d'altérité qu'ils ouvrent, dans le
même temps que — et parce que — ils radicalisent ainsi *l'absence,*

ils nous font plus présents l'un à l'autre que nous n'en pouvons dire et vivre. *Jamais peut-être la mutuelle présence n'est aussi réelle que dans cet instant où, par la grâce du geste symbolique, se figure l'insurmontable altérité.* « C'est dans ce qui nous coupe la parole, dans cette angoisse qui nous étreint la gorge, que nous reprenons contact avec les sources vives de la parole [64]. » Le geste effectue ici le langage à la seconde puissance. Il radicalise l'altérité et permet ainsi de ratifier la loi de reconnaissance entre sujets, cette loi qui « oblige toute conscience à revenir à soi à partir de son autre, son 'répondant', celui dont elle attend la sanction de sa propre parole[65] ». Sans doute y a-t-il des signifiés dans le geste que nous évoquons ici. Mais l'important n'est pas dans ce « contenu » communiqué ; il réside dans le fait même qu'il se fait là une *communication,* une *alliance* dans la reconnaissance d'un commun assujettissement à la loi de la mort, cette mort qui travaille en chacun et opère ici à vif. La mort cesse alors d'être un simple destin fatal biologique ; elle est apprivoisée, humanisée, parce que socialisée.

— Le baptême

C'est une telle alliance, mais religieuse — alliance des croyants devant Dieu, et plus spécifiquement encore selon le système culturel chrétien, alliance des croyants avec Dieu en Jésus confessé comme Christ — qu'effectue le baptême. C'est pourquoi, le geste verbo-rituel de plongée dans l'eau sépulcrale « au nom de » Jésus le Christ est à prendre prioritairement du côté du symbole — même si, dans un temps second, si l'on peut dire, un discours de détermination des signifiés est théologiquement nécessaire. Comme symbole, le geste baptismal scelle ultimement l'alliance du catéchumène avec le groupe chrétien et l'*assujettit* à la loi évangélique de Grâce qui le fonde. Quoi qu'il en soit de l'adhésion personnelle qu'il donne ou

---

64. E. ORTIGUES, *op. cit.*, p. 33.
65. *Ibid.*, p. 198.

non à la foi chrétienne, tout homme peut reconnaître que le baptême chrétien fonctionne bien comme rite de passage d'une ancienne à une nouvelle *identité*, passage, « pâque », qui se préfigure symboliquement par la plongée dans le tombeau du Christ, donc par une alliance avec lui qui prétend bien opérer une brisure dans l'antique solidarité adamique. Ce geste sacramentel est particulièrement intéressant, parce que l'immersion — malheureusement si peu pratiquée aujourd'hui — fait littéralement voir le processus de toute symbolisation que nous indiquions plus haut à la suite d'E. Ortigues : *la plongée de l'homme dans l'ordre même des valeurs auquel appartient le symbole*, ordre qui est en rupture avec tout simple donné brut puisqu'il effectue à la seconde puissance l'opération de négativité qui appartient au langage. *C'est tout le réseau symbolique propre au christianisme qui se livre dans le symbole sacramentel.* Le rapport du chrétien à autrui, au monde et à soi-même demeure bien certes un rapport humain, mais restructuré selon la médiation de ce système symbolique particulier ici figuré en concentré.

Ici encore, comme dans les exemples précédents, le langage touche à sa limite extrême. Si langage il y a encore, c'est réduit au minimum dans la « formule sacramentelle » ; mais c'est un minimum hautement synthétique et performatif, au point que le « verbe » se fait « chair ». C'est pourquoi, lorsque le mystère auquel adhère le croyant lui coupe la parole, lorsqu'il a poussé aussi avant que possible, jusqu'au vertige peut-être, dans la voie négative du discours théologique, il ne lui reste plus guère, pour franchir encore le pas de la foi, que de s'engager corporellement dans le geste de la foi de l'Église. C'est en prenant le pain et le vin, en mangeant et buvant, qu'il « se fait » à nouveau à la radicale étrangeté et absence de celui qu'il confesse comme Ressuscité des morts. Le symbole sacramentel *fait la vérité* du langage ecclésial sur Jésus, le Christ. Si, comme nous allons le voir, il demande à se dépasser en un ou des discours qui explicitent ses significations, ce n'est pourtant pas de ce côté-là que se situe *prioritairement* son enjeu. C'est pourquoi, sans nier leur nécessaire dimension de signe, c'est du côté du symbole que nous entendons engager notre réflexion théologique sur les sacrements.

Aux résultats déjà acquis et transcrits dans un premier tableau, nous pouvons maintenant ajouter les points suivants :

SYMBOLE	SIGNE
5 - Relation interne à l'ordre des signifiants (autotélisme ; intransitivité).	5 - Relation externe par rapport à l'ordre des signifiants.
6 - Acte d'énonciation. En esthétique, rapport de « productivité » entre produit et producteur.	6 - Enoncé. En esthétique classique, rapport de représentation entre produit et modèle.
7 - Tend vers la fonction d'expression.	7 - Fonction de signification.
8 - Ambivalence.	8 - Équivalence.

3. SIGNE ET SYMBOLE : DEUX POLARITÉS DU LANGAGE

Malgré leur différence de niveau, le symbole et le signe n'en jouent pas moins comme double polarité de tout langage. En toute explicitation du signifié dans le discours, se joue une négociation symbolique de places, donc de reconnaissance mutuelle, entre groupes et entre sujets ; mais inversement, toute expression symbolique tend à être assumée dans un discours de connaissance où quelque chose est dit sur quelque chose, qui soit susceptible d'être sanctionné par l'interlocuteur comme vrai ou faux, comme le montre le tableau ci-dessous, tableau qui a en outre l'avantage de délimiter le champ du symbolisme [66].

a) *Le champ du symbolisme*

Il n'est de symbole qu'articulé *simultanément* sur les deux pôles de l'imaginaire et du symbolique (le système culturel). Mais il existe de

---

66. Le tableau ci-dessous s'inspire directement des pp. 195-196 de l'ouvrage d'Ortigues.

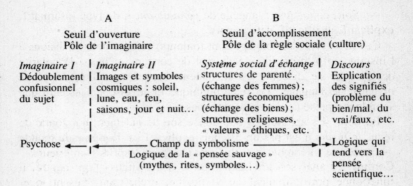

multiples degrés de combinaison dans cette articulation. Le tableau nous montre le danger qui menace les symboles très accrochés sur les éléments cosmiques : celui de régresser vers l'imaginaire confusionnel, si le pôle culturel et social a une trop faible prise sur eux. Inversement, des symboles sans consistance cosmique tendront à dépasser le seuil d'accomplissement et à devenir des principes de jugement.

Les flèches du schéma indiquent que les deux logiques — car la « pensée sauvage » a aussi sa logique, rigoureuse, même si elle est celle du « bricoleur » et non de l'« ingénieur », comme le dit C. Lévi-Strauss — ne sont pas séparées, ni superposées, mais sont en osmose.

b) *Langage de reconnaissance et langage de connaissance :*
   du mythe au discours scientifique

Tout discours est ainsi susceptible de faire l'objet d'une double lecture :
— Soit, côté symbole : langage de *reconnaissance, fondateur d'identité* pour le groupe ou les individus, et *opérateur de cohésion* entre les membres du groupe ou *d'adhésion* (réussie ou non, selon que l'on est « reconnu » ou pas) de l'individu à celui-ci.

— Soit, côté signe : langage de *connaissance,* de type informatif, explicatif, justificatif, déterminatif.

Ces deux types de langage sont toujours, comme nous le disions à l'instant, en osmose ; ils s'élaborent de concert, même si la polarité de tel type de discours est nettement marquée par l'un des deux niveaux de langage. Le récit mythique et le discours scientifique semblent représenter les deux extrêmes.

En dépit des apparences que donne son déroulement horizontal de récit, le *mythe* n'est pas un discours explicatif sur l'origine du monde — sorte de métaphysique balbutiante pour esprits « inférieurs ». Comme les analyses structurales de C. Lévi-Strauss l'on montré, il fonctionne prioritairement en verticalité, orchestrant, faisant jouer ensemble, « sym-bolisant » les multiples codes culturels — depuis le code de parenté jusqu'à celui de la cuisine — dont vit inconsciemment le groupe. C'est le type même du langage « reconnaissance » : langage *fondateur* qui permet au groupe comme tel de se reconnaître, de s'identifier, donc de vivre « humainement », et qui fait des individus un « nous » social commun : tous s'y retrouvent... (cf. infra, ch. III, IV, 4). Le discours *scientifique* est au contraire typiquement représentatif du langage « connaissance ». Qui ne le lirait pas d'abord selon ce niveau passerait évidemment à côté.

c) *Le pôle « reconnaissance » du langage « connaissance »*

Pourtant, même dans ce discours scientifique qui, comme le dit C. Lévi-Strauss à propos de son anthropologie structurale, cherche, par méthode, à « faire abstraction du sujet[67] », force est bien de prendre en compte le fait que revient sans cesse à la charge « cet hôte présent parmi nous, bien que nul n'ait songé à l'inviter à nos débats : l'esprit humain[68] ». D'où aussi la part de mythe que maints ethnologues, comme D. Sperber, P. Smith, L. de Heusch, croient

---

67. C. LÉVI-STRAUSS, *Mythologiques* I, *Le Cru et le Cuit,* Paris : Plon, 1964, p. 20.

68. *Id., Anthropologie structurale,* Paris, Plon 1958, p. 81.

pouvoir déceler jusque dans la science[69]. Ce discours sans sujet, si explicatif qu'il soit, ne laisse pas d'être traversé par de l'« illocutoire implicite », c'est-à-dire par une revendication de reconnaissance par autrui de la part du destinateur, comme nous l'avons déjà noté à la suite de F. Flahault.

Dans un colloque de scientifiques par exemple, l'intérêt des propos tenus par les uns et les autres peut résider moins dans la qualité *informative* du savoir communiqué que dans la capacité *« performative »* de l'acte de communication « scientifique », selon le langage technique qui marque l'appartenance au « sérail » et qui appelle de ce fait la reconnaissance du locuteur par ses pairs. De même, si la présentation à un public non « initié » — à la télévision, dans une exposition, au cours d'une visite d'usine — d'une nouveauté technique ultra-perfectionnée est faite par un ingénieur, ce n'est pas, la plupart du temps, en raison du niveau de connaissances qui sont alors fournies ; c'est parce que l'ingénieur joue symboliquement comme témoin et garant : cela doit être vrai, puisque c'est un « scientifique » qui le dit. Comme très souvent, le vrai fonctionne ici sur le mode du vraisemblable dans l'esprit du public. Le coefficient « confiance » exerce un rôle considérable en cette affaire : on croit l'« expert » sur parole.

Les exemples analogues abondent. Dans le domaine *religieux,* la polarité symbolique du langage est peut-être plus importante encore qu'ailleurs. La foi des « minores », au Moyen Age, était presque entièrement fondée sur le crédit donné aux moines et aux prêtres — « L'Église enseignante ». Et aujourd'hui encore, pourquoi tant de chrétiens, alors que les idées qu'ils se font du prêtre sont souvent très éloignées de — voire opposées à — celles qu'en exprime la théologie officielle, requièrent-ils sa présence pour un certain nombre d'actes religieux, si ce n'est parce que cela fait « plus sérieux » et qu'ainsi

---

69. D. SPERBER, *Le symbolisme en général,* Paris : Hermann 1974, p. 113. P. SMITH, La nature des mythes, in *L'unité de l'homme* (centre de Royaumont pour une science de l'homme), Seuil 1974, p. 728 ; L. DE HEUSCH, Introduction à une ritologie générale, *ibid.*, p. 713.

« on est plus sûr », c'est-à-dire parce qu'ils reconnaissent symboliquement en lui le garant et la figure de leur identité chrétienne ? Ils n'ont
sans doute guère accès aux signifiés théologiques du prêtre
— l'initiative gratuite de Dieu, l'apostolicité et la catholicité de
l'Église. C'est d'emblée au niveau de la communication entre les
personnes au sein d'un système de places qu'ils se situent : la place
du prêtre, par rapport à l'évêque qui l'a ordonné et par rapport à leur
propre place de « simples » laïcs, est telle que le prêtre les introduit
immédiatement dans l'ordre de l'appartenance ecclésiale et de
l'identité chrétienne qu'il symbolise.

Le *langage de tous les jours* est lui aussi pris entre symbole et
signe. La conversation la plus banale sur les fantaisies de la
météorologie, sous des dehors assertifs et informatifs, a bien peu
d'intérêt, la plupart du temps, quant aux connaissances transmises;
bien que beaucoup moins apparente, la polarité symbolique de ce
« parler pour ne rien dire » est probablement plus importante. C'est
qu'en effet, il est capital pour tout un chacun de parler à quelqu'un :
la communication a valeur pour elle-même; c'est une reconnaissance
sociale de « présence » qui est ici implicitement revendiquée. L'acte
de langage dit *« performatif »* sous sa forme explicite — « je vous
jure », « je vous promets »... — ou sous ses variantes implicites —
« Qu'en pensez-vous ? » (= « je vous mets en demeure de me
répondre ») — met en relief le pôle symbolique du langage : du
simple fait de son énonciation, il opère une reconnaissance mutuelle
et noue un contrat entre les deux partenaires dont le statut est *ipso
facto* modifié par rapport à l'autre. Le pire affront que l'on peut faire
à quelqu'un parfois consiste justement à ne pas lui répondre quand il
nous adresse la parole : manière de le « tuer », en niant sa présence;
d'où la violente répartie du locuteur : « Tu pourrais au moins me
répondre !... » Le maximum d'information, dans un discours, peut
aussi se combiner avec un accent très appuyé sur le pôle symbolique.
Dire à sa secrétaire : « apportez-moi tel document », c'est lui signifier
une information très précise, mais en même temps, c'est lui
« signifier » l'autorité que l'on a sur elle, l'exercer et la renforcer.

Dans le domaine *extra-linguistique,* un tableau d'art par exemple est évidemment à lire au niveau symbolique. Cela n'empêche pourtant que, même à ce niveau, la polarité cognitive ne soit pas absente. La négligence presque totale de ce fait entraîne une idéologie de l'art pour l'art à laquelle plus personne ne croit aujourd'hui. Autrement dit, le symbole ne fait jamais que *tendre vers* l'autotélisme et l'intransitivité. C'est dire les limites de la subversion opérée par le romantisme. Il y a toujours de l'information dans une « nature morte » par exemple : elle peut signifier les fruits, les fleurs, le gibier qu'elle représente, ou encore, telle manière de peindre manifestant l'influence de telle école dans l'histoire de la peinture — c'est à ce niveau que fonctionnent d'abord les tableaux de maître qui illustrent un dictionnaire. Mais, à ce niveau de lecture, l'œuvre n'est plus de l'art ; elle est simplement une belle planche d'illustration, en couleurs, utile à l'information du lecteur et venant combler une lacune dans ses connaissances. L'art ne serait plus que la copie fidèle d'un modèle. Le romantisme allemand a précisément réagi, comme nous l'avons signalé plus haut à la suite de T. Todorov, contre la théorie esthétique classique de l'art comme imitation de la nature. Cette théorie était en effet incapable de rendre compte du fait que, y compris à l'âge classique bien sûr, l'art n'a jamais été simple reproduction de la nature, puisque la soi-disant imitation du peintre ne portait que sur la « belle » nature, c'est-à-dire procédait d'un choix à la fois tout subjectif et culturel. Inutile d'ajouter qu'avec la théorie de l'imitation on serait évidemment incapable d'entrer dans l'art non figuratif contemporain, appelé bien à tort « abstrait ». La lecture symbolique de l'œuvre d'art ne nous renvoie pas au modèle extérieur à elle. Elle procède *de l'intérieur même,* c'est-à-dire du rapport entre les signifiants — couleurs, formes, épaisseur de la peinture, contrastes dans la composition d'ensemble... —, signifiants qui soutiennent et donnent à voir le sujet producteur, c'est-à-dire aussi bien son désir et sa culture. C'est l'acte de production de l'« auteur » dans ses signifiants visuels qui fait fonctionner symboliquement l'œuvre. Mais c'est aussi, du même coup, l'acte de production du spectateur-lecteur. Celui-ci, « ému » ou « froid », s'y retrouve ou non, sans jamais pouvoir justifier adéquatement l'effet produit en un discours explicatif. Le tableau ne lui parle, ou plutôt ne « le » parle, que dans la mesure où il fonctionne comme un langage métaphorique où s'articulent sym-boliquement les signifiants inconscients de son désir et ceux — les codes, non conscients eux aussi — qui régissent la culture de sa société, et plus précisément de sa classe sociale : il s'y reconnaît, avec tout son « milieu » ; « çà lui parle », et, pouvons-nous ajouter sans verser dans le mysticisme romantique de l'ineffable, d'autant mieux qu'il est incapable de dire pourquoi. Ça lui parle comme le mythe lui parle. C. Lévi-Strauss a souligné, dans le Finale de « L'homme nu », cette analogie entre la jouissance esthétique et le mythe. « Si l'homme, commente Y. Simonis, éprouve un véritable sentiment de plaisir esthétique devant une œuvre d'art, c'est finalement qu'*il y reconnaît soudain la structure même de son esprit. Inconsciemment l'esprit s'y retrouve* [70] ».

De même, si je reçois une carte postale d'un ami en vacances, je m'intéresse bien sûr au contenu de ce qu'il m'écrit. Mais, plus fondamentalement, c'est le simple fait d'avoir reçu un mot de lui — même si, à la limite, le contenu est « insignifiant » (comme dans ces cartes postales où l'on n'a qu'à cocher les mentions utiles...), ou si la représentation me paraît fort laide —, le fait même de la communication, qui fonctionne symboliquement. La signature seule peut suffire à faire la reconnaissance, à renouer ou à fortifier l'amitié. Donner ainsi son nom, ou mieux encore son surnom familier, ce nom ou surnom invariable qui est tout entier « appel », appellation, et dont le sens s'épuise totalement dans la forme, c'est équivalemment donner sa parole. Acte symbolique et performatif par excellence. Sceau d'une alliance.

Tous ces exemples attestent à nouveau combien *le symbole nous livre l'ordre même du langage,* à savoir celui de la communication — de l'échange symbolique, précisément. Il nous ramène vers le site *originaire* de la parole ; c'est pourquoi, il en marque, de manière

---

70. Y. SIMONIS, *Claude Lévi-Strauss ou la "Passion de l'INCESTE",* Aubier-Montaigne 1968, p. 321. Cf. LÉVI-STRAUSS, *L'homme nu, op. cit.,* pp. 580-596 ; *Le Cru et le Cuit,* p. 26.

plus ou moins proche, la limite infranchissable et est plus ou moins menacé de régresser vers l'imaginaire confusionnel en transgressant cette limite.

d) *Le pôle cognitif du langage symbolique*

L'expérience symbolique ne se suffit pas à elle-même. *Il n'est de symbole que tendu vers un discours cognitif,* discours de la vérité qui est une prétention de tout langage. D'un symbole qui n'aurait absolument aucun « sens », on ne pourrait rien dire ; autant avouer que l'on sombrerait dans le pur imaginaire. Si donc nous avons récusé la rhétorique classique qui, fondée sur l'écart par rapport à la norme, réduisait le symbole à un simple signe déviant, ce n'est pas pour lui substituer la théorie romantique, si décisif qu'en soit l'apport : celle-ci en effet, à la limite, ne voit plus le langage que comme figure symbolique. Le pur autotélisme et l'absolue intransitivité de l'art n'est qu'idéologie « romantique ».

Reste donc à reconnaître l'existence simultanée des deux niveaux et des deux pôles du langage. L'un des intérêts majeurs de l'ouvrage de Dan Sperber, « Le symbolisme en général », est de manifester la dimension de savoir qui est constitutive de tout symbolisme. Cela ne contredit nullement nos propos antérieurs. Car le savoir dont il s'agit est distinct de la connaissance discursive, qu'elle soit de type « savoir sémantique » — celui qui porte sur les catégories, comme dans les propositions : « le lion est un animal », ou « un bon couteau est un couteau qui coupe bien » —, ou de type « savoir encyclopédique » — celui qui porte sur l'expérience quotidienne du monde, comme dans les propositions : « le lion est un animal dangereux », ou « un bon couteau coûte cher ».

Le savoir symbolique n'est ni sémantique, ni encyclopédique. Sa différence spécifique ne réside pas dans un non-savoir, mais dans le *traitement* tout à fait particulier qu'il fait subir au savoir : il le met *entre guillemets.* C'est « sur les entrées encyclopédiques des catégories » qu'il porte[71] : ces entrées sont formées par les guillemets

---

71. D. SPERBER, *op. cit.,* p. 120. Les références ou citations suivantes renvoient à cet ouvrage qui ouvre des perspectives pleines d'intérêt.

précisément. Ceux-ci, pouvons-nous dire encore, font office de *filtre culturel*, mais de telle sorte que c'est l'opération de filtrage elle-même qui se donne à voir. C'est pourquoi, comme le montre D. Sperber, le savoir symbolique n'a pas pour objet des propositions comme telles, sémantiques ou encyclopédiques, analytiques ou empiriques, mais les *représentations* que l'on s'en donne (p. 121), par « idiosyncrasie » (particularité) culturelle — la tradition — ou individuelle — le désir.

Voilà qui confirme nos analyses antérieures : si le savoir — ou, plus largement, l'expérience — symbolique requiert toujours un pôle cognitif, ce qui permet de s'en expliquer, il le traite de telle façon que la connaissance fonctionne comme médiation de reconnaissance : on s'y reconnaît (inconsciemment, pour la plus large part), parce qu'on y retrouve le filtre culturel et les représentations du groupe. C'est pourquoi ce « savoir » n'est jamais empiriquement vérifiable ni scientifiquement démontrable. Sa vérité ne peut être garantie que par appel à l'expérience des ancêtres ou à la tradition, « c'est-à-dire par l'expérience qui ne peut plus être reproduite » (p. 117). Langage fondateur et opérateur d'identité.

Si donc la connaissance et la vérité constituent bien une prétention du langage symbolique, elles sont traitées à un tout autre niveau que celles de type scientifique, empirique ou philosophique. Nous retrouvons ici cette différence de « niveau » dont nous avons parlé précédemment : l'expérience symbolique nous ramène vers le site originaire de toute convention, donc de tout langage et de tout vivre-ensemble. C'est pourquoi, elle touche au plus réel de l'homme...

4. SYMBOLE ET RÉALITÉ : OUVERTURE AUX SACREMENTS

L'activité symbolique effectue un « *travail* » en nous. Travail fondateur qui nous fait devenir autres. Ce qui s'y opère ainsi est *cela même qui se figure symboliquement*. Sans prétendre épuiser, ni de fait ni de droit, le Mystère de la participation au Christ ressuscité

dans les sacrements, la prégnance du symbole que nous avons tenté
de serrer au plus près dans les pages précédentes nous ouvre pourtant
un chemin vers l'intelligence des sacrements. Nous en repérons ici
seulement quelques balises, nous réservant d'explorer plus à fond
l'efficacité sacramentelle au chapitre IV.

Comme symbole, le baptême chrétien ne peut être réduit à une
simple comparaison externe entre la destinée du Christ plongé dans la
mort pour surgir en nouveauté de vie et celle du baptisé. Le « comme
si » ou l'exemple moral dénature totalement ce que nous entendons
par symbole. Au sein du réseau symbolique culturel propre à l'Église
(cf. chapitre II), la mise en œuvre d'une relation cohérente entre les
divers éléments signifiants du baptême qui assure à l'ensemble de la
célébration son fonctionnement symbolique (le geste d'immersion
dans/émersion de l'eau, la parole « au nom » du Dieu-Trinité que
Jésus a révélé, la présence d'une assemblée de croyants présidée par
un ministre ordonné, la lecture de l'Écriture, la profession de foi,
mais aussi tous les autres signifiants contextuels : cierge pascal,
chants, éléments décoratifs...) *introduit le baptisé dans cela même
qu'elle symbolise :* mort et résurrection avec le Christ; elle le dote
ainsi d'une identité nouvelle.

Le Christ qui vient-en-présence au baptême n'est dès lors ni le
« petit Jésus », ni le Fils de Dieu dés-incarné, mais bien celui qui a
été plongé dans les profondeurs de la mort et a accédé à une vie
nouvelle. Et le symbolisme proprement chrétien de l'eau baptismale
n'arrache pas l'eau à sa consistance d'eau. Conformément à tout ce
que nous avons dit du symbole, elle est au contraire *d'autant plus
eau* qu'elle est davantage eau-pour-l'homme (en l'occurrence, pour
l'homme en devenir chrétien), c'est-à-dire *davantage sépulcre de
mort et bain vivifiant de renaissance :* dans le baptême, l'eau *vient
pleinement à sa vérité* (comme, selon la magistrale analyse qu'en fait
M. Heidegger, une cruche ne manifeste jamais autant son essence de
cruche que dans l'acte sacré de libation offerte aux dieux)[72].

---

72. M. HEIDEGGER, *Essais et Conférences*, Gallimard 1958, pp. 199-205. Ce qui,
pour la « pensée méditante » — non pas pour la « pensée scientifique » qui a un tout

La vérité du baptême — comme de tout sacrement — ne se fait qu'*au sein de* l'action symbolisante *et selon* celle-ci. Celle-ci ne vient pas habiller, par souci d'esthétique, de didactisme ou d'efficacité morale, une réalité cachée qui, comme un noyau dur serait détachable d'elle. La vérité des sacrements n'est ni « physique », ni « méta-physique » ; elle est d'emblée d'un autre niveau, c'est-à-dire symbolique : elle ne s'effectue *qu'au sein du processus de symbolisation*, dans un acte de langage qui la situe entre les guillemets de la foi ecclésiale — ce que manifeste au premier chef l'ouverture des guillemets, au cœur de la prière eucharistique, en vue de la citation du fondateur, Jésus confessé comme « Christ ». Tout sacrement est ainsi nomination de Jésus comme « Christ » ; et cet acte de nomination effectue la dénomination de l'homme comme croyant : acte de langage *fondateur* de l'identité ecclésiale. D'autre part, cette nomination est *« appel »* : maintenant, ici, dans cet acte de langage symbolique, Jésus est adressé au croyant comme Christ vivant ; il vient-en-présence dans la parole verbo-rituelle qui en trace l'imparable absence. Présence symbolique, sans doute ; mais précisément, « quelle présence est la plus haute », devons-nous demander à nouveau avec M. Heidegger : « celle de ce qui s'étend sous nos yeux, ou bien celle de ce qui est appelé ? »

Il faut être malade de rationalisme pour qualifier d'« irréel » ou de

---

autre type de regard —, fait l'être de la cruche, c'est le versement, et notamment le versement de l'oblation aux dieux. Verser de l'eau ou du vin en effet, ce n'est pas simplement faire un geste mécanique de transvasement (point de vue scientifique) ; c'est, comme le donne à voir le rite de libation aux dieux, unir symboliquement la terre (où s'enracine la vigne) et le ciel (la pluie qui la féconde et le soleil qui la mûrit), ainsi que les mortels (les hommes qui apaisent leur soif ou font la fête) et les dieux (auxquels le breuvage est consacré, afin qu'ils apaisent toute soif humaine). C'est lorsqu'elle « retient en soi » et « relie » ainsi « religieusement » ces Quatre (ce « Quadriparti ») qui ne cessent jamais pourtant d'être différents, lorsqu'elle les ajointe « sym-boliquement », que la cruche vient à la vérité de son être. La *« vérité »* ici, comme dans toute l'œuvre de Heidegger, n'est pas l'ajustement (métaphysique) de l'esprit avec les choses ; elle est, selon l'étymologie grecque du mot *a-lètheia*, « dévoilement », arrachement de l'Être à l'oubli (*lêthê*). Cf. ID., *De l'essence à la vérité*, in : *Questions I*, Gallimard 1968, pp. 159-194.

« fictif » ce qui advient ainsi en symbole. Nous l'avons dit : comme
limite extrême du langage, le symbole touche au plus réel de
l'homme. Sans verser dans une interprétation psychologiste, que
nous avons déjà dénoncée, nous pouvons lire l'échange d'alliance de
l'homme et de la femme, lors de leur mariage, comme chargé, dans
notre culture, de cet inépongeable surplus dont nous parlions plus
haut avec Lévi-Strauss. C'est en effet dans l'espace originaire
d'émergence de toute société humaine que nous plonge le rapport
symbolique entre les signifiants que sont : a) l'anneau, appelé
justement « alliance » en français ; b) l'homme et la femme, dans leur
geste d'échange réciproque ; et c) la société assujettissant à sa loi et
représentée par son témoin officiel qu'est l'officier d'état-civil ou le
prêtre. L'alliance symbolique avec la société est si réelle qu'elle
confère aux individus un statut nouveau : celui de couple, reconnu
officiellement comme tel. Indissociable de celle-ci, l'alliance entre
les époux est, elle aussi, aussi réelle que symbolique : l'échange
mutuel de l'anneau réalise d'emblée leur union (y compris sexuelle).
Union symbolique, non pas physique ici certes, mais bien réelle, *plus
réelle même,* sous son mode propre, que tout ce qu'ils pourront en
dire et en vivre. Le symbole est toujours *« en avance ».* En
l'occurrence, il est porteur d'un surplus qui ne pourra jamais se vivre
qu'à l'état de promesse.

Autre exemple. La patrie, comme le drapeau qui en est l'emblème,
ne préoccupent guère habituellement l'ancien combattant — comme
tout un chacun d'ailleurs — dans le quotidien des jours. Mais qu'un
11 novembre, le drapeau soit hissé au mât, accompagné de quelque
sonnerie militaire, et voilà notre ancien combattant la larme à l'œil
peut-être. Les trois couleurs, dans ce contexte, deviennent pour lui
symboliquement, mais *plus réellement* encore que dans la « réalité »,
La Patrie... Qui les piétinerait commettrait alors le plus abominable
sacrilège : véritable viol du Sacré.

Dans la même perspective, revenant ici à nos exemples antérieurs,
la « pétrification » de la douleur, dans le poème, fait venir celle-ci à sa
vérité humaine ; pour qui entre dans le jeu métaphorique, il ne s'agit
pas là d'une simple manière de dire, mais plutôt d'une manière de

«faire» : qui dira le travail de pétrification qui s'effectue dans la corporéité humaine à travers pareille évocation symbolique de la douleur? Et la rose offerte à l'ami en deuil, cette rose qui creuse l'insurmontable différence qui nous sépare et qui dit la mort entre nous et en nous-mêmes, effectue une mutuelle présence, peut-être *plus réelle* que dans la «réalité» de chaque jour.

Jamais les sacrements parce que sacrements *de la foi,* ne pourront se laisser épuiser par cette théorie de l'opérativité du langage symbolique. Nous nous en expliquerons au chapitre IV. Néanmoins, nous avons là une voie d'approche qui nous semble prometteuse. Toute représentation, par exemple, de la «présence réelle» en dehors de l'action symbolique qui lui a donné corps risque fort de sombrer dans l'imaginaire. On connaît notamment celle du «voile» de nos cantiques d'autrefois, derrière lequel Jésus serait «caché». Le symbole est au contraire le lieu d'*un dévoilement,* et l'eucharistie ainsi comprise est le lieu de dévoilement *le plus homogène au Mystère* de la présence du Ressuscité au milieu des hommes, présence *plus réelle que ce que nous prenons ordinairement pour tel, parce que* symbolique. Cette brève ouverture aux sacrements suffit à désigner l'horizon de la recherche que nous entreprendrons dans les chapitres suivants. Ajoutons qu'une telle perspective n'est d'ailleurs pas nouvelle. Nous sortons à peine en effet de cette longue période où, comme l'écrivait Harnack à la fin du siècle dernier dans son *Histoire des dogmes,* l'on entendait par symbole «une chose qui n'est pas ce qu'elle signifie», alors qu'au temps des Pères on y voyait «une chose qui, en un certain sens, *est réellement* ce qu'elle signifie». «En un certain sens» : la vérité du sacrement est nécessairement symbolique. Sans doute toutefois pouvons-nous dire de notre situation par rapport aux Pères ce que F. Nietzsche disait des scientifiques d'il y a un siècle par rapport aux hommes des âges antérieurs : «Nous savons mieux décrire que nos prédécesseurs»; mais c'est pour ajouter aussitôt : «nous expliquons aussi peu qu'eux [73]. »

---

73. F. NIETZSCHE, *Le gai savoir, op. cit.,* p. 112.

5. SYMBOLES MÉTAPHORIQUES ET SYMBOLES MÉTONYMIQUES

Selon R. Jakobson, le langage met en œuvre simultanément deux mécanismes intellectuels indépendants : un mécanisme de sélection des termes, par comparaison avec d'autres unités semblables qui pourraient leur être substituées parce qu'appartenant au même paradigme ; un mécanisme de combinaison du terme choisi avec les unités coexistantes appartenant au même syntagme. « Ainsi le sens d'un mot est déterminé à la fois par l'influence de ceux qui l'entourent dans le discours, et par le souvenir de ceux qui auraient pu prendre sa place [74]. » Ces mécanismes déterminent, selon l'auteur, les deux grands *procès,* métaphorique et métonymique, du langage, procès déterminés par la *prévalence* de l'un ou l'autre *pôle.* Parler de « pôles », c'est laisser entendre que, la plupart du temps, le langage se trouve dans une position d'« *oscillation* » entre les deux ; celle-ci cependant *tend* à se résorber dans chacun des deux grands types de figure que sont la métaphore et la métonymie.

« La prévalence respective de l'un ou l'autre de ces deux procédés n'est en aucune manière le fait exclusif de l'art littéraire. La même oscillation apparaît dans des systèmes de signes *autres que le langage* [75]. » On sait l'importante application que J. Lacan a faite de ces deux procédés majeurs de symbolisation dans le domaine de l'inconscient. Chez G. Rosolato, le concept d'« oscillation métaphoro-métonymique » est particulièrement important, en psychanalyse également ; mais il l'étend aussi à l'activité artistique [76].

Nous n'avons pas la prétention de fouiller les difficiles questions

---

74. O. DUCROT, art. « Syntagme et paradigme », in *Dictionnaire encyclopédique des sciences du langage, op. cit.,* p. 145.

75. R. JAKOBSON, *op. cit.,* p. 63. Cf. tout le ch. II : « Deux aspects du langage et deux types d'aphasie », pp. 43-67.

76. G. ROSOLATO, *Essais sur le symbolique, op. cit.,* p. 354. ID., *La relation d'inconnu,* Gallimard 1978, chapitre : « L'oscillation métaphoro-métonymique », pp. 52-80.

posées par la métaphore et la métonymie. Si nous en parlons ici, c'est parce que, dans le domaine de la ritualité, elles nous paraissent fournir des concepts théoriques intéressants pour nous aider à comprendre que la symbolisation rituelle fonctionne selon des *procédés divers* qui oscillent entre les deux pôles majeurs que nous venons de mentionner.

a) *La symbolisation de type métaphorique*

Lorsque nous parlons des « riantes prairies », ou d'un « rire jaune », ou lorsque nous disons que la nouvelle nous en a « coupé les bras », ou que notre cœur « brûle d'amour », ou, mieux encore, pour prendre une « métaphore vive » (cf. P. Ricœur), lorsque nous disons poétiquement que « la douleur pétrifia le seuil », nous produisons des figures de langage appelées métaphores. Nous mettons ainsi en rapport des termes de deux classes sémantiques différentes — la classe humaine : le rire, l'amour, la douleur... et la classe végétale (prairie) ou minérale (pierre, feu), etc. —, termes que nous *condensons* en raison d'une certaine *similitude* interne que *nous* établissons entre eux au sein de notre culture.

Le pain eucharistique est re-présentation (c'est-à-dire : présentation nouvelle, sous le mode du symbolisme sacramentel) du Christ en tant que se donnant pour la vie des hommes. La plongée dans l'eau baptismale est re-présentation, « similitude » (Rm 6, 5), de l'ensevelissement avec lui dans la mort ; l'imposition des mains pour le ministère figure la reconnaissance par l'Église de ce volontariat pour un tel service comme don gratuit d'« en haut » — plus précisément : comme charisme donné par l'Esprit —, etc. Chaque fois est ainsi mis en œuvre un *rapport métaphorique de ressemblance* où nous condensons dans un acte de langage verbo-rituel, qui requiert bien sûr sa mise entre guillemets par un « nous croyons que... », un événement humain avec l'événement de Pâques ou de Pentecôte qui fonde la foi.

b) *La symbolisation de type métonymique*

Lorsque « nous lisons S. Paul », « buvons un verre », « buvons du Champagne », ou, pour faire un jeu de mots — cf. Lacan —, nous qualifions notre relation avec un richissime personnage de « famillionnaire » », nous mettons entre parenthèses les signifiants « (œuvres de) S. Paul », « (contenu d') un verre », « du (vin de la province de) Champagne », « famil(ier)+(mil)lionnaire »... La *métonymie* fonctionne par rapprochement, *mise en contiguïté* de deux signifiants qui, normalement, sont séparés.

C'est ce rapport métonymique de contiguïté qui fonctionne, par mise en parenthèses de l'espace, du temps ou de l'histoire, dans les *reliques* : « je touche (un morceau de vêtement ayant appartenu à) Ste Thérèse » ; ou dans les lieux de *pèlerinage* : le musulman entre en contact avec Mahomet, lorsqu'il embrasse le rocher portant l'empreinte du pied du Prophète à la mosquée d'Omar à Jérusalem. Le symbole métonymique fonctionne donc ici à la fois comme un *index*, puisqu'il renvoie à un ancêtre, à un héros, à un saint, au fondateur..., et comme un *indice* (trace, empreinte), puisqu'il « met ensemble » par contiguïté spatiale et/ou temporelle des réalités autrement séparées.

« Nous faisons le repas du Seigneur », disons-nous à propos de l'eucharistie ; le symbolisme joue ici selon l'axe métonymique : « nous prenons le pain (que Jésus a pris lors) de la Cène. » Les Pères disaient parfois que l'eau du baptême sanctifie parce que le Christ, par sa plongée dans le Jourdain a sanctifié toutes les eaux. De même, l'imposition des mains par l'évêque sur un ordinand joue métonymiquement à la fois dans le temps comme symbole de l'apostolicité de l'Église — à travers la chaîne des impositions des mains jusqu'aux apôtres — et dans l'espace comme symbole de l'universalité de l'Église — à travers le lien de l'évêque au collège épiscopal et au pape. Dans tous ces cas, la contiguïté établie entre les signifiants sacramentels et les signifiants « pain de la Cène », « eau du Jourdain », « imposition des mains par les apôtres », « collège épiscopal », *donne, symboliquement et réellement*, à une action sacramentelle célébrée dans la particularité d'un temps limité, d'un espace circonscrit et d'une culture singulière, *une portée historique et universelle.*

*
* *

Du symbolique au symbole, c'est toujours le même jeu qui se joue. Jeu d'échec à la dictature de l'imaginaire. De ce jeu-là, comme l'a montré Freud, l'enfant s'éprend très tôt : on le voit s'amuser à faire disparaître un objet («Fort!», «Parti!») et à le faire réapparaître («Da!», «Coucou, le voilà!»). La présence trop envahissante du «réel» (en l'occurrence la mère, dont l'objet est le substitut) crée la confusion imaginaire et elle est mortelle; il faut le mettre à distance, mais à bonne distance, pas trop loin non plus, car l'absence absolue serait elle-même insupportable et destructrice.

De quoi s'agit-il, en définitive, dans ce grand jeu de cache-cache, pour l'homme? C'est de *vivre la Différence* qui le constitue. C'est pourquoi il parle : «l'homme est homme en tant qu'il est celui qui parle». Parler, c'est mettre à distance, faire la différence, signifier l'absence, et, par là même, appeler à venir en présence. Et c'est dans le symbole, comme limite extrême du langage, comme «plein du langage», que celui-ci laisse apparaître au mieux sa *fonction médiatrice* fondamentale.

Le symbole *déshabitue.* Parler nous est tellement habituel chaque jour que nous en oublions ce que cela veut dire. En portant le langage à sa «puissance seconde», le symbole, comme le poème, est capable de *faire choc,* de nous réveiller de l'oubli, et de dévoiler ces «étranges machinations» qui nous viennent à l'esprit dès que, selon Heidegger, nous nous comportons comme si nous étions «le créateur et le maître du langage, alors que c'est celui-ci au contraire qui est et demeure (notre) souverain»; c'est-à-dire dès que, pour nous, «le langage devient un moyen d'expression[77]». Choc salutaire où, pris

---

77. M. HEIDEGGER, «... L'homme habite en poète... », in : *Essais et conférences, op. cit.,* p. 227.

subitement de court, nous devinons que le paradis de nos certitudes, de nos évidences et de tous nos « ça va de soi » pourrait bien n'être qu'illusion. Il nous faut *perdre ce paradis imaginaire* : paradis primordial du sein maternel, qui continue de nous habiter et dont nous gardons la nostalgie ; paradis de nos sécurités idéologiques, qui n'est que l'illusoire prolongement de celui-là.

Sommes-nous dès lors livrés à la pure errance au désert ? L'absence n'est-elle pas également mortelle dans sa nudité sauvage ? Précisément, le symbole *apprivoise l'absence* ; il ne la creuse que pour la mieux remplir. Il travaille la Différence et la Mort qui nous traversent, de manière productive : *travail d'enfantement* de nous-mêmes. Distordant le langage, pierre angulaire de toute culture, en figures-chocs, il tente d'en manifester l'enjeu originaire oublié.

Quelle autre voie nous est possible que celle-là pour « nous faire » à *l'absence et à l'effacement du « Dieu-non-dieu »* dont Jésus Christ nous a révélé le visage ? Par quel autre sentier que celui du clair-obscur de la forêt symbolique pouvons-nous nous acheminer vers le *deuil du « Dieu bouche-trou »* (D. Bonhoeffer), superbe réponse que nous nous donnons à nous-mêmes ? Vient alors le temps du silence : nous consentons à cesser de parler sur Dieu pour que lui « nous » parle dans le geste symbolique du pain et du vin. La brèche entre terre et ciel bascule alors pour venir se fixer *en nous-mêmes* et creuser notre propre manque. Peut-être est-ce bien là, dans ce sacrifice radical de la liberté, que vient nous rejoindre le sacrifice du Dieu-non-dieu de Jésus-Christ, et que nous sommes rendus à nous-mêmes... La voie royale d'acheminement vers le Mystère pascal du Crucifié ressuscité n'est ni le discours théologique — indispensable pourtant, sous peine de nous laisser virer à l'illu- minisme de type gnostique —, ni la prière personnelle — indispen- sable, elle aussi, comme allocution à Dieu, sous peine d'oublier qu'il est le Vivant —, mais le symbole.

Nous ne pouvons vivre chrétiennement les symboles sacramentels qu'au sein de ce *réseau symbolique particulier et original* qu'est la *foi de l'Église.* C'est dire par là même que *jamais l'analyse anthropologique* du fonctionnement symbolique que nous avons proposée jusqu'à présent *ne peut épuiser le Mystère* de la rencontre de Dieu en Christ dans les sacrements. Voilà qui nous ouvre au chapitre suivant.

CHAPITRE II

LES SACREMENTS DE L'ÉGLISE

(Les sacrements dans le réseau symbolique de la foi ecclésiale)

Le présent chapitre s'articule au précédent par le joint du symbolique. Le suivant le fera par celui du symbolisme — plus précisément, de la symbolisation rituelle.

L'homme est social par nature. La socialité n'est pas une détermination qui viendrait s'ajouter après coup à son humanité pour l'achever. Elle est constitutive de l'être-homme, qui n'advient que dans l'échange ou la réciprocité, dont le langage est le lieu fondamental. C'est pourquoi l'entrée dans le réseau symbolique que constitue tout système culturel s'élabore par un *processus de socialisation* où se fait l'*apprentissage* des divers «codes» dont vit le groupe : apprentissage de la langue, de la propreté, des bonnes manières, de l'organisation sociale et politique, des «valeurs» poursuivies par le groupe social, de la religion, etc. Ces divers codes se renvoient les uns aux autres et forment ainsi un ensemble harmonieux, structuré de manière cohérente.

Nous ne devenons chrétiens que dans la *médiation de l'Église*. C'est l'Église qui nous fournit le langage de la confession de foi et la grille de lecture des Écritures grâce auxquels nous pouvons nous dire chrétiens. C'est d'elle que nous tenons notre *identité chrétienne*. Lecture de la Bible, célébration liturgique, vie de service, ou *Écriture, Sacrements, Éthique* : telles nous apparaissent les trois manifestations majeures, s'imbriquant dans un rapport de cohérence mutuelle, de l'Église au sein de laquelle nous devenons croyants. Les sacrements jouent pourtant un rôle *prioritaire,* dans la mesure où ils sont le lieu par excellence de la proclamation de l'Église et de l'effectuation de la foi qu'ils expriment. C'est ce que nous voudrions montrer au long de ce chapitre en les situant *au sein du réseau symbolique propre à* cette portion particulière de l'humanité qui constitue *l'Église de Jésus-Christ.*

I. LA MÉDIATION SACRAMENTELLE DE L'ÉGLISE ET SA TRIPLE MANIFESTATION

1. TROIS TEXTES-MATRICES

Trois récits de Luc, présentant un parallélisme de structure assez étonnant, comme le montre le tableau ci-après, vont nous servir de textes-matrices : les disciples d'Emmaüs (Lc 24, 13-35) ; le baptême de l'eunuque éthiopien (Ac 8, 26-40) ; le premier récit de la conversion de Saul (Ac 9, 1-20). Tous trois figurent le cheminement nécessaire à la *structuration de la foi,* c'est-à-dire nous montrent comment s'effectue le devenir-chrétien, quelle est l'*identité chrétienne.*

Telle est *la condition de la foi.* Nous sommes *dans le temps de l'Église,* symbolisé dans nos trois récits par la route qui part de Jérusalem pour conduire à Emmaüs, Gaza ou Damas. On connaît en effet la signification théologique de Jérusalem chez Luc : lieu de la crucifixion de Jésus, lieu des manifestations du Ressuscité — Luc ne mentionne aucune apparition hors de Jérusalem —, lieu de l'effusion

	Lc 24, 13-35 Les disciples d'Emmaüs	Ac 8, 26-40 Le baptême de l'éthiopien	Ac 9, 1-20 La conversion de Saul
— Dans le temps de l'Église ;	De Jérusalem à		
	Emmaüs	Gaza	Damas
— Initiative du Ressuscité	Initiative		
	du Ressuscité	de l'Esprit du Ressuscité	du Ressuscité
	Yeux fermés	esprit fermé	Yeux se ferment
— par la médiation de l'Église : • Kérygme Parole annoncée	Kérygme de l'Église		
	Interprétation de toutes les Écritures en fonction de Jésus, « Christ »	Jésus = le Serviteur souffrant d'Is. 53	Jésus est vivant dans son Église (« Je suis Jésus que tu persécutes »)
	Foi en cheminement		
	Demande : « Reste avec nous »	Demande : « Qu'est-ce qui empêche que je sois baptisé ? »	Demande : « Que dois-je faire ? » (Ac 22, 10) Ac 9, 6 : « On te dira ce que tu dois faire. »
• Sacrement Parole célébrée	Geste sacramentel		
	Fraction du pain	Baptême	Imposition des mains Baptême
	Yeux s'ouvrent		Yeux s'ouvrent
	Disparition du témoin		
	Le Ressuscité	Philippe	———
• Vie missionnaire Parole vécue	Engagement missionnaire		
	Mission	Joie de la foi	Mission

de l'Esprit de la promesse, Jérusalem est le foyer pascal vers lequel converge tout le troisième évangile et le berceau pentecostal d'où se déploie l'Église annonçant la Bonne Nouvelle du Christ aux nations.

Dans ce temps de l'Église, le Christ n'est plus visible. Luc insiste sur ce point : ressuscité, il est « le Vivant » — titre divin — (Lc 24,

5); il vit en Dieu, il n'est plus de ce monde, comme se plaît à le souligner le récit de l'ascension. Pourtant l'Absent est présent dans son « Sacrement » qu'est l'Église : l'Église annonçant « en son Nom » sa parole ; l'Église refaisant « en son Nom » ses gestes ; l'Église vivant « en son Nom » le partage fraternel. C'est *dans ces témoignages de l'Église qu'il prend corps désormais et qu'il se donne à voir et à rencontrer.*

2. ÉCRITURE, SACREMENT, ÉTHIQUE

L'Église a presque un demi-siècle d'expérience derrière elle, lorsque Luc, vers 80-85, « ré-écrit » la Bible en chrétien, à partir des traditions qu'il a reçues, pour répondre aux questions les plus urgentes des communautés chrétiennes d'alors, de culture grecque. Dans cette perspective, c'est la *figure de l'Église* annonçant la Bonne Nouvelle du Christ qui apparaît sous les traits du Ressuscité ré-interprétant pour Cléopas et son compagnon toutes les Écritures en fonction de son propre destin messianique (Lc 24, 25-27). Du même coup, l'Église annonçant le kérygme est manifestée comme *la bouche même du Christ vivant.* Si bien que, comme le montre Ac 9, 5, *persécuter l'Église, c'est persécuter le Seigneur Jésus lui-même.* Il n'est pas de foi, c'est-à-dire d'ouverture des yeux et de l'esprit à la reconnaissance du Crucifié comme Messie et Seigneur vivant, sans le « guide » de relecture des Écritures qu'est l'Église, sans la *grille d'interprétation* qu'elle seule peut fournir : « Comprends-tu vraiment ce que tu lis ? — Et comment le pourrais-je si je n'ai pas de guide ? » (Ac 8, 30-31).

— Il n'est pas non plus de foi sans les *sacrements de l'Église.* Nous pousserons davantage la réflexion sur ce point tout à l'heure. Contentons-nous, pour l'instant, de relever que l'eucharistie d'Emmaüs, le baptême de l'Ethiopien, l'imposition des mains pour le don de l'Esprit Saint à Saul *appartiennent au processus même de* « fabrication » des chrétiens. Ces gestes rituels de l'Église ne sont *pas de simples appendices* au cheminement de la foi : ils interviennent à titre d'*éléments structurants de la foi*. C'est dans la fraction du pain (Lc 24, 31), c'est dans l'imposition des mains (Ac 9, 17-18) que les yeux s'ouvrent. Et, là encore, le geste du Ressuscité rompant le pain est, pour Luc, la *figure de l'Église* célébrant l'eucharistie. Nous ne voyons plus le Seigneur Jésus ; pourtant, révèle Luc à ses destinataires, les gestes rituels que l'Église fait « en son Nom » — comme d'ailleurs les gestes de miracle des Apôtres par « la foi au nom de Jésus » (Ac 3, 6 et 16), *sont ses propres gestes à lui*.

— La foi n'existe enfin qu'à s'engager dans une *vie missionnaire*. Chez tous les évangélistes, les récits d'apparition du Ressuscité sont bâtis selon le même schéma tripartite : initiative du Ressuscité qui s'impose aux témoins ; reconnaissance par la « foi qui a des yeux » : c'est bien le même Jésus, le crucifié, qui s'est fait voir ; envoi en mission : celle-ci n'est pas une simple conséquence de la foi, mais *un moment du processus même de reconnaissance par la foi*. Nul ne peut reconnaître Jésus comme Christ et Seigneur (Ac 2, 36) sans, du même coup, l'annoncer. Le chemin qui, « aussitôt », ramène les disciples d'Emmaüs vers les Onze à Jérusalem (Lc 24, 33-35), pour en repartir ensuite, en Église, vers les nations ; la route qui, après « quelques jours passés avec les disciples de Damas », s'ouvre pour Paul vers les synagogues (Ac 9, 20) ; le trajet qui se poursuit, pour l'Éthiopien, dans la joie de la foi vers Gaza, disent assez l'appartenance de l'annonce missionnaire à la *structuration de l'Église et de la foi*.

Au début du livre des Actes, dans ses deux sommaires des activités de la première communauté chrétienne de Jérusalem (Ac 2, 42-47 ; 4, 32-35), Luc se plaît à souligner que cette annonce requiert, tout autant que la parole, le témoignage collectif d'une *vie de « communion fraternelle »* traduite jusque dans le partage des biens au service des frères les plus démunis. Le frère n'est-il pas, en effet, selon la théologie d'Ac 9, 5 — « Je suis Jésus que tu persécutes » —, le « sacrement » du Ressuscité (cf. aussi la théologie de Mt 18 et celle du jugement dernier en Mt 25, 31-46) ?

3. La « performance » de la foi et la « compétence » pour l'accomplir

« Vous voulez savoir si Jésus est bien vivant, lui qui n'est plus visible à nos yeux ? » dit en substance Luc à ses destinataires. « Renoncez donc à vouloir voir, entendre, toucher son corps de chair ; il ne se donne plus à voir, entendre, toucher *qu'à travers son corps de parole,* dans la reprise que fait *l'Église* de son *message,* de ses *gestes* et de sa propre *pratique.* Vivez en Église : c'est là que vous le reconnaîtrez. » L'Église est la *médiation sacramentelle fondamentale* au sein de laquelle seule peut advenir la foi.

« Je crois à la sainte Église », dira plus tard le Symbole des Apôtres. On ne croit pas *à* l'Église comme on croit *en* Jésus-Christ. Le changement de préposition est significatif. Il a été perçu dès les premiers siècles : on ne met sa foi qu'en Dieu ; l'Église ne croit pas en elle-même[1]. Pourtant, on ne croit en Jésus-Christ qu'en Église : « ecclésiale en son mode (s'il est permis de parler ainsi), écrit le P. de Lubac, elle (la foi) est théologale en son objet comme en son principe[2]. » La foi est communautaire par nature, et nul n'en est en possession immédiate. Elle requiert l'accès à un *institué ecclésial* qui précède chacun.

Mais un tel accès ne va pas de soi. Nos trois textes nous montrent qu'un long chemin est à parcourir. Cet itinéraire ne s'effectue pas à l'aveuglette. Il faut accepter de jouer (sa vie) *selon les règles du jeu,* c'est-à-dire selon le réseau symbolique, reçu de la Tradition ecclésiale, qui structure de manière cohérente les pratiques scripturaire, sacramentelle et éthique de l'Église. La « *performance* » de la foi ne peut s'accomplir sans l'acquisition d'une « *compétence* », reconnue comme donnée par le Christ et son Esprit, compétence à vouloir, à savoir, à pouvoir accéder à l'ordre symbolique propre à

---

1. H. de Lubac, *Méditation sur l'Église,* Aubier 1953 (« Théologie »), pp. 21-36.
2. *Ibid.,* p. 25.

l'Église, notamment à la *configuration* formée par son éxégèse scripturaire, ses célébrations liturgiques et son engagement éthique. La « lisibilité[3] » de chacun de ces trois éléments majeurs de l'existence ecclésiale, à laquelle il faut parvenir, est déterminée par le rapport de chacun aux deux autres avec lesquels il forme un plan de cohérence symbolique caractéristique du christianisme.

Cette acquisition de compétence, don de Dieu, ne se fait pas sans un long parcours. C'est ce cheminement que nous allons suivre à présent en emboîtant le pas des disciples d'Emmaüs. L'analyse de ce récit nous amènera à préciser ensuite comment s'articulent les trois grandes manifestations de l'Église dégagées jusqu'à présent et à mettre en lumière la place originale des sacrements dans la structuration de la foi chrétienne.

II. LA STRUCTURATION DE LA FOI

1. Une lecture du récit des disciples d'Emmaüs

C'est *une* lecture de ce récit que nous proposons ici. Bien d'autres sont possibles, comme le montrent les multiples commentaires dont ce texte a fait l'objet au long des siècles. Luc lui-même, en reprenant les traditions relatives à cette manifestation du Ressuscité, les a relues à sa manière et en fonction de son époque. Notre lecture sera donc re-lecture, et même ré-écriture, largement conditionnée par l'esprit du temps. Mais cette limite est en même temps notre chance : à ce prix, l'Écriture peut vivre pour nous aujourd'hui et nous en elle[4].

---

3. Cf. E. HAULOTTE, « Lisibilité des Écritures », in *Langages* 22, juin 1971, pp. 97-118.

4. Cf. A. PAUL, « Intertestament », *Cahiers Évangile* n° 14, Cerf 1975.

Jérusalem — Emmaüs — Jérusalem : cet aller-retour géographique nous apparaît comme le *support symbolique du retournement*, de la « transformation », qui s'effectue au long du récit dans le cœur des deux disciples :

Début du texte	*Fin du texte*
• Mort du groupe des disciples	• « Résurrection » du groupe : l'Église
• Dé-mission	• Mission
• Fermeture des yeux (mé-connaissance)	• Ouverture des yeux (re-connaissance)
• Relation close sur eux-mêmes	• Relation ouverte à l'Église

Ce retournement, qui exprime la *condition de la foi*, se fait par *étapes*. Celles-ci ont également dans notre récit un support physique — la marche sur la route ; l'arrêt ; l'entrée dans la maison d'Emmaüs ; le retour à Jérusalem, — *figure du déplacement intérieur* qui se produit. Nous découperons donc notre texte en quatre parties, selon ce « code » topographique :

1re partie : vv. 13-17 : sur la route, jusqu'au premier arrêt.

2e partie : vv. 18-29 : sur la route, jusqu'à l'entrée dans la maison. Cette partie sera elle-même divisée en deux :

— vv. 18-24 : les disciples ont l'initiative : ils parlent ; Jésus écoute.

— vv. 25-29 : Jésus prend l'initiative : il parle ; les disciples écoutent.

3e partie : vv. 30-32 : à l'intérieur de la maison, à Emmaüs.

4e partie : vv. 33-35 : le retour à Jérusalem.

1re partie : Fermeture et mort

L'orientation du parcours de Jérusalem à Emmaüs a, comme nous l'avons rappelé plus haut, une portée théologique pour Luc : nous sommes dans le *temps de l'Église*. Dans ce temps de l'Église — celui des premiers chrétiens et le nôtre —, la foi n'est possible que moyennant une initiative du Ressuscité. Il vient lui-même à la rencontre des disciples ; il rejoint les hommes là où ils en sont sur la route de leur vie.

Les disciples en sont à la *démission* : le groupe qu'ils avaient formé autour de Jésus est mort ; en se détournant de Jérusalem, ils tournent le dos à leur expérience passée avec lui. Ils parlent entre eux : *leur relation est close* sur eux-mêmes et sur l'interprétation d'échec qu'ils donnent de la mort de leur Maître. Aussi leurs yeux sont-ils « empêchés de le reconnaître ». Comme leurs yeux, leur esprit est fermé. *Tout est fermé.* Ils se sont laissés enfermer, en définitive, avec le cadavre de Jésus dans le lieu clos de la mort : le sépulcre, dont l'entrée est barrée par une grande pierre[5]. Leur passé est mort, et l'avenir est bouché.

2ᵉ partie : Fermeture et mort
   a) *L'ouverture de la relation* (17-24)

— « Alors, ils s'arrêtèrent, l'air sombre » : cet arrêt, qui termine la première partie de notre récit, marque le début d'une *transformation*. Celle-ci commence par un *déblocage* de leur relation. De duelle, elle devient triangulaire : au lieu de parler entre eux, en cercle fermé, ils s'ouvrent à l'étranger qui les a rejoints. Ils sortent de leur discours clos pour *parler à* quelqu'un qui les écoute. Cet acte même de parole adressée à l'Autre, l'Inconnu, qui devient le Témoin de leur désarroi, déplace quelque peu la pesante pierre de leur tombeau. Un brin de lumière filtre en cette mince brèche : *leur désir s'éveille à nouveau* dans la narration qu'ils font à la tierce personne de leur espoir déçu. Le « réel » (!) s'impose pourtant avec une irrécusable évidence : « Jésus de Nazareth », le « prophète » est bel et bien mort, et Dieu n'est pas intervenu en sa faveur…
   Si faible encore que soit la lueur d'espoir, c'est sur elle que Jésus va s'appuyer pour « *dé-réaliser* » *leur réel* et les faire naître à la foi. Le Ressuscité ne peut être accueilli par les hommes que s'ils ont un certain désir de lui, même s'ils sont incapables de se dire quel est ce

---

5. Cf. L. MARIN, « Les femmes au tombeau. Essai d'analyse structurale d'un texte évangélique », in : *Langages* 22, pp. 39-48 (Texte repris dans : *Études sémiologiques*, Paris : Klincksieck 1971, pp. 221-231).

désir. Pour Cléopas et son compagnon, celui-ci est incarné dans un projet politico-religieux : « Nous espérions qu'il était celui qui allait délivrer Israël. » Les chemins de Dieu ne manquent pas d'être surprenants...

— Mais un tel désir ne suffit pas : la route à parcourir est longue encore. Les disciples ont gardé *l'initiative de la parole*. Ils racontent ce qu'ils savent *sur* Jésus de Nazareth. Leur connaissance est *mé-connaissance* : elle ne porte que sur les événements. Il en est de même des femmes et des compagnons qui sont allés au tombeau et n'ont pas trouvé son corps : ils ont constaté le fait du tombeau vide ; « mais lui, ils ne l'ont pas vu ». Ils rêvaient de le voir de leurs yeux de chair et de toucher son corps. Mais que peuvent-ils voir et toucher ainsi, si ce n'est son cadavre ? Tous demeurent donc enfermés dans le tombeau de la méconnaissance, malgré — ou plutôt, à cause de — leur savoir.

b) *L'ouverture de l'esprit par le renversement d'initiative* (25-29)

La foi requiert un acte de dépossession, un *renversement d'initiative* : au lieu de tenir soi-même des *discours sur* Dieu, il faut commencer par *écouter* la *Parole de* Dieu. En laissant parler Jésus, en accueillant son témoignage sur le Dessein de Dieu manifesté dans les Écritures (« Moïse et les prophètes »), ils laissent naître en eux une autre image de Jésus : le « prophète » commence à se transfigurer en « Christ », le Messie qui devait souffrir et mourir « pour entrer dans la gloire ». Le renversement d'initiative requiert un *renversement radical* de leurs convictions les plus inébranlables : comment était-il possible que le Messie de Dieu dût passer par la mort ? Si le Ressuscité s'appuie sur leur désir, y compris dans sa dimension politique, ce n'est pas pour l'assouvir, mais pour le *convertir*.

Une telle conversion demande du temps : Emmaüs est encore loin. Mais une blessure décisive a été ouverte dans le système clos de leur savoir. Ils questionnent suffisamment désormais leurs certitudes antérieures, ils sont suffisamment désemparés et perdus, pour que, à l'approche du village, ils formulent l'ultime requête : « Reste avec nous ». Leur désir, initialement polarisé par le « *besoin* » — le besoin, qui exige sa satisfaction immédiate et ne s'adresse qu'à des objets, au rang desquels il réduit autrui —, est devenu maintenant essentiellement « *demande* », qui, elle, est appel de l'autre en tant que *présence,* « prière » [6]. Jésus a cessé d'être un « objet » venant satisfaire leur besoin d'explication en s'intégrant dans leur système ; il est devenu présence, désirable pour elle-même...

Mais la présence de l'autre est, par définition, *ce qui échappe.* La demande des disciples demeure encore illusoire : ils rêvent de se l'accaparer, de se servir de lui pour se sécuriser. L'Étranger n'est pas encore reconnu dans sa radicale étrangeté...

3ᵉ *étape : l'ouverture des yeux* (30-32)

Ce n'est plus à l'extérieur, sur la route, mais *à l'intérieur,* au repos, autour de la table que Cléopas et son compagnon font l'expérience décisive de la rencontre.

— Le Ressuscité déploie l'initiative qu'il a prise jusqu'au bout : l'enseignement qu'il leur a donné en partage se fait *geste de partage et de don.* La Parole annoncée (kérygme) devient Parole célébrée (eucharistie). Le « verbe » (Verbe) se fait chair.

Alors se fait la *reconnaissance de la foi* : il est vivant celui qui a été mort ! Le Même est devenu l'Autre ; eux-mêmes en deviennent autres. Car leurs yeux s'ouvrent *sur eux-mêmes en même temps que sur lui.* La relecture de son destin les amène à celle de leur propre destin. La reconnaissance de sa résurrection marque leur propre *surrection.* « Notre cœur n'était-il pas tout brûlant, tandis qu'il nous ouvrait les Écritures sur la route ? » Dans cette « *anamnèse* », le présent de la foi au Christ ressuscité donne corps à leur passé désagrégé et les ouvre à un nouvel avenir.

Ce n'est pas là un simple acte de mémoire par lequel ils puiseraient quelques anecdotes dans leur passé, comme on tire des photos-

---

6. Cf. la reprise de ces concepts de J. Lacan par D. VASSE, *Le temps du désir. Essai sur le corps et la parole,* Seuil 1969, ch. I : « La prière : du besoin au désir ».

souvenirs du fond d'un tiroir. Il s'agit de tout autre chose : dans l'acte d'anamnèse à partir du maintenant de l'eucharistie où s'ouvrent leurs yeux, leur passé est arraché à l'oubli mortel de la méconnaissance ; il vient à la vérité [7]. « L'anamnèse, écrit M. Bellet, est toujours post-compréhension : c'est comprendre *après coup* l'expérience, y compris celle de la simple et trompeuse 'mémoire' ; c'est reconnaître [8]. » Le passé de nos deux disciples était comme mort ; il se met à *revivre,* il prend une *cohérence nouvelle* ; il était désarticulé : la *« sym-bolisation »* du geste sacramentel qui le figure le *ré-articule* et lui fait reprendre corps. Ils y découvrent alors une *signification insoupçonnée.* L'oubli est vaincu, la méconnaissance retournée : « il était là ; nous le savions, mais nous ne le savions pas. Nous brûlions du désir que cela fût vrai, mais nous n'osions pas croire que cela pût être possible... » L'avenir en est transfiguré : s'il est vrai que le crucifié est aujourd'hui vivant avec Dieu et avec nous, alors tout n'est-il pas possible ?

— Mais « il leur devint *invisible* ». Sous les traits de l'étranger, ils n'avaient pas reconnu précédemment l'ami ; désormais, l'ami est reconnu, mais c'est comme l'Étranger. Dans le temps de l'Église, le Christ Jésus est *absent en tant que « le même » ; il n'est plus présent que comme « l'Autre »,* le Tout-Autre. Impossible maintenant de toucher son corps réel ; nous ne pouvons plus le toucher que comme *corps symbolisé dans le témoignage que l'Église donne de lui,* c'est-à-dire dans sa Parole qu'elle annonce, qu'elle célèbre et qu'elle essaie de vivre. Sa présence n'efface pas son absence, mais la creuse au contraire comme le manifeste notre récit. Il ne se donne plus à voir que *dans les symboles ecclésiaux de son absence.* C'est dans le témoignage de l'Église qu'il prend corps désormais, notamment dans la reprise eucharistique « en mémoire de » lui, de sa parole et de ses gestes : « Ceci est mon corps... » Le geste eucharistique radicalise

---

7. *Supra,* ch. I, n. 72.
8. M. BELLET, *Naissance de Dieu. Proposition du possible,* Desclée De Br. 1975, p. 311.

son absence. Mais ce n'est précisément qu'en consentant à son *retrait* et à son *effacement* (dans l'Esprit au sein de la corporéité humaine, comme nous le verrons) que l'on peut se laisser entraîner dans son mouvement d'*attrait* et discerner sa *face*.

4ᵉ *partie : la surrection de l'Église* (33-35)

« A l'instant même, », nous dit Luc, Cléopas et son compagnon retournent à Jérusalem. Ce retour géographique est le support du *retournement* qui s'est effectué en eux. Le retour aux sources, c'est-à-dire au berceau de l'Église, Jérusalem, figure le retournement de leur tristesse en joie, de leur dé-mission en mission, de la dispersion à la communion. Le groupe de ceux qui avaient suivi Jésus était éclaté au début du récit ; il se reforme maintenant, mais il est autre. Il était mort ; il « ressuscite ». La Pâque du Christ est devenue leur propre Pâque : eux aussi sont passés par la mort comme groupe pour *renaître comme Église*.

Les deux compagnons commencent par *recevoir le témoignage des Onze*, lui-même fondé sur celui de Simon : « C'est bien vrai, le Seigneur est ressuscité, et il est apparu à Simon ! » Ils joignent alors leur propre témoignage à celui du groupe privilégié choisi par Jésus. Leur parcours débouche sur l'Église : *la foi en Jésus comme « Christ » et « Seigneur »* (cf. Ac 2, 36) *ne se vit qu'en Église*. Celle-ci apparaît comme un lieu de *partage* des expériences de rencontre du Ressuscité, mais aussi de *confrontation* de ces expériences avec celles, fondamentales et singulières, des témoins privilégiés, les Onze, en vue d'en *vérifier* l'authenticité apostolique.

La condition de la foi est la même pour nous aujourd'hui que pour les deux disciples d'Emmaüs. Elle requiert le même cheminement, le même déplacement, le même retournement. Ce parcours de la foi, tel qu'il nous est livré dans le récit de Luc, peut se figurer ainsi :

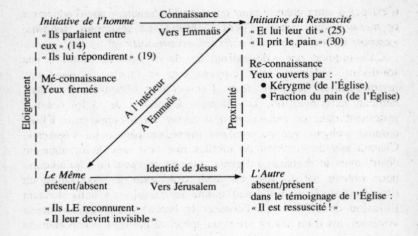

2. L'ÉPREUVE DE LA FOI,
OU LE CONSENTEMENT À UNE PERTE

« Il est ressuscité » (celui qui a été crucifié pour blasphème aux termes de la Loi elle-même)[9] : l'Église, sur laquelle débouche le parcours d'Emmaüs, ne trouve son identité qu'à reprendre (Lc 24, 33) ce message de l'ange reçu par les femmes au tombeau (24, 6). Il

---

9. Rappelons ici une evidence : la résurrection de Jésus doit être interprétée bibliquement. Dans cette perspective, le scandale des Juifs devant l'annonce de la Pâque de Jésus ne porte pas, comme on le croit fréquemment, sur la possibilité même pour Dieu de ressusciter les morts — la majorité des Juifs contemporains de Jésus, dont les Pharisiens notamment, croyaient en la résurrection collective à la fin des temps —, ni même de ressusciter un homme avant le temps final — après tout, Elie et Hénoch n'avaient-ils pas déjà été « enlevés » au ciel, selon des traditions alors bien vivantes ? La pierre d'achoppement, c'est la résurrection *du Crucifié* : Dieu aurait donc donné raison à celui qui avait blasphémé en prétendant se situer au-dessus de la Loi mosaïque elle-même, loi divine, et qui avait été condamné en conformité avec cette Loi ?...

n'est pas d'autre chemin pour rencontrer le Seigneur que d'adhérer à ce *message* qui, comme l'écrit L. Marin, est désormais, *substitué « comme signe à croire » à l'objet réel « à constater »* [10].

Cela requiert une « dé-réalisation » de ce que, en vertu de nos soi-disant évidences, nous croyons être le « réel », et donc une *restructuration de notre désir*. Celui-ci doit effectuer son retournement, sa conversion, sa « pâque ». L'épreuve de la foi consiste justement dans ce *renoncement à capter ou à capturer* le Christ comme « objet » venant satisfaire immédiatement notre « *besoin* ». Chacun sait de combien de subtiles ruses est faite la stratégie du désir, dans le domaine religieux plus encore peut-être qu'ailleurs, pour obtenir satisfaction. Le désir cède alors à la dictature de l'*imaginaire*. Il se (et nous) donne le change, en nous donnant l'illusion de *clôturer* et d'*obturer* la brèche qui nous constitue : système clos d'un savoir religieux, pharisaïsme d'un comportement moral qui prétend avoir barre sur Dieu, illuminisme gnostique du contact direct avec lui... Mais on ne peut alors rencontrer qu'un *cadavre*. Cette imaginaire et mortelle capture du Christ se réalise chaque fois que nous *isolons* certains des constituants de la foi ecclésiale et que, fasciné par tel ou tel de ces points de fixation, notre désir les substantifie : le Christ-en-moi ou le Christ-dans-les-autres, et nous voilà, les voilà, ciboires ou ostensoirs ! Le Christ-dans-l'Écriture, et voilà le fondamentalisme ! Le Christ-dans-l'eucharistie, et voilà le fétichisme ! Le Christ-dans-l'« action », et voilà le triomphe du (néo-)moralisme !

La foi ne vit au contraire qu'à *tenir-ensemble*, selon le niveau de cohérence propre au cadre *symbolique* de l'ecclésialité, ces divers éléments. Chacun ne tient sa valeur, comme l'indique le schéma ci-après, que de son renvoi aux autres. Ce n'est qu'ainsi accrochée à la trame symbolique de l'Église que la foi peut accomplir sa « performance », c'est-à-dire jouer sa fonction d'« *opérateur de transcendance* » qui vient sans cesse prendre à revers une « religion »

---

10. L. **Marin**, *art. cit., p. 47.*

dont pourtant elle ne peut se passer[11]. Elle peut alors nous
« travailler » pour nous amener peu à peu à consentir à cette *absence*
sans laquelle le Christ ne peut jamais être rencontré comme « le
Vivant ». Il n'est plus le « bouche-trou ». S'il se donne à reconnaître
comme le tout-proche, c'est parce qu'il est le tout *Différent* : ce que
dit son effacement jusque dans la chair « sacramentelle » du monde et
de notre existence. La différence qui nous traverse nous-mêmes n'est
pas gommée ; au contraire, elle est élargie de par l'écho qu'elle
entretient avec la sienne.

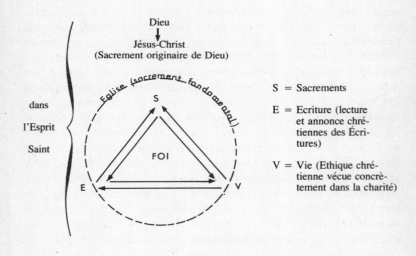

Dieu

Jésus-Christ
(Sacrement originaire de Dieu)

Église (sacrement fondamental)

dans

l'Esprit

Saint

S

FOI

E   V

S = Sacrements

E = Ecriture (lecture
et annonce chré-
tiennes des Écri-
tures)

V = Vie (Ethique chré-
tienne vécue concrè-
tement dans la charité)

---

11. S. BRETON, *Théorie des idéologies,* Paris : Desclée 1976, pp. 96-98. Le terme
de « transcendance » ne doit pas être pris en son sens métaphysique d'arrière-monde.
« La transcendance signifie simplement, dans une explicitation qui n'ajoute aucune
détermination supplémentaire à l'opérateur en question, que l'on n'est point prisonnier
de la ''chose'' ou du ''résultat'' ; que toute forme sécrète avec sa détermination la
limitation qui la renvoie à la possibilité d'un ailleurs ». La foi est ainsi « l'élément
nul », l'« instance innommable » mais « irremplaçable » qui vient mettre en question
l'« idéologie » religieuse.

Le Christ ressuscité a quitté la place. Il nous faut *consentir à cette perte* pour pouvoir le trouver. Car le vide ainsi créé ne sonne pas creux : une présence advient, qui résonne dans le témoignage de l'Église, sous sa triple forme de *Parole annoncée* — la lecture chrétienne des Écritures —, de *Parole célébrée* — les sacrements —, et de *Parole vécue* — la charité concrète, le partage avec les plus pauvres, la «communion fraternelle», que Luc met si fortement en relief dans les premiers chapitres des Actes.

En définitive, la condition de la foi, l'identité chrétienne, peut se figurer par le schéma de la page précédente qui représente *la structure de l'alliance nouvelle*.

III. L'ARTICULATION DU TRIPLE TÉMOIGNAGE DE L'ÉGLISE

Le cercle de notre schéma a l'intérêt de figurer l'Église comme le «Sacrement» englobant toute la foi et la vie chrétienne. Mais il est tracé en pointillés, pour parer au danger d'une représentation de l'Église fermée sur elle-même; celle-ci est en effet en osmose permanente avec les ébauches du Royaume qui se dessinent et grandissent aussi en dehors d'elle avec la discrétion de la petite graine jetée en terre ou du levain enfoui dans la pâte (Mt 13). Le cheminement vers la foi en Jésus comme Christ et Seigneur peut se vivre évidemment bien en dehors de l'institution Église. Pourtant, dans la mesure où il s'agit d'un parcours précisément vers le Christ, il n'est jamais sans lien avec l'Église.

Les doubles flèches du schéma indiquent qu'aucun des trois éléments n'a de valeur pris isolément, mais *seulement dans son renvoi aux deux autres,* comme nous l'avons souligné précédemment. Ils forment une *structure,* un plan de lisibilité, une configuration «épistémique» : *la structure de l'Alliance nouvelle* de Dieu avec les hommes en Jésus-Christ. L'Écriture serait réduite à une belle et pieuse hagiographie, si elle ne renvoyait à la célébration et à la vie ; les sacrements vireraient à la magie s'ils ne s'inscrivaient dans la dynamique de l'évangélisation et n'enjoignaient aux chrétiens de devenir ce qu'ils célèbrent ; l'éthique du partage perdrait son souffle théologal et sombrerait dans le moralisme si elle n'était vécue comme réponse à la gratuité divine révélée dans l'Évangile et célébrée dans la liturgie. L'isolement de l'un ou l'autre de ces éléments ou — ce qui est le plus fréquent — la survalorisation de l'un d'entre eux a toujours pour rançon une certaine confusion imaginaire qui a pour nom : illuminisme gnostique, piétisme affectif, néo-moralisme (politique ou autre)…

A) Sacrement et pratique éthique
Parole célébrée et Parole vécue

1. *Luc*

a) La relation entre ces deux manifestations de l'Église est assez peu soulignée dans les trois récits de *Luc* que nous avons analysés. Il est remarquable cependant que baptême, imposition des mains, fraction du pain ne sont jamais clos sur eux-mêmes : ils débouchent sur la *mission*.

Celle-ci, comme il ressort des sommaires d'Ac 2, 42-46 et 4, 32-35 déjà cités, requiert le témoignage concret de la « *communion fraternelle* » : le partage du même pain eucharistique engage au partage des biens mis au service de ceux qui sont dans la gêne [12]. Le

---

12. Cette mise en commun des biens dans la première communauté de Jérusalem ne consiste sans doute pas en un transfert juridique de propriété. « Chacun reste propriétaire de ce qu'il a, mais (…) considère ses biens comme un patrimoine commun dont il aurait simplement l'administration ; ceux de ses frères qui sont dans la gêne peuvent lui demander ce qui leur est nécessaire, comme si cela leur appartenait » (J. Dupont, *Études sur les Actes des Apôtres*, Cerf 1967 — « Lectio Divina » 45 —, p. 508).

fait de ne pas compter d'indigents parmi les frères était reçu, dans la première communauté de Jérusalem, comme un signe de réalisation de la communauté messianique [13] et comme un témoignage rendu par l'Église à la résurrection de Jésus.

b) La pratique sacramentelle engage une pratique éthique. Si le rite sacramentel apparaît dans nos textes comme le moment dernier où s'effectue la *rencontre* de foi avec le Seigneur, il est aussi le symbole le plus prégnant de son *absence* : le Ressuscité disparaît sitôt la fraction du pain; l'Esprit enlève Philippe sitôt le baptême. Le croyant est condamné à *chercher sans cesse*. Où trouvera-t-il l'«objet» perdu? Dans l'Église. Pas comme«objet» : c'est autrui, à commencer par les rejetés de tous les systèmes aussi bien religieux que politiques, autrui rencontré dans la charité concrète, qui occupe la place laissée vacante par le Christ. Le «ceci est mon corps» prononcé sur le pain eucharistique renvoie le chrétien au «ceci est mon corps» prononcé sur les hommes ses frères.

2. *Paul*

Telle est la théologie que *Paul* met en œuvre en 1 Co 11. On ne peut discerner le *corps eucharistique* du Christ sans discerner son *corps ecclésial*. On est «coupable envers le corps et le sang du Seigneur», on «mange et boit sa propre condamnation», on est «indigne» du corps eucharistique du Christ, si, comme certains Corinthiens, l'on «méprise l'Église de Dieu» en «faisant affront» aux membres de son corps, notamment à «ceux qui n'ont rien». Leur culpabilité ne provient pas de ce qu'ils auraient «confondu le pain eucharistique avec les autres aliments» du repas qui précédait, mais de ce qu'ils n'ont pas su «apprécier les exigences que comporte la réception du Corps du Christ» [14]. Le renvoi du partage eucharistique

---

13. *Ibid.*, p. 510 : « Le fait de ne pas compter d'indigents parmi eux prenait valeur de signe : La promesse de Moïse s'accomplissait en leur faveur, ils sont la communauté messianique, devenue réalité présente. »

14. Note de la *Traduction Œcuménique de la Bible* sur 1 Co 11, 29.

au partage fraternel, n'est donc pas seulement une exigence morale ; c'est une exigence théologale : on ne peut comprendre la présence sacramentelle du Christ dans l'eucharistie qu'à partir de sa *présence dans l'assemblée qui célèbre*. L'Église est toujours première.

Autant Paul souligne, par une sorte d'« *indicatif dogmatique* », la vérité de ce qui est effectué dans le repas du Seigneur — « le pain que nous rompons n'est-il pas communion au corps du Christ ? », 1 Co 10, 16 — ou dans le baptême — « vous avez été ressuscités avec lui »... : Rm 6, 5 ; Col 2, 12 et 20 ; 3, 1 ; Ep 2, 6 ; « baptisés en Christ, il n'y a plus ni Juif, ni Grec, ni esclave, ni homme libre... » : Ga 3, 27-28 ; 1 Co 12, 13 ; Col 3, 10-11 —, autant il insiste pour conjuguer cet indicatif avec un « *impératif éthique* » : comment « participer à l'unique pain » eucharistique sans partager avec ceux qui forment « un seul corps » avec nous (1 Co 10, 17) ? Puisque « vous êtes morts... faites donc mourir » le péché en vous (Col 3, 3-5 ; Rm 6, 11-14 ; Ph 3, 10) ; c'est « *vers* un seul corps » (1 Co 13, 13), pour le devenir sans cesse, que nous avons été baptisés. Sept fois revient dans les lettres de Paul l'expression « être baptisé » (ou baptiser) « *vers* le Christ » (envers le Christ). Le baptême n'est pas une possession tranquille. Il implique, dans le sillage de la foi, un mouvement dynamique de « *croissance vers* Celui qui est la Tête, le Christ » (Ep. 4, 15). Grâce donnée comme *tâche* à accomplir.

3. *L'ensemble du Nouveau Testament*

a) *Désacralisation*

Si nous prenons de manière plus globale *l'ensemble du Nouveau Testament,* nous sommes frappés de constater que la vie « profane » y apparaît comme *le lieu fondamental du culte chrétien*. A tel point que les célébrations liturgiques ne peuvent être appelées « culte » qu'entre guillemets.

Le *vocabulaire sacré* appliqué dans l'A.T. au culte juif — « culte », « liturgie », « offrande », « sacrifice », « prêtre, » (= « sacrificateur »), « temple », « autel »... — n'est en effet *jamais employé pour les célébrations liturgiques de l'Église, ni pour les ministres qui les président.* L'activité liturgique des chrétiens est ainsi soigneusement distinguée de celle des juifs.

Ce vocabulaire sacré est, par contre, abondamment utilisé, dans le N.T., en deux directions :

— En direction du *Christ* d'abord, en tant qu'il *achève,* c'est-à-dire *accomplit et abolit* à la fois le culte juif, notamment les sacrifices. Il est le seul Prêtre-Sacrificateur ; le sacrifice qu'il a fait de lui-même est comme *l'anti-sacrifice,* puisqu'il met fin à tous ceux par lesquels les hommes veulent entrer en relation avec Dieu ; sa croix est l'unique autel. Son corps ressuscité est le nouveau Temple de la présence de Dieu au milieu des hommes.

— En direction de *la vie quotidienne des chrétiens,* d'autre part, en tant qu'elle est vécue *par la foi et la charité* en communion avec le Christ mort et ressuscité. Le « culte spirituel » que Dieu attend, c'est de « vous offrir vous-mêmes en sacrifice vivant » (Rm 12, 1). Paul se dit « liturge » de Jésus-Christ en tant qu'il « sacrifie comme prêtre l'Évangile de Dieu » : l'activité missionnaire, voilà son culte sacrificiel (Rm 15, 16). Le « sacrifice de louange » à offrir à Dieu par Jésus-Christ, c'est la foi en Christ (« le fruit des lèvres qui confessent son nom »), ainsi que « la bienfaisance et l'entraide communautaire » (He 13, 15-16). C'est précisément une telle entraide concrète — la collecte qu'il organise auprès des Églises de Grèce et d'Asie Mineure en faveur des frères de Jérusalem souffrant de la famine — que Paul appelle leur « liturgie » (2 Co 9, 12), leur « sacrifice de bonne odeur » (Ph 4, 18). Telle est en effet la nouveauté radicale jaillie de Pâques et Pentecôte : les chrétiens sont « édifiés en maison spirituelle » (Temple nouveau de la présence de Dieu dans l'Esprit Saint) « pour constituer une sainte communauté sacerdotale, pour offrir des sacrifices spirituels agréables à Dieu par Jésus-Christ » (1 P 2, 4-6).

Le sacerdoce qui remplace celui de l'A.T. est exercé par *tout le peuple de Dieu,* en tant qu'il est uni au Christ. *L'œuvre sacrée* — culte, liturgie, sacrifice — que le Dieu vivant de Jésus-Christ attend de ce peuple sacerdotal, c'est une *vie de foi et de charité* comme témoignage rendu au Crucifié ressuscité et poursuite de sa mission dans le monde. Le culte chrétien se vit dans la rue avant de se vivre à l'église. Certes, la générosité, si belle et héroïque soit-elle, ne suffit pas : « quand je distribuerais tous mes biens aux affamés, quand je livrerais mon corps aux flammes, s'il me manque l'amour, je n'y gagne rien » (1 Co 13, 3)... et l'amour dont parle ici Paul a toujours une dimension *théologale* d'amour pour Dieu, en liaison avec la foi et l'espérance (v. 13). Il n'en reste pas moins que, moyennant la foi au Christ, le temps du culte chrétien, c'est toute la vie ; le lieu du culte chrétien, c'est là où vit l'Église, Corps du Christ et Temple de l'Esprit ; le sacerdoce chargé du culte chrétien, c'est tout le peuple de Dieu uni au Christ par la foi et le baptême.

En Christ donc, la *sacralisation,* c'est-à-dire la mise à part comme sacrés, consacrés, séparés de certains moments, lieux et personnes a éclaté pour faire place à la *sanctification du profane.* Les barrières qui séparaient celui-ci du sacré sont renversées. Le sacré, c'est l'homme, l'homme appelé à devenir fils dans le Fils.

On le voit, la foi chrétienne est *subversive* par rapport aux rites. Elle les marque au coin de l'*ambiguïté*. Si, comme nous le verrons, elle en atteste la nécessité, elle les *conteste* pourtant. Les rites *ne vont pas de soi* en christianisme. Ils ne prennent pas le relais des rites juifs ; les prêtres ne sont pas les successeurs des lévites de l'A.T. ; Jésus n'a pas inventé une nouvelle « religion ». Une nouveauté tout à fait originale est issue de Jésus le Christ : en lui, le rapport de l'homme avec Dieu est radicalement bouleversé.

b) *Déchirure*

« Personne ne coud une pièce d'étoffe neuve sur un vieux vêtement ; sinon le morceau neuf qu'on ajoute tire sur le vieux

vêtement, et la *déchirure* est pire » (Mc 2, 21). « Es-tu le Messie ? »,
demande le grand-prêtre ; « Je le suis », répond Jésus ; alors « le
grand-prêtre *déchira* ses habits » (Mc 14, 63). Sitôt la mort de Jésus,
le « voile du Sanctuaire se *déchira* en deux du haut en bas » (Mc 15,
28). Jésus a déchiré le tissu religieux du judaïsme ; il a ouvert une
brèche inobturable dans le système ; il a mis *le ver dans le fruit*. Si le
vin nouveau de l'Évangile ne peut s'accommoder des vieilles outres
de la Loi, ce n'est *pas pour des raisons de morale*. En dénonçant,
par exemple, le danger du formalisme cultuel, Jésus n'a pas
véritablement innové par rapport aux prophètes ou aux meilleurs
maîtres pharisiens de son époque : ces derniers n'étaient guère moins
exigeants que lui en ce qui concerne l'attitude morale requise pour la
prière — sincérité, accord fraternel, lien avec la vie [15]... Bien des juifs
pieux avaient déjà poussé fort loin la « spiritualisation » de la
religion.

Si spiritualisé qu'il fût cependant pour certains, le système
religieux juif demeurait précisément un système. L'esprit de la Loi
qui le régissait consistait à *se hisser vers Dieu* à la force des poignets,
c'est-à-dire des bonnes œuvres : accomplissement des préceptes de la
Loi, rites de purification, d'offrande, de sacrifice... Certes, puisque
la Loi était un don de Dieu, puisque c'est Dieu qui avait eu
l'initiative de l'alliance, les « œuvres » n'avaient de valeur que
comme réponse à son appel premier. Néanmoins, comme le souligne
Paul dans les épîtres aux Romains et aux Galates — de manière assez
polémique, il est vrai —, c'était bien *par* la pratique de la Loi que
ses frères juifs prétendaient être justifiés devant Dieu. Dans cette
perspective, ils avaient besoin d'*intermédiaires* entre eux et lui : la
Loi, les rites, les lévites, les prêtres-sacrificateurs. La caste
sacerdotale accomplissait ce rôle de médiateur-intermédiaire, mis à
part pour porter vers Dieu les offrandes et sacrifices du peuple.

---

15. C:H. DODD, *Le fondateur du christianisme*, Seuil 1972, pp. 80-85 ;
K. SCHUBERT, *Jésus à la lumière du judaïsme du Ier siècle*, Cerf 1974 (« Lectio
Divina », 84), pp. 41-69.

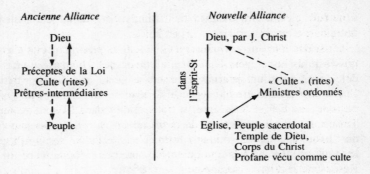

L'Évangile ne peut être utilisé comme une pièce rapportée pour raccommoder le vieux vêtement de la Loi. La « reprise » est impossible : la déchirure serait inévitable. Il subvertit radicalement le système, il l'atteint de manière décisive *en sa racine même*. En « Jésus, Christ, Fils de Dieu » (Mc 1, 1), Dieu lui-même est en effet « descendu » vers nous. Dans sa Pâque, et notamment dans l'aboutissement de cette Pâque qu'est le *don de l'Esprit,* il a scellé cette *alliance nouvelle* annoncée par Jérémie et Ezéchiel et qui consiste dans l'inscription par Dieu de sa Loi directement dans le cœur de l'homme (Jr 31, 33) ou dans le don de son propre Esprit (Ez 36, 26-27). La « descente » de Dieu trouve ainsi son terme en son *« effacement »*, dans l'Esprit de la Résurrection, au sein de l'humanité — comme il s'est effacé, dans ce même Esprit, sous le visage de l'homme Jésus. C'est pourquoi, le profane lui-même, vécu dans la foi et l'amour théologal, est désormais la matière première du culte « spirituel » (c'est-à-dire, non pas « intérieur », mais « dans l'Esprit ») par lequel l'homme est appelé à rendre gloire à Dieu. D'où la similitude du double commandement qui accomplit toute la Loi : « Tu aimeras le Seigneur ton Dieu de tout ton cœur... », et « tu aimeras ton prochain comme toi-même ». Similitude qui, comme le souligne Y. Ledure, requiert non pas identité, mais différence ; différence telle cependant que la relation à Dieu ne peut se vivre que dans la relation à autrui, c'est-à-dire dans la médiation même de ce qui constitue notre corporéité [16].

C'est dès lors un *renversement inouï* qui se produit : nous n'avons plus à nous hisser vers Dieu par le *moyen* des «bonnes œuvres» et des rites, ou par l'*intermédiaire* d'une caste sacerdotale, mais à l'*accueillir* dans notre existence historique comme un *don de grâce,* puisque, en Christ ressuscité, il nous rejoint dans l'Esprit répandu. Tel est le culte fondamental de la foi au Christ : vivre l'aujourd'hui de l'histoire humaine comme *l'histoire sainte qui se continue*; vivre le profane des tâches quotidiennes comme le lieu *sacré* où le Ressuscité se donne, gratuitement, à rencontrer.

Vivre, pour le chrétien, c'est mourir à ce dont Jésus est mort, c'est-à-dire mourir au système de la Loi qui a condamné Jésus, pour vivre sur le registre du don et de la *gratuité* — ce qui se figure éminemment comme tâche à accomplir dans le symbolisme inaugural du baptême. «Au système de la Loi qui donne à chacun son dû, s'est substitué le droit de la grâce [17].» Mais il y faut un laborieux apprentissage, un douloureux enfantement, une permanente conversion. Car y a-t-il chose plus exigeante que d'accepter que nos valeurs morales et religieuses, conquises au prix de tant de peines, se voient ainsi comme dévaluées et que toutes nos prétentions à avoir quelque droit sur Dieu soient ainsi ruinées? Qui accepte de gaieté de cœur que l'on dévalue ce qu'il a si durement gagné? que l'ouvrier de la onzième heure soit rémunéré aussi bien que celui de la première? que l'on enlève à celui qui n'a pas — parce qu'il prétend avoir — et que l'on donne à celui qui a déjà — parce qu'il reconnaît qu'il n'a droit à rien? que le fils prodigue, après avoir dilapidé tout son héritage, soit accueilli par un somptueux festin, tandis que le fils aîné, fidèle, n'a jamais eu droit à pareille fête? Reconnaître et accueillir le Christ

---

16. Y. LEDURE, *Si Dieu s'efface. La corporéité comme lieu d'une affirmation de Dieu,* Paris, Desclée, 1975, pp. 96-101.
17. J. MOLTMANN, *Le Dieu sacrifié,* Cerf/Mame, 1974 («Cogitatio Fidei» 80).

ressuscité requiert, comme le montre le récit d'Emmaüs, un radical retournement : au lieu de nous servir de Dieu, de l'« utiliser » — fût-ce pour une « bonne » cause —, c'est-à-dire (tel est le péché des origines que nous ratifions) de nous substituer à lui, de nous faire dieux à sa place, il nous faut apprendre à le *servir* et à *nous recevoir* de son don gratuit.

Faut-il ajouter qu'un tel accueil n'est possible que s'il prend corps dans un *vivre-en-grâce* avec autrui, dans un don qui va jusqu'au pardon, dans un « vivre-pour » qui, pour Jésus, s'est scellé dans un « mourir-pour » ? Telle est cette éthique du partage et du service — avec sa dimension collective tant soulignée aujourd'hui, puisque la justice est le premier mot de la charité — qui est le lieu premier du culte spirituel rendu à Dieu.

D'un tel projet d'existence « eucharistique », les célébrations liturgiques sont comme le révélateur et l'opérateur. Le « se-recevoir-de-la-grâce » et le « vivre-en-grâce » s'articulent ensemble, symboliquement, dans le « *RENDRE GRÂCE* » liturgique, et notamment dans sa radicalisation, au beau milieu de la prière eucharistique, en ce geste d'oblation où l'Église *rend à Dieu SA grâce*, le Christ Jésus. Les rites liturgiques sont la *célébration festive et joyeuse de l'avènement gratuit du Ressuscité dans notre histoire* et le *sceau* qui l'authentifie et lui donne sa valeur ; ils ne sont donc pas secondaires. Ils n'en sont pas moins *seconds,* parce que subordonnés à la reconnaissance et à l'accueil par la foi du Ressuscité dans le profane de notre existence et donc à la pratique éthique du service d'autrui. Dans le réseau symbolique de la foi ecclésiale, ils ne trouvent leur place qu'à partir de et en vue de ce culte premier ; ils en viennent et ils y renvoient. L'oubli de l'enracinement des sacrements dans le profane leur est fatal : ils redeviennent des intermédiaires sacrés...

B) Sacrement et Écriture
(Parole célébrée et Parole annoncée)

1. *En perspective (chrono)logique : Écriture ⟶ Sacrement*

Dans les récits de Luc dont nous sommes partis, nous constatons une *antériorité chronologique et logique* de l'interprétation chrétienne des Écritures et de leur annonce comme Parole de Dieu par rapport au geste sacramentel. Au cœur de cette annonce se trouve le mystère pascal de Jésus, le crucifié, que Dieu a fait « et Seigneur et Christ » (Ac 2, 36), et qui est lui-même la Parole de Dieu proférée dans l'histoire. L'originalité des sacrements de l'Église se tire tout entière de l'événement de Pâques, dont ils sont le mémorial rituel, et de celui de Pentecôte, l'Esprit étant la puissance qui rend possible ce mémorial. Ils sont toujours *annonce de la Parole*, proclamation rituelle de la Parole : Paul applique le même verbe « proclamer » aussi bien au Repas du Seigneur qu'à l'Évangile (1 Co 11, 26). L'opposition que l'on a parfois instaurée entre évangélisation et sacramentalisation n'a pas cours dans le Nouveau Testament, où l'on ne classe pas les rites « sacramentels » dans une catégorie à part : on les pense comme une forme particulière, à savoir gestuelle, de l'annonce de la Parole. Il n'en reste pas moins que l'évangélisation, comme ouverture des Écritures rendant possible l'accès à la foi, doit nécessairement précéder le baptême ou l'eucharistie, selon nos trois textes-matrices. On sait à quelles difficultés les pasteurs sont affrontés aujourd'hui sur ce point !

Cette priorité chronologique et logique de l'ouverture des Écritures (évangélisation, catéchèse...) se manifeste dans les célébrations elles-mêmes. Et doublement. D'une part, parce que tout sacrement est sacrement de la foi, nous observons que baptême et eucharistie sont, normalement, précédés d'une *liturgie de la Parole,* ce dont les récits lucaniens d'Emmaüs et du baptême de l'Ethiopien sont déjà les témoins. D'autre part, le geste sacramentel lui-même n'est jamais que l'inscription corporelle de la Parole. Ce qu'indique la « *formule sacramentelle* » — ainsi qu'on l'appellera plus tard —, formule «*au nom de* Jésus Christ» (Ac 2, 37; 10, 48), «au nom du Seigneur Jésus» (Ac 19, 5) ou, un peu plus tard comme l'atteste déjà Matthieu, «au nom du Père et du Fils et du Saint-Esprit» (Mt 28, 19), qui fonctionne comme condensé ou, mieux, comme «*précipité*» de toutes les Écritures; dans l'eucharistie, le «au nom de» fait place à la reprise rituelle des paroles de Jésus lui-même à la Cène, «*en mémoire de*» lui. La Parole qui conduit au sacrement est aussi *constitutive* du sacrement. La liturgie de l'eucharistie est l'accomplissement de la liturgie de la parole.

2. *En perspective de structure : Écriture* ⇆ *Sacrement*

Mais la lecture chronologique et logique du rapport entre Parole annoncée et Parole célébrée que nous avons proposée jusqu'à présent n'est pas suffisante. Il nous faut, en effet, considérer Écriture et Sacrement, conformément à notre schéma, comme des *éléments d'une même structure ecclésiale et d'une même structuration de la foi,* dont la «valeur» n'existe que dans leur *rapport mutuel.*

De ce point de vue, les sacrements *pénètrent déjà* toute annonce de la Parole. Ils appartiennent au *réseau symbolique qui permet la «lisibilité» chrétienne des Écritures.* C'est dans le geste sacramentel de la fraction du pain que s'effectue l'ouverture des yeux des disciples d'Emmaüs. Ce geste exerce, dans le récit, une fonction décisive de *clef de voûte.* La voûte ne tiendrait pas sans sa «clef», et celle-ci serait inutile — elle n'existerait même pas comme telle — sans celle-là. C'est leur *rapport de différence* qui donne à chacune sa «valeur». La fraction du pain, dans le récit d'Emmaüs, ne joue son rôle décisif que sous la poussée du désir ouvert par l'interprétation des Écritures, l'annonce du kérygme, sur la route; mais cette évangélisation ne tiendrait pas, *ne* «*prendrait*» pas si elle n'était tendue vers et soutenue par le geste eucharistique : c'est là seulement que se fait la reconnaissance. Sans le sacrement, les Écritures seraient restées fermées aux deux disciples. *L'eucharistie pénètre, structurellement, toute annonce du message évangélique.* Il n'est *pas de foi qui, de par sa structuration interne, ne tende à se sceller dans le sacrement.* L'évangélisation est toujours déjà traversée par une dynamique sacramentelle.

Cela n'est pas moins vrai du *baptême* que de l'eucharistie. Il suffit de regarder le schéma du processus de la conversion au Christ que Luc reprend une dizaine de fois dans les Actes (voir tableau) pour s'en convaincre. Baptême et — par trois fois — imposition des mains pour le don de l'Esprit ne sont pas à ses yeux de simples appendices à une conversion déjà toute faite, ni de simples rites externes d'agrégation au groupe des croyants. La puissance métaphorique du « au nom de » — parole de prise de possession par le Christ — et le lien direct attesté entre baptême, rémission des péchés et don du Saint-Esprit — lequel est plus directement rattaché à l'imposition des mains, mais n'est jamais séparé du baptême dans le contexte — manifestent que ces gestes sacramentels de l'Église sont vécus comme des *gestes du Seigneur lui-même* (à rapprocher d'ailleurs, dans les Actes, des gestes de miracles opérés par les croyants au nom de Jésus), gestes de *salut* qui font participer les croyants aux biens messianiques et les intègrent à la communauté eschatologique. Le baptême scelle la foi en *la faisant venir à sa vérité*.

Selon notre première perspective, le sacrement est un moment second par rapport à l'évangélisation. Mais ce regard est trop court et risque d'engendrer, en pastorale, de graves erreurs stratégiques. La seconde perspective ne contredit pas la première, puisqu'elle ne se situe pas au même niveau d'analyse. Mais elle vient rappeler que toujours l'évangélisation est déjà traversée par une dynamique sacramentelle — conviction particulièrement présente dans la pratique de l'initiation lors des premiers siècles, où les catéchumènes étaient initiés tout autant *par* les sacrements qu'ils ne l'étaient aux sacrements. La sacramentalité n'est pas seulement, ni même d'abord, un secteur particulier de l'activité ecclésiale; elle est une *dimension constitutive* de l'Église et de la foi.

PROCESSUS DE LA CONVERSION SELON LUC

	Ac 2	3,1-4,4	8,5-17	8,26-40	9,1-19 (22,6-16)	10-11	16,13-15	16,25-34	19,1-7
	Pentecôte	Guérison et discours de Pierre	Samaritains	Baptême de l'Ethiopien	Conversion de Saul	Conversion des païens	Conversion de Lydie	Conversion du geôlier de Paul	Johannites d'Ephèse
1. INITIATIVE DU RESSUSCITÉ	Envoi de l'Esprit (1-13)	Miracle (1-10)	Miracles de Philippe (6)	Manif. de l'Esprit à Philippe (29)	Vision de Paul (3-6)	Vision de Corneille (10, 3-7)	« Le Seigneur avait ouvert le cœur de Lydie » (14)	Violent tremblement de terre (26)	
2. KÉRYGME	Discours de Pierre (14-36)	Discours de Pierre	Annonce de « la Bonne Nouvelle » (12)	Annonce de « la Bonne Nouvelle » (35)	« Je suis Jésus que tu persécutes » (5)	Discours de Pierre (10, 37-43)	Paroles de Paul (14)	« Crois au Seigneur Jésus » (31)	Paul demande de « croire en Jésus » (4)
3. ACHEMINEMENT VERS LA FOI a) Question	« Que devons-nous faire ? » (37)			« Qu'est-ce qui empêche que je sois baptisé ? » (36)	« On te dira ce que tu dois faire » (6) - « Que dois-je faire ? » (22, 10)			« Que dois-je faire pour être sauvé ? » (30)	
b) Accueil de la Parole	Appel à la conversion (38-40)	Foi (4, 4)	« Quand ils eurent cru » (12)	Profession de foi (en mns. occ. 37)	(Foi supposée)	Ils « avaient écouté la Parole » (10, 44)	« Attentive aux paroles de Paul » (14). « Je crois au Seigneur » (15)	Foi (31-32)	« Ils l'écoutèrent » (5)
4. SACREMENT Baptême	Baptême « au nom du Seigneur Jésus pour le pardon des péchés » (38-41)	Baptême supposé en « devenus croyants » (4, 4)	Baptême (12) « au nom du Seigneur Jésus » (16)	Baptême (38)	Baptême (18) et purification des péchés (22, 16)	Baptême « au nom de Jésus Christ » (10, 48)	Baptême (15)	Baptême (33)	Baptême « au nom du Seigneur Jésus » (5)
(Imposition des mains) Don de l'Esprit	« Vous recevrez le don du St Esprit » (38)		Imposition des mains par Pierre et Jean : ils « recevaient l'Esprit St » (17)	Manifestation de l'Esprit « quand ils furent sortis de l'eau » (39) - Joie	Imposition des mains par Ananie : guérison et don de l'Esprit (17-18)	« L'Esprit St tomba sur ceux qui avaient écouté la Parole » (10, 44)			Imposition des mains par Paul et l'Esprit St vint sur eux » (6)

IV. LA PLACE PRIVILÉGIÉE
DES SACREMENTS

La fonction de clef de voûte que nous venons de reconnaître aux sacrements nous fait apparaître leur place privilégiée dans le cheminement de la foi. Ce *privilège* ne saurait cependant les faire entrer en concurrence avec l'annonce de l'Évangile et la pratique éthique. Une telle dévalorisation de ces expressions de la foi à leur profit serait la négation même de la *structure* posée plus haut, où *ils ne tiennent leur valeur que de leur rapport à l'Écriture et à la Vie*, à l'intérieur de l'Église. D'une manière originale, les sacrements symbolisent, c'est-à-dire « mettent ensemble », *font tenir ensemble* les divers éléments qui structurent l'Église et la foi. C'est précisément pour cela que *le culte premier de la vie quotidienne n'est pas en contradiction avec le « culte » liturgique* en christianisme.

1. JÉSUS ET LES DISCIPLES ONT CÉLÉBRÉ

On peut observer que si *Jésus* a été fort critique à l'égard du culte, s'il a parlé contre le Temple et ceux qui le desservaient (Mc 14, 58 et par.) — parole qui a joué un « rôle capital » dans sa condamnation [18] —, s'il a, en définitive, subverti le système religieux représenté par le Temple, il n'en a pas moins été baptisé, il a prié avec ses frères juifs à la synagogue, il s'est rendu maintes fois au Temple où il enseignait — et « nous devons supposer que Jésus prenait part au culte qui s'y pratiquait [19] » —, il n'a pas dispensé de l'offrande

---

18. H. COUSIN, *Le prophète assassiné*. Histoire des textes évangéliques de la Passion, Paris : éd. J.P. Delarge, 1976, p. 50.
19. J. DUPONT, « Jésus et la prière liturgique », in : *La Maison-Dieu* 95, 1968, p. 21.

à l'autel — même si celle-ci devait être précédée de la réconciliation fraternelle (Mt 5, 23) —, il a observé les fêtes juives, notamment la Pâque, il a présidé les repas rituels selon les traditions reçues... De même, après la Résurrection, les *premiers chrétiens* ont baptisé, célébré l'eucharistie « le jour du Seigneur », imposé les mains pour le don de l'Esprit ou pour investir l'un des leurs d'un ministère particulier dans l'Église, etc.

Bref, le christianisme a été *dès l'origine rituel*, « sacramentel ». Nous pouvons même dire qu'*il a repris tous ses gestes rituels au judaïsme* — orthodoxe ou marginal — dont il était issu. Cette continuité au plan de la forme ne peut étonner que ceux qui n'ont pas perçu la radicale discontinuité établie par Pâques et Pentecôte. Célébrés « au nom du Seigneur Jésus », ceux des rites juifs qui ont été christianisés sont vécus selon un esprit tout différent : *selon « l'Esprit de Celui qui a ressuscité Jésus d'entre les morts »* (Rm 8, 11) et qui a été répandu. Dans le même moment où les communautés apostoliques nous disent en substance : « le seul culte qui plaît à Dieu, c'est celui de notre vie quotidienne en communion avec celui du Christ », elles continuent à pratiquer des célébrations liturgiques, au premier rang desquelles viennent le baptême et l'eucharistie.

2. LA SACRAMENTALITÉ, DIMENSION CONSTITUTIVE DE LA FOI

Selon la *logique symbolique* qui préside à la structure de la foi ecclésiale, l'articulation entre le culte de la vie et le « culte » liturgique ne fait pas difficulté. C'est notre *logique rationaliste* d'Occidentaux du XXe siècle, habitués à raisonner par exclusion, qui crée le problème : « ou bien la vie, ou bien les rites... » Selon cette logique, de type mathématique, le « gâteau » chrétien serait découpé en tranches, conformément à la loi de la *concurrence* : « Partage ton pain, il diminue ». Plus grande, dès lors, serait la part des rites, plus menue serait celle de la « vie ».

Mais la vie chrétienne — comme la vie humaine dans ce qu'elle a, précisément, de plus « humain » : le désir de communiquer et de partager ; la demande d'amour ; le barrage de la souffrance et de la mort ; la quête inachevable du bonheur à travers le plaisir et la jouissance... — ne fonctionne pas selon cette pensée calculatrice, mais selon la logique *symbolique,* dont la loi par excellence est celle de *l'amour qui ne vit que de sa propre perte :* « partage ton amour, il augmente » ; « celui qui veut gagner sa vie doit la perdre... » C'est la loi même de la réversibilité symbolique.

Selon cette perspective, les célébrations sacramentelles doivent être regardées comme des points d'émergence d'une sacramentalité qui est une *dimension fondamentale et constitutive de l'Église et de la foi.* La sacramentalité appartient au mode même de l'exister humain selon la foi. Elle en est comme un « existential », dont les célébrations sont les manifestations existentielles [20]. Il est donc tout à fait insuffisant de les considérer comme une simple tranche de l'existence chrétienne. Le récit des disciples d'Emmaüs et le discours du pain de vie (Jn 6) sont significatifs à cet égard.

a) *Emmaüs*

La fraction du pain à Emmaüs est *la figure où se donne à voir* la dimension insoupçonnée de ce que vivaient déjà les deux disciples. Elle *fait tenir ensemble,* elle *symbolise,* ce qui était jusqu'alors en état de divorce : leur vie d'une part (leur désir en quête de Jésus comme « objet » à voir et toucher), leurs interrogations nouvelles sur les Écritures — (et si Jésus était autre que ce qu'ils imaginaient ?

---

20. « Existentiel » se rapporte à la réalisation concrète d'une œuvre personnelle — ou, par extension, comme ici, collective —, à un projet personnel, à des décisions personnelles. « Existential » vise la structure constitutive de l'être-homme comme tel. Par exemple, l'inquiétude concrète d'un homme par rapport à son avenir (risque de chômage...) est existentielle ; mais le « pouvoir-s'inquiéter » appartient à la structure existentiale de l'être-homme comme être de projet. Cf. M. HEIDEGGER, *L'être et le temps,* Paris, Gallimard, 1964.

Et si le dessein de Dieu faisait échec à leurs convictions les plus solides ?) En elle, leur passé, qui était désagrégé, *se ré-articule* et reprend corps : Cléopas et son ami « ressuscitent » en nouveauté de vie.

Le récit d'Emmaüs est tout entier tendu vers la fraction du pain qui est l'opérateur décisif de la transformation. Ce geste sacramentel n'est pas seulement la dernière étape (chrono-)logique dans le parcours de la foi : il pénètre déjà, disions-nous, la première annonce du kérygme sur la route, lequel, sans lui, ne « prendrait » pas. Le cœur des deux disciples était déjà *brûlant de « reconnaissance »* ; leur vie était déjà en *gestation eucharistique :* le sacrement en sera le révélateur et l'opérateur ultime.

Les figures sacramentelles *ré-unissent* ainsi, c'est-à-dire unissent selon une cohérence nouvelle, en Église, les divers éléments qui structurent la foi chrétienne. Elles sont comme le *révélateur* photographique qui *« trans-figure »* la vie chrétienne en en faisant apparaître « l'autre » visage ou plutôt en y dévoilant le visage de l'Autre — toujours en clair-obscur, bien sûr, en filigrane, dans la médiation du symbole...

b) *Le discours du pain de vie*

L'évangile selon S. Jean est particulièrement sensible à cette « sacramentalité » de l'existence chrétienne. Paradoxalement, il est sans doute, de tous les écrits du N.T., le plus critique à l'égard des sacrements et le plus sacramentel[21]. L'auteur écrit son évangile *« pour que vous croyiez* que Jésus est le Christ, le Fils de Dieu » (20,

---

21. O. CULLMANN, *La foi et le culte de l'Église primitive*, Neuchâtel : Delachaux et Niestlé 1963, 5e partie « Les sacrements dans l'évangile johannique », pp. 131-209 ; E. SCHWEIZER, « Le baptême et la Cène dans la littérature johannique », in *Les sacrements d'initiation et les ministères sacrés*, Colloque de Tübingen, Fayard 1974, pp. 163-187.

31). Mais comment croire, alors que l'on ne voit plus Jésus ni ses signes ? Telle est la question à laquelle Jean essaie d'apporter réponse tout au long de son témoignage.

Le premier volet de cette réponse est constitué par le rôle que tiennent les juifs comme opposants à Jésus tout au long de l'Évangile. Ils ont vu ses signes : les signes du vin (2), du temple (2), de l'eau (5), des pains (6), de la lumière (9), de la résurrection (11)... Ils n'ont pas cru pour autant ; bien au contraire, ils prétendaient voir : c'est pourquoi ils sont devenus aveugles (9, 39-41). Il ne suffit pas de voir pour croire.

Car — c'est le deuxième volet — l'accès au mystère du Verbe incarné (Jn 1), « sacrement » de Dieu — « celui qui m'a vu a vu le Père », 14, 9 — requiert le don de l'Esprit et l'attirance du Père (4, 23-24 ; 6, 65). Les paroles de Jésus sont en effet « dures à entendre » (6, 60) ; le scandale est difficile à traverser. Comme le montre le *discours du pain de vie* (6, 22-71), ce scandale de la foi, pour nous comme pour les juifs, est double. Il porte sur la *personne* de Jésus : comment cet homme, dont « nous connaissons le père et la mère » (6, 42), peut-il prétendre « descendre du ciel » ? C'est le mystère de Jésus comme Verbe incarné (1, 14), Fils du Père (6, 40), qui fait obstacle. Le second scandale, lié au premier, porte sur sa *mission* : comment peut-il donner sa chair à manger (6, 51-52) ? Le scandale ici ne porte pas sur quelque idée d'« anthropophagie », ou de « théophagie », mais bien sur *la mort* impliquée dans ce don en nourriture. Car si Jésus descend du ciel, s'il est le Messie de Dieu, comment pourrait-il connaître l'échec de la mort ?

Ce messianisme de mort constitue la trame de tout le discours. La catéchèse johannique est ici une *pédagogie de la foi* : ce n'est pas une « instruction » sur l'objet-eucharistie. L'auteur se montre même fort critique envers le « culte » : il fait porter le poids de sa pensée non sur les actions sacramentelles elles-mêmes, mais sur le Christ-Parole dont elles sont le signe pour la foi et sur le scandale des scandales qu'est la mort du Fils, sa glorification sur la croix.

Mais comment mieux dire la foi qu'en *langage eucharistique* ? C'est pourquoi tout le discours joue symboliquement sur le *double registre* de la manducation du Christ-Parole par la foi et par le pain eucharistique. On a observé à juste titre que les vv. 22-51b accordent priorité au premier registre, et que les vv. 51 c-58, plus directement eucharistiques, s'inscrivent au sein du second[22]. Cependant, les deux s'entrecroisent en permanence (un peu comme le corps eucharistique et le corps ecclésial en 1 Co 11). On aurait grand tort de dédaigner ce langage comme simple jeu de l'esprit. Car sa puissance symbolique nous porte au plus près du mystère. L'allusion du symbole métaphorique vaut bien l'illusion de la rationalisation métaphysique...

Comme sur la route d'Emmaüs, nous cheminons ici *du Christ-Parole au Christ-Eucharistie*. Le sacrement (vv. 51c-58) constitue le *sommet* du discours et la *clef de voûte* qui fait « tenir ensemble » l'édifice de la foi, si bien que le langage sacramentel *pénètre tout le discours*. L'eucharistie n'est pas seulement le point d'arrivée de la démarche de foi ; elle *la traverse* de part en part, au point que l'expression de la foi se fait comme spontanément eucharistique.

La manducation eucharistique, dans l'Esprit (6, 63), est *la métaphore vive la plus homogène à la foi ; en elle s'exprime et s'effectue symboliquement l'amère manducation du scandale du Christ qu'est la foi*. La foi ? C'est « *mâcher* », « *croquer* » (c'est le sens du verbe grec 'trôgein', en 6, 54), *ruminer* au fil des jours, pour se l'*assimiler* jusque dans sa chair, l'insoutenable scandale du Dieu crucifié pour la vie du monde. Comment « s'y faire » mieux ? Pour l'ardent défenseur du culte « en esprit et en vérité » (4, 23-24)[23], les

---

22. D. MOLLAT, Le chapitre VI de S. Jean, in *Lumière et Vie*, 31, fév. 1957, pp. 107-119. — X. LÉON-DUFOUR, « Le mystère du pain de vie (Jean VI) », in *Rech. de Sc. Rel.*, 1958/4, pp. 481-523 ; A. FEUILLET, « Les thèmes bibliques majeurs du discours sur le pain de la vie (Jn 6) », in *Nouv. Rev. Th.*, 1960, pp. 803-822, 918-939, 1040-1062.

23. La critique très vive que l'auteur adresse au culte juif à travers cette « adoration en esprit et en vérité » ne porte pas sur sa manifestation liturgique extérieure à laquelle il opposerait l'idéal d'un culte intérieur. Le couple extérieur/intérieur n'a rien à voir ici. Quelle qu'en soit la forme, tout culte désormais, pour être agréable à Dieu, doit

sacrements — on pourrait faire une lecture sacramentelle assez parallèle, en perspective baptismale, de l'entretien avec Nicodème (Jn 3) et avec la Samaritaine (Jn 4) — ne sont pas une simple portion sectorisée de la vie chrétienne. Celle-ci *baigne tout entière dans la sacramentalité*.

« Heureux ceux qui, sans avoir vu, ont cru » (20, 29) : tout le IVe évangile invite les chrétiens à vivre cette béatitude. Nous ne voyons plus les signes de Jésus. Mais nous vivons une pratique ecclésiale qui rend témoignage à sa mort-résurrection ; c'est d'elle qu'il faut partir, comme le fait Jean. Car l'Église a jailli, avec le baptême et l'eucharistie, *du flanc transpercé* du Christ crucifié (Jn 19, 34 ; 1 Jn 5, 7). En cette figure symbolique, nous sommes emportés vers le site originaire de Mort et de Résurrection d'où les gestes sacramentels de l'Église nous font participer au mystère pascal. Fondement plus que fondateur, le Jésus de Jean ne nous est jamais montré en train d'instituer les sacrements, pas même l'eucharistie. Jean ne parle jamais *sur* le baptême ou sur l'eucharistie ; il parle sa foi *de l'intérieur même* de la pratique baptismale et eucharistique de l'Église. « Vous n'avez d'autre espace pour croire, dit-il aux chrétiens, que ces témoignages. Car c'est là que *se fait* la foi. C'est là, dans ces gestes vécus dans l'Esprit, que vous *refaites l'itinéraire de l'Incarnation rédemptrice* du Fils de Dieu que vous êtes appelés à vivre chaque jour. »

3. LA POLARITÉ SACRAMENTELLE DE LA GRÂCE

Au terme de ces quelques sondages, trop rapides, dans les théologies de Luc et de Jean, il nous est permis d'affirmer : *toute grâce,* à commencer par celle de la foi, *est grâce ecclésiale à*

être vécu dans l'Esprit répandu qui seul peut donner la vraie connaissance du Père. C'est dans le mystère pascal du Christ qu'est fondée la radicale nouveauté du culte chrétien.

polarité sacramentelle. Ce que l'on a coutꓸ ιe d'appeler, dans le jargon de la théologie traditionnelle, la *grâce sacramentelle* est moins une « espèce » de grâce parmi les autres que l'*expression ecclésiale dernière de toute grâce* — de Dieu comme Grâce.

Le pécheur, par exemple, qui vient au sacrement de la réconciliation est déjà, normalement, pardonné : si sa démarche n'est pas fictive, elle procède d'un mouvement de foi et de conversion moyennant lequel Dieu l'a déjà justifié. Mais alors, va-t-on demander, à quoi bon le sacrement ? Formulée depuis Abélard, au XIIᵉ siècle, cette question a couru ensuite à travers toute la théologie médiévale. Les réponses qu'on y a apportées nous apparaissent aujourd'hui comme fort insatisfaisantes : si le pécheur est déjà, dans le cas normal, pardonné et si, pourtant, sa soumission au pouvoir des clefs exercé par le prêtre est nécessaire, c'était, disait-on, pour lui remettre une partie des « peines temporelles » liées au péché et lui imposer la satisfaction réparatrice convenable. On le voit, on ne laissait à l'efficacité sacramentelle que la portion congrue. Ce fut l'un des traits de génie de S. Thomas d'Aquin de renouveler la problématique en soulignant le rapport indissoluble entre le pardon accordé dans le mouvement même de conversion à Dieu et l'exercice du pouvoir des clefs dans l'absolution sacerdotale. Il n'y a, dit-il en substance, qu'une structure d'Alliance, qui est ecclésiale et sacramentelle. Toute relation de l'homme à Dieu est nécessairement marquée par ces deux termes ; c'est pourquoi il n'est de justification *que sacramentelle*[24].

---

24. « Expliquer l'efficacité du sacrement en fonction de la contrition qui justifie, et concilier ainsi l'élément subjectif et l'élément sacramentel de la pénitence, voilà la question que *S. Thomas* a envisagée » (P. DE VOOGHT, « A propos de la causalité du sacrement de pénitence. Théologie thomiste et théologie tout court », in *Ephemerides theologicae lovanienses*, Louvain 1930, 7, p. 663). Ce n'est que dans la *Somme Théologique* qu'il trouve une « solution » satisfaisante : les actes du pénitent (contrition, confession, satisfaction) sont des « parties intégrales » du sacrement ; cela veut dire que le tout est contenu dans toutes à la fois, et jamais dans l'une sans l'autre (S.T. III, q. 90, a. 3). L'ensemble matière et forme ne forme « qu'une seule cause » (III, q. 86, a. 6). Il n'est donc de justification que sacramentelle, au moins par l'exercice rétroactif de l'absolution sacerdotale dans toute vraie contrition. Le grand

Si le pécheur, normalement, est bien pardonné dans son mouvement de conversion antérieurement à sa démarche vers le prêtre, c'est dans la mesure où cette conversion, pour être vraie, implique toujours de quelque manière le désir de recevoir l'absolution sacerdotale : il y a donc, pour S. Thomas, une sorte d'exercice rétroactif du pouvoir des clefs dans toute conversion authentique.

Si l'on interprète l'argument en perspective chronologique, on reste sur sa faim : l'efficacité rétroactive du pouvoir des clefs apparaît en effet comme une pétition de principe. En perspective de structure, par contre, on a affaire à quelque chose de tout à fait intéressant. L'intuition fondamentale est alors qu'il n'est de grâce *que dans la médiation* — actuelle ou virtuelle — *de l'Église et dans un rapport constitutif à la sacramentalité.* Il est de la nature même de la grâce de conversion d'être dès l'origine traversée d'ecclésialité — ce n'est jamais en tant que simple individu, mais en tant que membre, effectif ou en devenir, du peuple de Dieu que l'homme se convertit — et de sacramentalité — soit le baptême, comme premier sacrement de l'existence réconciliée, soit la pénitence, sacrement à comprendre dans le dynamisme du baptême. Cela ne signifie évidemment pas que tout événement de conversion — ni de droit, ni de fait — devrait nécessairement aboutir à une célébration sacramentelle ! Nous voulons dire que dans la structure de l'alliance nouvelle en Jésus-Christ, la médiation ecclésiale et la polarité sacramentelle sont *toujours-déjà existentialement constitutives* de

---

mérite de cette théorie est de souligner que tout rapport de l'homme avec Dieu s'effectue selon la structure de l'Alliance nouvelle, c'est-à-dire qu'il est toujours de quelque manière ecclésial et sacramentel. *Duns Scot,* par contre, méconnaît cette donnée qui nous apparaît aujourd'hui comme pourtant si fondamentale : la justification peut s'obtenir, selon lui, par voie non sacramentelle, mais elle requiert alors une contrition parfaite ; aussi est-elle difficile et réservée à une élite. Plus facile et plus sûre que la première voie est celle qui passe par le sacrement ; elle requiert une attrition de moindre degré (Opus oxionense, IV. d. 14, q. 1 à 4). Tout ceci est parfaitement cohérent avec son affirmation que l'essence du sacrement réside dans la seule solution sacerdotale (*Ibid.,* d. 16, q. 6, n. 12).

toute grâce de conversion. Lorsque la participation au sacrement devient *existentiellement*[20] effective, elle ne vient donc *pas se surajouter* de l'extérieur au vécu : pour plus de sécurité, ou en vue d'un simple mieux-faire moral, ou encore dans un souci « esthétique » d'habillage festif de la vie — toutes motivations qui figent le sacrement dans le registre de l'« utile »... Elle vient *déployer,* en les manifestant, les divers éléments qui structurent tout retournement vers Dieu : don *gratuit* de Dieu qui a l'initiative de l'appel et qui seul est propriétaire du pardon ; don *ecclésial :* parce que c'est comme membre actuel ou virtuel, de l'Église que l'on est réconcilié avec Dieu, la solidarité « verticale » instaurée avec le Christ ne peut se vivre que dans la médiation concrète d'une solidarité « horizontale » entre les membres de son corps.

La logique *rationaliste,* sectorisant la part de la vie et celle du sacrement, aboutit inévitablement à mettre la vie et les rites en *concurrence.* On en arrive fatalement ainsi à la question : « à quoi bon le sacrement, si je suis déjà pardonné ? » En la poussant au bout, on en viendrait à soutenir : moins je me convertis, et plus le sacrement est utile et efficace ! Ce registre de l'« utilité » est singulièrement déplacé dans un domaine de relation de grâce et d'amour. Selon la logique *symbolique* au contraire, c'est-à-dire selon la structure de l'existence dans la foi, la fonction de la réconciliation sacramentelle apparaît d'autant mieux que l'on vit davantage la conversion intérieure et extérieure (pardon fraternel, gestes de partage, service de la justice...) dans le quotidien des jours. Plus je me convertis à la gratuité de la grâce, et plus je le manifeste gratuitement. Une telle manifestation sacramentelle n'est cependant pas une simple extériorisation d'une réalité intérieure : elle *fait* cette réalité dans le moment même où elle la porte à l'expression, un peu comme le baiser réalise de manière neuve l'amour qu'il exprime.

Ce qui vaut du rapport entre réconciliation vécue et réconciliation célébrée pourrait s'appliquer de manière assez analogue au rapport entre adhésion au Christ par la foi et baptême, éthique du don et eucharistie, amour et mariage, etc. Suite à notre lecture de Luc et de Jean, notre exemple de la réconciliation sacramentelle suffit, nous semble-t-il, pour mettre en relief le fait que toute grâce, à commencer par celle de la foi, est *structuralement ecclésiale et sacramentelle,* et que, par conséquent, l'existence selon la foi au Christ est tout entière *traversée par la sacramentalité.* C'est pourquoi l'assemblée célébrante est le lieu premier de la confession de foi (Emmaüs) ; c'est pourquoi le langage eucharistique (Jn 6) ou le langage baptismal (Jn 3) sont les médiations les plus homogènes à l'expression de la foi ; c'est pourquoi, comme nous l'avons déjà mentionné, on accordait tellement d'importance aux premiers siècles aux célébrations comme lieux fondamentaux de l'initiation chrétienne.

— Au terme de cette réflexion, *le caractère fallacieux de l'opposition entre foi et rites,* explicite ou latente chez bien des chrétiens, apparaît clairement. La foi, la « vie », serait auréolée de tous les prestiges de l'intention, de la conscience, de l'engagement subjectif, de la mission ; le rite au contraire relèverait de l'obscur, de la contrainte institutionnelle de la magie... Comme il ressort de notre premier chapitre, cette manière de voir est un *leurre du point de vue anthropologique* : la foi « subjective » n'est jamais séparable de ses expressions « objectives » ; à vouloir lui enlever ses oripeaux culturels — formulations dogmatiques, institutions sacramentelles, points de repère éthiques — pour la retrouver dans une sorte de pureté transparente et la posséder de manière quasi immédiate, on la détruit et on retombe sous l'empire de l'imaginaire.

Ce leurre anthropologique se double en outre d'une *naïveté théologique.* Qu'il y ait tension entre foi et rite, vie et sacrement, intention subjective et institution objective, « prophétisme » et « sacerdoce », instituant et institué, au cœur de l'Église et de la vie chrétienne, cela découle directement de l'Évangile. Cette tension est nécessaire et salutaire ; la supprimer, ce serait anéantir l'Église. Mais *tension ne dit pas concurrence.* Car la foi, tout autant que les sacrements, est d'Église. La *médiation ecclésiale* est l'espace sacramentel où elle peut advenir et se développer. Aussi a-t-elle, par nature même, une *polarité sacramentelle.* Dans la structure de l'Alliance nouvelle en Jésus-Christ, on ne vit pas selon deux termes

— la foi, qui serait du côté du sujet, et les sacrements qui seraient du côté de l'institution ecclésiale —, mais selon trois : l'Église est le milieu englobant les deux premiers.

— C'est aussi pourquoi nous ne pouvons penser valablement les sacrements *qu'à l'intérieur de l'Église comme Sacrement fondamental du Ressuscité.* Elle lui rend témoignage par l'interprétation et l'annonce de sa Parole, par sa vie de charité concrète et par ses célébrations en mémorial de lui. Indissolublement liés à l'évangélisation et à l'engagement éthique d'où ils viennent et auxquels ils renvoient, les sacrements nous sont apparus comme le *lieu par excellence où se dit et se fait l'Église.* L'Église se donne à reconnaître dans les sacrements, et les sacrements donnent à l'Église de reconnaître ce qu'elle est et ce qu'elle est appelée à devenir. Il en est de même du croyant : les sacrements sont le lieu privilégié où se fait la foi qu'il exprime ; en eux se symbolise, c'est-à-dire se *figure* et se *réalise,* la *dimension sacramentelle de toute l'existence croyante.*

Mais une question s'ouvre ici : pourquoi les sacrements ont-ils donc cette puissance de symbolisation si particulière — si privilégiée, avons-nous dit — de ce qu'est l'Église, de ce qu'est la foi ? Pourquoi ne pas reconnaître pareil privilège à la prière, au témoignage de la vie, à l'annonce de la Bonne Nouvelle du Christ ?

Pour éclairer cette question, nous allons nous tourner vers l'anthropologie rituelle. Ainsi, après avoir vérifié, pour une part, la cohérence de structure entre Écriture, Sacrement et Éthique, qui constitue le réseau symbolique propre à l'Église, allons-nous tenter d'éprouver la pertinence de nos propos du Chapitre I sur les symboles et la symbolisation de l'existence en les confrontant à la ritualité sacramentelle.

CHAPITRE III

LA SYMBOLISATION DE L'ÉGLISE
ET DE L'EXISTENCE CROYANTE :

La ritualité sacramentelle

La réflexion que nous entreprenons dans ce chapitre a pour but de nous amener à comprendre pourquoi les sacrements ont de fait, dans la structuration de la foi chrétienne, cette fonction originale, irremplaçable et privilégiée qui s'est imposée à nous tout au long des pages précédentes.

Ce pourquoi peut recevoir une réponse théologique comme celle que propose K. Rahner dans « Parole et eucharistie » : un sacrement, écrit-il, est *« un acte d'accomplissement de l'Église par elle-même, dans un engagement absolu* [1] *»*. Le théologien allemand développe cette thèse à partir de la question de l'efficacité de l'action de Dieu dans les diverses formes de proclamation de la Parole par l'Église. Une conviction fondamentale s'en dégage : le don du salut par Dieu n'est pas plus lié à l'annonce proprement rituelle et sacramentelle de l'Évangile du Christ qu'à son annonce sous forme verbale — lecture de l'Écriture, prédication, évangélisation selon les diverses modalités possibles, publiques ou privées — ou sous forme de témoignage de

---

1. K. RAHNER, « Parole et eucharistie », in *Ecrits théologiques,* t. IX, Desclée De B. 1968, p. 78 ; cf. ID., *Église et sacrements,* Desclée De B., 1970, pp. 35-39.

vie. Les célébrations sacramentelles n'ont aucunement le monopole de l'efficacité dans le don de la grâce qui convertit au Christ. C'est pourquoi, écrit K. Rahner, « *le concept d' 'opus operatum' ne suffit pas à lui seul pour marquer la limite entre un sacrement et d'autres événements (de grâce)* [2] ». En d'autres termes, on ne peut déduire l'originalité des sacrements — leur « différence spécifique » — du *seul* critère d'efficacité.

On ne peut la déduire non plus du *degré de foi* requis. Tout sacrement est sacrement de la foi, et de la foi au Christ. Si, depuis S. Augustin notamment, la théologie traditionnelle a mis en relief la validité objective des sacrements, indépendamment de la foi du ministre ou du sujet récepteur, ce n'est pas pour minimiser l'importance de celle-ci — encore que ce soit souvent ainsi, malheureusement, qu'on a compris la chose en pastorale —, mais pour marquer que Dieu seul en est le principe d'opération : l'Église, elle, n'en est que la dépositaire, non la propriétaire [3]. Pourtant si Dieu se propose toujours gratuitement à travers le geste sacramentel que l'Église fait en mémoire du Christ vivant au milieu d'elle, il n'est reçu qu'*à la mesure de la foi* : « chacun reçoit selon sa foi », disait déjà S. Augustin à propos du baptême. On ne peut donc proposer de saine théologie des sacrements à partir des conditions minimales de validité — piège qui n'a pas toujours été évité et qui est la rançon d'une recherche trop exclusive de leur spécificité. Repoussant donc les cas-limites aux frontières de sa réflexion, la théologie sacramentaire doit se centrer d'emblée sur le cas normal de la participation du sujet au mystère pascal moyennant la foi. Si elle part au contraire des

---

2. « Parole et eucharistie », p. 72.

3. Tel est le sens fondamental de l'*ex opere operato* : « Négativement, l'"ex opere operato" sacramentel signifie que cette grâce ne dépend pas de la sainteté du ministre et que la foi du sujet ne s'empare pas de la grâce : le Christ reste souverainement libre et indépendant vis-à-vis de tout mérite humain. Positivement, l'"ex opere operato" signifie que nous avons un acte du Christ. "Ex opere operato" et "efficacité à partir du mystère du Christ" signifient la même chose » (E. SCHILLEBEECKX, *Le Christ, sacrement de la rencontre de Dieu*, Paris, Cerf, 1967, « Lex orandi » 31, p. 85).

cas d'échec (subjectif) des sacrements, elle ne peut, comme le montre l'histoire, que dévier vers le juridisme, voire le rubricisme. Dans la perspective positive que nous nous sentons tenus d'adopter d'entrée de jeu, nous pouvons affirmer, toujours avec K. Rahner, que l'ouverture « subjective » de l'homme à Dieu — *est un «facteur interne constitutif du signe (sacramentel)* » [4]. Il serait donc tout à fait illusoire de considérer la foi du sujet comme moins strictement nécessaire à l'accueil du don de Dieu dans les sacrements que dans les autres formes ecclésiales de communion au Mystère du Christ.

Ainsi, ce n'est ni du seul côté de l'efficacité objective, ni du seul côté de la foi subjective que l'originalité des sacrements est à prendre, mais, comme l'indique justement K. Rahner, *du côté de l'Église qui s'y engage radicalement et qui ainsi y joue toute son existence.*

La thèse de K. Rahner a un double avantage : elle comprend les sacrements à partir de la sacramentalité globale et fondamentale de l'Église dont ils sont le plus haut mode de proclamation; ensuite, elle ne les sectorise pas comme une activité juxtaposée à celles de l'annonce missionnaire et du témoignage de vie : ce sont là trois modalités différentes de cette même activité fondamentale qui donne à l'Église sa raison d'être, la proclamation de la Parole qui sauve en Jésus-Christ. Les sacrements aussi sont des médiations ecclésiales de la Parole.

Seulement, l'affirmation théologique de l'engagement radical de l'Église dans les sacrements demande à être *vérifiée dans les faits,* c'est-à-dire dans l'épaisseur humaine sociale que requiert leur

---

4. K. RAHNER, « Parole et eucharistie », p. 68. Soulignons que ce « subjectif », conformément à toute la démarche théologique de l'auteur, n'est pas pris comme acte existentiel (mon acte de foi ici et maintenant), mais comme condition transcendantale sans laquelle aucun signe ne pourrait être reçu comme Parole de Dieu et événement de grâce. K. Rahner se garde donc bien de retomber dans le piège de la foi existentielle et conscientielle où Luther s'est fait prendre — du moins en certains textes, car la pensée du Réformateur n'est pas toujours claire sur ce point. En revendiquant plus loin la réintégration de l'humain dans les sacrements, nous dénoncerons pareillement le retour à une subjectivité existentielle centrale qui les maîtriserait.

fonctionnement. C'est pourquoi nous allons tenter d'analyser celui-ci du point de vue de l'*anthropologie rituelle*. Par là nous n'envisageons pas de déduire la thèse théologique énoncée ci-dessus de cette analyse anthropologique, ni de la fonder sur elle. La pertinence d'une telle thèse ne peut en effet s'éprouver qu'au sein de la cohérence propre à la foi chrétienne. Mais, en théologie sacramentaire, nous sommes d'emblée dans l'ordre de l'expression symbolique, au point qu'est uniquement effectué ce qui est symbolisé et de la manière même dont cela est symbolisé. Si donc il est vrai que les sacrements tiennent leur singularité du caractère radical de l'engagement de l'Église qui les célèbre, cela doit pouvoir se vérifier *dans leur mise en œuvre même,* laquelle ressortit à l'analyse anthropologique. Sinon, notre affirmation théologique est une vue de l'esprit sans consistance réelle.

I. UNE ACTION RITUELLE[5]

1. UNE « -URGIE », ET NON UNE « -LOGIE »

Pour tout observateur, croyant ou non, les sacrements de l'Église se manifestent comme des rites religieux. Qui dit rite dit *action*. Banalité ? En apparence seulement, car les conséquences sont lourdes...

---

5. Nous réfléchissons ici sur les « *rituels institués* », comme la signature d'un traité, la prestation de serment sur la Bible, le mariage à l'église ; ils visent un acte performatif (J.Y. HAMELINE, « Aspects du rite », in *La Maison-Dieu* 119, 1974, pp. 101-111). Mais, « avant » ce degré 3 du rituel, qui seul nous intéresse ici, il existe un degré 2, correspondant à ces « *rites d'interaction* » qu'à étudiés E. GOFFMAN (*Les rites d'interaction,* Paris, Minuit, 1974) : concentrés d'apprentissage social (codes de propreté, de politesse..., comportements « spontanés » pour éviter de perdre la face...) ; ou, au plan collectif, manifestations syndicales ou fêtes politiques (on est d'ailleurs en ce domaine très proche du degré 3). A un niveau plus primaire, nous découvrons des

Comme tout rituel religieux, les sacrements ne sont pas d'abord d'ordre cognitif, celui de la « -logie », mais d'ordre *pratique,* celui de l'« *-urgie* ». S'ils transmettent des informations en matière de doctrine et d'éthique, c'est à partir de l'action qu'ils effectuent et selon le symbolisme même de cette action. Les célébrations liturgiques ne sont pas d'abord le lieu d'un discours théologique, bien que celui-ci n'en soit évidemment jamais absent. Avant toute autre chose, elles sont un agir qui vise une efficacité réelle et bénéfique pour les participants. Le faire a priorité sur le dire ; ou plutôt, *ce qui est dit, c'est ce qui est fait,* au point que ce qui est décisif est moins ce que l'on dit que la *manière* dont on le dit, que l'*acte* de le dire. C'est pourquoi les rites ne s'accommodent ni de didactisme, ni de moralisme. Les « logomachies » explicatives par lesquelles on prétend les sauver les empêchent d'emblée de travailler selon le registre qui leur est propre et les dénaturent. Ce remède est en fait un poison. Mais l'illusion est facile et même inévitable tant que, dans la mise en œuvre, on fixe son attention plus sur les idées qu'évoque le rite que sur le travail qu'il effectue, c'est-à-dire tant que l'on oublie ou méconnaît la loi fondamentale du fonctionnement rituel : ne dites pas ce que vous faites, faites ce que vous dites.

----

rites de 1er degré : *rites plus ou moins maniaques ou magiques* (cracher dans ses mains avant de commencer un travail, descendre l'escalier en commençant par le pied gauche, se signer avant un concours sportif...), rites caractérisés par Freud comme soumis à une compulsion de répétition, et où il discernait l'œuvre de la pulsion de mort : une véritable frustration est ressentie par le sujet, s'il les omet.

E.H. ERIKSON (« Ontogénie de la ritualisation », in J. HUXLEY, *Le comportement rituel chez l'homme et l'animal,* Paris, Gallimard, 1971, pp. 139-158) et J.A. AMBROSE (« Ritualisation du lien mère-nourrisson chez les humains », *ibid.,* pp. 170-175) enracinent la ritualité dans l'expérience préverbale du nourrisson. Mais entre les divers degrés de ritualité, par exemple entre le lien mère-nourrisson et les rites religieux, c'est *un même procès de ritualisation* qui s'effectue, bien que de manière évidemment diversement formalisée (Erikson, p. 142). Sous leur aspect le plus général, les rites ont pour dénominateur commun d'être des *« formalisations adaptatives »* qui permettent une économie d'énergie dans les perpétuels ajustements de comportement à faire dans la vie sociale (J. HUXLEY, *op. cit.,* p. 23). C'est pourquoi il n'est pas de sociétés sans rites.

2. L'ACTE DE CÉLÉBRATION, POINT DE DÉPART
DE TOUTE RÉFLEXION SACRAMENTAIRE

Le *point de départ* obligé de toute théologie des sacrements est la pratique concrète de l'Église, *l'acte même de la célébration,* et non pas quelque principe abstrait. Si l'on s'en était toujours tenu à cette rigoureuse méthode, on aurait, sans doute bien souvent évité de s'engager sur de fausses pistes : comment, par exemple, proposer une théologie de l'eucharistie sans se référer, ou si peu, à sa célébration concrète et notamment aux paroles et gestes de la prière eucharistique ? La « présence réelle » aurait-elle jamais été enfermée dans une problématique métaphysique si on l'avait considérée à partir de la présence du Christ dans l'assemblée célébrante et dans la proclamation de la Parole ?

Probablement aussi aurait-on été un peu plus regardant face à la généralisation, aux XIIe-XIIIe siècles, de la pratique de la communion sous une seule espèce ou de celle du baptême par l'effusion de trois gouttes d'eau. Jamais la théologie de la « concomitance »[6] ne dira avec autant de force symbolique que la communion effective au pain et à la coupe la participation des chrétiens au banquet eschatologique. Jamais S. Paul n'aurait parlé du baptême, en Rm 6, comme mystère de mort et de résurrection avec le Christ si l'action baptismale n'avait consisté en plongée dans l'eau... Bien sûr, les avantages pratiques de la communion au seul pain eucharistié et du baptême par effusion sont indéniables ; bien sûr aussi, les justifications théologiques que l'on donne de ces pratiques ont leur valeur ; bien sûr enfin, la restauration d'une meilleure cohérence entre les gestes rituels

---

6. Présence du Christ tout entier sous chacune des deux espèces. En Occident, la communion sous les deux espèces s'est maintenue jusqu'au XIIIe siècle. Mais le déplacement de la théologie eucharistique sur la présence réelle depuis le XIe siècle contre Bérenger a rendu plus attentif, comme le dit S. Thomas, à « apporter toutes les précautions requises à l'usage de ce sacrement » ; c'est pourquoi, ajoute-il, « on agit prudemment, dans certaines Églises, en observant l'usage de ne pas donner le sang à boire au peuple » (S. Th. III, q. 80, a. 12).

effectivement pratiqués et le discours théologique officiel ne constitue sans doute pas le front de lutte le plus urgent en pastorale liturgique et sacramentelle : bien d'autres problèmes sont plus graves pour l'heure. Il faut bien reconnaître néanmoins que les affirmations de principe sont lourdement grevées par leur *décalage* avec les gestes rituels. Cela redouble les difficultés pour les participants : déjà malades de la gymnastique intellectuelle qu'elles imposent aux chrétiens de notre monde technique et scientifique peu aptes à digérer leur langage symbolique, nos célébrations aggravent leur cas lorsqu'elles mettent en œuvre des gestes rituels, sinon étrangers, de moins passablement éloignés de ce qu'ils sont censés effectuer selon la théologie : on verse quelques gouttes d'eau sur le front, mais c'est à l'immersion dans la mort avec le Christ qu'il faut songer ; du double commandement du Seigneur à la Cène, « mangez..., buvez », on n'exécute que le premier, mais cela est suffisant, dit-on, puisqu'il se donne tout entier sous chaque espèce. On gagne ainsi en commodité, sûrement pas en pédagogie sacramentelle... Le retour à des pratiques rituelles plus signifiantes serait certes loin de répondre aux difficultés de nos contemporains à l'égard des célébrations liturgiques ; du moins lèverait-il des obstacles artificiels et les rendrait-il plus crédibles...

II. DES RITES PROGRAMMÉS

1. INDEX MÉTONYMIQUE POINTÉ VERS L'ORIGINE

D'après son étymologie sanscrite (*rita*), le terme de « rite » désigne « ce qui est conforme à l'ordre »[7]. Il est de fait caractéristique des rituels d'être *reçus de la tradition,* du passé, des ancêtres. On

---

7. L. BENOIST, *Signes, symboles et mythes,* P.U.F., 1975, « Que sais-je ? » 1605, p. 95.

n'invente pas un rituel ; par nature, il est *programmé d'avance*. Cette programmation lui permet d'être *répété identiquement, à intervalles réguliers,* chaque année, saison, semaine, nouvelle lune, ou bien à chaque saison de la vie humaine, ou lors de tout événement important pour l'équilibre social du groupe. Tout rituel est, par essence, *réitérable* : on y refait ce que les *ancêtres* ou les dieux ont fait aux origines, ou, dans les religions de salut de type historique, ce que le *fondateur* (Moïse, Jésus, Mahomet) a fait.

Les rites religieux pointent donc, comme un *index,* vers *l'origine,* à travers la répétition identique de génération en génération du « même » programmé dans le temps fondateur mythique. Mettant entre parenthèses le temps qui sépare l'aujourd'hui de l'ancêtre mythique ou du fondateur historique (ou historialisé), ils fonctionnent selon le *symbolisme de l'élision métonymique.* Ainsi protègent-ils le groupe contre ce que Mircea Eliade appelle « la terreur de l'histoire », l'écoulement du temps qui le sépare de l'origine fondatrice et menace ainsi son identité. En replongeant symboliquement le groupe dans le temps primordial d'où il est né, cette anamnèse rituelle opère une véritable *régénération.* Ce ressourcement dans l'*in illo tempore* mythique[8] de sa genèse fait barrage aux forces de mort qui, inévitablement et sans relâche, viennent saper son identité et donc menacer son existence, ainsi qu'à l'épuisement de la signifiance du monde. Telle est en effet la puissance de travail de l'anamnèse mythique : acte de réminiscence, elle arrache le passé à la « passéité » où le laisse croupir la simple mémorisation et elle le « *présentifie* » pour en faire la vivante genèse de l'aujourd'hui et du futur ; en elle, le groupe *reçoit son passé comme « présent »* — au double sens du terme —, comme « don de grâce »[9]. La négociation du rapport à l'origine fondatrice qui se joue ainsi de manière typique dans la programmation rituelle des sacrements est effectivement *fondatrice de*

---

8. Cf. sur le mythe, *infra* § IV, 4, et sur la face mythique de la Résurrection, ch. suivant.

9. S. BRETON, « Mythe et imaginaire en théologie chrétienne », in *Le mythe et le symbole,* Paris, Beauchesne, 1977, pp. 176-180 et 195-196.

l'identité du groupe Église : il s'y « retrouve » en cette « com-mémoration » anamnétique, reprise vivante de la mémoire collective qui lui donne son identité ; il peut alors continuer à vivre.

Bien sûr, c'est sur le mode symbolique et, le plus largement, au niveau inconscient que s'effectue ce travail d'enfantement. En prenant le pain et le vin comme Jésus l'a fait à la Cène, en redisant ses paroles, en refaisant ses gestes, nous devenons en quelques sorte, selon le symbolisme métonymique, contemporains de lui. Pourtant, ce rite eucharistique *ne comble pas la distance* qui nous sépare de lui : la distance méconnue enferme dans une présence imaginaire aliénante. Il la *creuse* au contraire, attestant avec force, symboli-quement, *l'irréductibilité de son absence et l'impossibilité pour nous de reconquérir notre propre origine chrétienne*. Car en célébrant l'eucharistie — telles sont les motivations théologiques officielles que l'Église en donne — *parce que Jésus lui ordonne de le faire et comme* il l'a fait lui-même une première fois la veille de sa mort, et en reconnaissant par là même qu'elle n'a *pas pouvoir* sur l'essentiel de ce rite, l'Église fait *l'aveu radical de sa dépendance à l'égard de son Fondateur*. En se reconnaissant liée par son geste, elle confesse qu'elle ne tient pas d'elle-même sa propre origine, qu'elle n'est pas son propre instituant, mais qu'elle est *instituée* par celui qu'elle appelle son « Seigneur » et qu'elle n'existe qu'à se recevoir sans cesse de lui. Ce lien de dépendance absolue ne la rend pas esclave. Il est au contraire le lieu fondamental de son identité ; sa reconnaissance est la condition même de son autonomie.

2. L'INSTITUTION DES SACREMENTS, FIGURE-TYPE DE L'INSTITUÉ ECCLÉSIAL

Ainsi la programmation rituelle est-elle chargée de significations. Pour ce qui concerne les sacrements, elle se manifeste essentiel-lement à travers les éléments sur lesquels l'Église reconnaît n'avoir pas pouvoir, c'est-à-dire, en définitive, à travers l'affirmation théologique de *l'institution des sacrements par le Christ*. Question pleine de pièges, comme le montre son histoire, depuis le Moyen Age où elle commença à être formalisée comme telle jusqu'à la crise moderniste du début de ce siècle, en passant par les âpres controverses avec les Réformateurs protestants. Il n'entre pas dans le cadre de cet ouvrage de la traiter comme telle. Du moins pouvons-nous essayer de la cadrer, parce qu'il s'agit d'une question capitale, dont l'enjeu est la reconnaissance par l'Église, jusque — et surtout — dans la proclamation symbolique la plus haute de son identité, les sacrements, de son *origine christique*. A condition de la bien poser.

Ceci requiert, d'une part, que l'on évite de faire de Jésus un simple *fondateur* de religion, comme Mahomet par exemple, qui aurait dûment doté son Église de tout l'appareil institutionnel qui lui serait nécessaire. S'en tenir là, ce serait en effet oublier que c'est seulement en tant que confessé comme « Christ » par la communauté apostolique que Jésus devient effectivement la pierre angulaire de l'Église (cf. Pierre comme type du « confessant » : Mt 16, 16-19), ce qui requiert prioritairement la référence à sa résurrection. Sa Pâque l'arrache irréversiblement à un statut de simple fondateur historique pour le faire passer à celui de *fondement actuel* de l'Église et, en elle, de manière globale, des gestes sacramentels où elle refait l'itinéraire pascal de son Seigneur. Mais on évitera aussi, à l'inverse, de dissoudre le lien entre les sacrements de l'Église et le Jésus prépascal historique. Non pour revenir à l'idée d'une continuité historique sans faille entre les deux : même entre l'action prophétique de Jésus à la Cène et l'action anamnétique de l'Église dans l'eucharistie, il n'y a pas passage de plain-pied, en raison de la rupture décisive opérée par l'événement de Pâques. C'est pourquoi une *relecture* par la foi au mystère pascal est nécessaire ; la reconnaissance d'un certain nombre de gestes rituels qu'elle effectue au nom du Seigneur comme sacrements institués par lui requiert une activité *herméneutique* de l'Église. Seule l'Église *interprétante,* animée par l'Esprit du Ressuscité, peut le faire. Aussi la question de l'institution des sacrements par le Christ est-elle engagée dans une impasse dès lors qu'on la limite au seul terrain historique. Telle est la « faute » des théologies classiques en ce domaine : n'ayant pas suffisamment mesuré la portée déterminante de l'activité ecclésiale en pareille opération, elles se sont épuisées dans la recherche d'un lien immédiat des sacrements avec une « volonté » — explicite ou implicite — de Jésus, oubliant que le vrai terrain de la question est *ecclésiologique*. La détermination des sacrements est fondamentalement une opération d'*identité ecclésiale* : l'Église reconnaît en effet, dans un certain nombre de pratiques rituelles qu'elle effectue bien avant de s'en donner une théorie rigoureuse, qu'elle n'existe qu'à se recevoir d'un *institué* originé en Christ ; elle s'y confesse symboliquement comme n'ayant pas d'emprise sur cela même qu'elle célèbre, parce que toujours originairement *prise et reprise dans* ce qu'elle dénomme alors « sacrement ».

Encore faut-il qu'il y ait un *lien historique* entre ces gestes reconnus comme sacrements et le Jésus prépascal, sous peine de vider le mot « institution » de tout contenu réel. Ce lien apparaît dans les gestes assumés par Jésus comme signes du Royaume qui vient à travers lui : baptême, repas rituels, imposition des mains, onction des malades, établissement d'« envoyés »... Ces gestes issus du judaïsme et assumés par Jésus comme signes du Royaume tout proche (Mt 3, 2) sont repris par ses disciples après Pâques et Pentecôte ; dans la nouveauté absolue de ce double événement, il deviennent alors des *signes majeurs de l'accomplissement eschatologique* du Royaume en voie d'achèvement définitif jusqu'à la Parousie, et des lieux privilégiés de rencontre avec le Seigneur vivant.

3. LES FIGURES SACRAMENTELLES CONCRÈTES DE L'INSTITUÉ ECCLÉSIAL

Quoi qu'il en soit au plan théorique, le caractère institué des sacrements se profile nettement au niveau pratique de leur célébration, à travers les éléments sur lesquels l'Église, *de fait*, reconnaît n'avoir pas pouvoir.

a) *Éléments matériels et formule sacramentelle*

Dans sa célébration du baptême, l'Église s'est toujours reconnue liée par l'emploi de l'eau, de même que par celui du pain et du vin pour l'eucharistie [10].

Elle s'est également toujours reconnue liée par un *discours d'interprétation,* même si celui-ci a varié au cours des âges : soit les paroles de Jésus à la Cène ; soit une référence verbale au Nom de Jésus ou du Dieu Trinité qu'il a révélé ou à l'Esprit qu'il a répandu. Cette *formule sacramentelle* — que nous ne déduisons pas a priori, mais que, comme pour tout ce qui concerne les sacrements, nous constatons à partir de la pratique de l'Église — a des caractéristiques remarquables : elle se donne, ainsi que nous le disions dans le chapitre précédent, comme une sorte de *« précipité » de la Révélation chrétienne* qu'elle condense au maximum dans le Nom du Christ, de l'Esprit ou de la Trinité. Sa formulation est brève, sèche, presque lapidaire. C'est qu'elle ne s'expose pas comme un discours théologique sur Dieu, de type constatif ou explicatif ; elle vise immédiatement un *agir effectif.* Aussi se donne-t-elle d'emblée comme Parole de Dieu, dans un langage *performatif.* Le langage de type performatif tend à effectuer ce qu'il dit dans le moment même où il le dit et de par le simple fait de son élocution : « je vous promets », « je vous remercie », « je vous pardonne »... Ces énoncés

---

10. Nous n'entendons pas par-là, bien sûr, trancher le difficile débat relatif à la nourriture et à la boisson eucharistiques, pour lequel il faut tenir compte d'un certain nombre de facteurs : la signification biblique du pain et du vin ; leur signification anthropologique, selon les cultures (les analyses de Lévi-Strauss autour du cru/cuit, élaboré/non élaboré, fermenté/non fermenté, etc. peuvent être ici précieuses). Cependant, quoi qu'il en soit des conclusions que l'on puisse tirer de ces analyses, ce sera toujours *l'Église* qui, par un consensus apporté à une *pratique* — par exemple, l'eucharistie célébrée avec du mil et du vin de palme en telles régions d'Afrique —, sera habilitée à y *reconnaître* ou non le Repas du Seigneur. Ceci est en conformité avec ce que nous disions plus haut : la reconnaissance d'une pratique rituelle comme sacrement requiert toujours une activité herméneutique de l'Église interprétante.

ont ceci de particulier que leur référent n'est autre que l'acte même de leur énonciation. Aussi *modifient*-ils la place des interlocuteurs, créant entre eux une situation nouvelle d'engagement, de reconnaissance, d'amitié restaurée, etc. [11]

Dans les actes de langage, il existe mille variantes et *degrés* de ces « illocutions » explicites que sont les verbes performatifs. L'illocutoire est même, la plupart du temps, déguisé et *implicite* : il se produit sans verbe performatif, voire sans marque linguistique particulière — pas même, par exemple, la forme interrogative qui se substitue au performatif « je te demande », lequel place l'interlocuteur en position de demandé, requis par l'autre de dire au moins quelque chose. Dans la mesure où, comme nous l'avons souligné à la suite de F. Flahault, « aucune parole ne peut échapper au champ de son inscription dans un système de places [12] » et donc à une demande de reconnaissance réciproque, tout acte de langage, tout discours, est au moins implicitement illocutoire. La performativité est alors comme le révélateur de cet enjeu fondamental de toute prise de parole.

La formule sacramentelle tend *vers un maximum* de performativité, en raison des traits linguistiques que nous en avons relevés ci-dessus, mais aussi en raison du *geste* qui l'accompagne. La volonté de réaliser ce qui est dit est telle que la voix, traversant tout le corps, se déploie en geste, ou que le langage se fait « écriture », inscription corporelle. Un *pacte* est ainsi scellé, une alliance est ratifiée entre Dieu et l'homme. Tel était d'ailleurs le sens de *sacramentum* dans le latin pré-chrétien : celui qui s'obligeait « par sacrement » (caution en argent accompagnée de serment) se liait d'avance à être maudit des dieux (*sacer*) s'il manquait à ses engagements. A la fin du IIe siècle, Tertullien appliqua ce terme, avec ses résonances sémantiques, aux rites chrétiens du baptême et

---

11. Sur les performatifs, cf. J.L. AUSTIN, *Quand dire, c'est faire*. Paris, Seuil, 1970 ; E. BENVENISTE, *op. cit.*, t. I, pp. 267-276 ; O. DUCROT, *Dire et ne pas dire*, Paris, Hermann, 1972, pp. 70-73 ; F. FLAHAULT, *op. cit.*, pp. 38-53.
12. F. FLAHAULT, *op. cit.*, p. 53.

de l'eucharistie, contrats d'alliance entre Dieu qui a l'initiative et le chrétien qui lui donne sa foi et s'engage à vivre selon la Loi du Christ [13].

b) La présidence d'un ministre

De la pratique traditionnelle, nous relevons également le fait que l'Église s'est reconnue liée, dans ses célébrations sacramentelles, par la *présidence d'un ministre ordonné*. Nous nous en tiendrons ici à celle de l'eucharistie.

Certes, la différence de contexte historique, de mode d'expression et de problématique entre les origines de l'Église, l'époque médiévale et la nôtre aujourd'hui est telle qu'il serait naïf de vouloir retrouver dans le Nouveau Testament un modèle tout fait et dûment justifié comme tel de la présidence eucharistique. Par exemple, entre Luc, qui parle si souvent tant de la fraction du pain que des ministères, mais qui « n'établit jamais de rapport entre les deux » (parce que son souci à propos des ministères est ailleurs [14]) et l'inflation de la théologie du pouvoir sacerdotal des prêtres au Moyen Age, il y a de la marge... A. Lemaire résume assez bien la conviction de la plupart des exégètes à ce sujet aujourd'hui :

Le Nouveau Testament ne semble pas beaucoup s'intéresser à la question de savoir qui est le président de l'eucharistie, mais les quelques indices fournis en passant et le contexte historique font supposer que le président de l'eucharistie était habituellement choisi parmi les ministres de l'Église, que ceux-ci soient appelés apôtres, prophètes, docteurs, « surveillants et ministres » ou « presbytres » [15].

---

13. D. MICHAELIDES, *« Sacramentum » chez Tertullien*, Paris, « Études augustiniennes », 1971.

14. J. DUPONT, « Les ministères de l'Église naissante d'après les Actes des Apôtres », in *Ministères et célébration de l'eucharistie*, Rome, Ed. Anselmiana, 1973, p. 95.

15. A. LEMAIRE, « Ministères et eucharistie aux origines de l'Église », in *Spiritus* 69, déc. 1977 (dossier « Présidence de l'eucharistie »/1), p. 397.

D'autre part, jamais une telle présidence ministérielle n'est fondée, ni même reliée, à une fonction de type « sacerdotal » au sens de l'Ancien Testament. Cela ne commencera, comme le montre H. Legrand, qu'avec Tertullien et Hippolyte, c'est-à-dire à la charnière du IIe et du IIIe siècle. De l'ensemble de la période prénicéenne, il ressort, avec vraisemblance pour le Nouveau Testament, avec certitude pour la période suivante, qu'« *il revient à ceux qui président à la construction de l'Église de présider aux sacrements qui pour leur part construisent l'Église* ». Il existe des exceptions ; mais elles viennent confirmer la règle commune, parce qu'elles sont rares et qu'elles n'ont pas fait école [16].

Quoi qu'il en soit donc des variantes qu'a connues la présidence ministérielle de l'eucharistie (et, selon la logique ecclésiale qui la régissait, des autres sacrements), tant au plan pratique de la fonction et de la dénomination des ministres qui l'assuraient (prophètes, docteurs, presbytres, épiscopes, etc.) qu'au plan théorique de sa légitimation théologique (notamment le passage vers la « sacerdotalisation » des ministres, puis, au Moyen Age, vers des « pouvoirs sacerdotaux » possédés personnellement), le fait de cette présidence s'impose. En outre, il est originellement (au plan historique) et originairement (au plan théologique) dépendant de l'édification de l'Église. Nous avons, ici encore, une illustration du fait que la sacramentaire ne peut se penser qu'à l'intérieur d'une *ecclésiologie*.

En précisant un sacrement, l'eucharistie notamment, le ministre ordonné exerce lui-même une *fonction symbolique sacramentelle* relative à l'Église : *il révèle à l'assemblée célébrante* (telle est la réalité à laquelle convient prioritairement, selon le Nouveau Testament, le mot « Église ») [17] *ce qu'elle est ;* il est pour elle le

---

16. H. LEGRAND, « La présidence de l'eucharistie selon la tradition ancienne », *ibid.*, pp. 409-431 (cit., p. 429).

17. Cf. note de la Traduction Œcuménique de la Bible (TOB) sur Ac 5, 11. — Dans le même sens, on notera l'importance du verbe « se réunir » (quatre fois rien qu'en 1 Co 11, 17-34) : l'Église est une assemblée, assemblée convoquée au nom du Christ.

révélateur de son identité. Rien évidemment ne le figure mieux que le rite même de l'ordination par lequel un chrétien est « fabriqué » ministre. Rite qui se compose essentiellement d'une imposition des mains par l'évêque avec prière pour le don de l'Esprit Saint. De ce geste, nous pouvons dégager trois aspects majeurs :

— Ordonné *par un autre,* qui agit à titre d'envoyé du Christ et de représentant de l'Église et qui prie sur lui pour le don de l'Esprit, le ministre ne doit sa fonction ni à ses capacités personnelles, ni à une délégation de la part de ses frères chrétiens, mais à un charisme reconnu par l'Église comme un *don de l'Esprit.* Certes, il ne sera pas ordonné s'il n'a les compétences humaines suffisantes : la grâce de Dieu ne vient pas suppléer magiquement aux défaillances humaines, ni s'ajouter aux compétences naturelles pour les « augmenter » ! D'autre part, il est sans doute souhaitable que les communautés chrétiennes aient leur mot à dire dans la désignation des ministres à leur service, même si les modalités concrètes d'une telle participation sont pleines d'embûches pratiques. Car le ministre est *aussi* le délégué de ses frères. Ce n'est pourtant pas cette délégation, mais l'ordination qui le fait ministre, c'est-à-dire *l'envoi par le Seigneur lui-même* manifesté par l'action sacramentelle de l'évêque et la demande de l'Esprit Saint. Cette action sacramentelle signifie un certain nombre de choses au niveau de la connaissance théologique. Mais prioritairement elle fonctionne *symboliquement de par le jeu même des places entre les divers acteurs :* jeu entre l'ordinand et l'évêque qui, seul, est habilité à reconnaître officiellement, au nom de l'Église, le charisme ministériel dont l'Esprit a doté le candidat au presbytérat et à « renouveler » ce charisme en le faisant participer au sien propre ; jeu entre l'évêque et l'Esprit dont il est lui-même reconnu investi ; jeu entre l'ordinand et la communauté chrétienne par rapport à laquelle il accède à un statut nouveau. C'est la reconnaissance d'un nouveau rapport de places entre évêque, ordinand et communauté qui s'institue, rapport qui lui-même s'instaure à partir d'une reconnaissance de dépendance *originaire* de tous à l'égard de Dieu. Ainsi, lorsqu'il annonce la Parole ou préside l'eucharistie, le ministre renvoie symboliquement la communauté chrétienne à *l'initiative gratuite de Dieu* qui la convoque et la fait être originairement Église *du Christ* : l'Église n'est pas propriétaire d'elle-même, ni de la Parole qu'elle proclame, ni de l'eucharistie qu'elle célèbre.

— Ordonné par *imposition des mains* de l'évêque, c'est-à-dire par un geste qui fonctionne *métonymiquement* comme succession en chaîne jusqu'aux apôtres (quoi qu'il en soit des possibles incidents de parcours au long de l'histoire : l'important n'est pas la matérialité du fait brut, mais son symbolisme rituel), le ministre manifeste à la communauté ecclésiale son *fondement apostolique* : la Parole qu'il annonce, l'eucharistie qu'il préside ne sont pas inventées d'aujourd'hui, mais sont reçues du témoignage des Apôtres. L'Église n'existe que comme héritière de la Tradition apostolique.

— Ordonné *par un évêque,* c'est-à-dire par un ministre dont la fonction participe à « la nature collégiale de l'ordre épiscopal » et qui, de ce fait, agit à titre de membre de ce collège formant « un tout » autour du pape [18], le ministre assigne symboliquement à la communauté chrétienne une place de « catholicité ». La théologie l'explicite : une communauté particulière n'est pas une simple portion de l'Église universelle, mais une réalisation concrète à part entière de celle-ci dans la singularité d'une culture ; dans l'Église particulière est « vraiment présente et agissante l'Église du Christ, une, sainte, catholique et apostolique [19] ». En présidant l'eucharistie, le ministre manifeste sacramentellement qu'elle déborde toutes les particularités de la communauté locale qui la célèbre et tous les cloisonnements entre couches sociales, et que c'est une affaire qui relève de l'Église universelle. Le piège ici serait de considérer celle-ci comme une entité abstraite, intemporelle, semblable à quelque immense sphère enveloppant, par-dessus, les communautés locales, alors qu'elle n'existe en fait, pour chacun, que selon son incarnation concrète dans

---

18. Vatican II, *Lumen Gentium,* § 22.
19. Vatican II, *Christus Dominus,* § 11.

une Église particulière ; ce qui conteste, du même coup, tout verrouillage des communautés dans leur particularisme.

Ainsi, du point de vue anthropologique de la ritualité, la présidence des sacrements par un ministre ordonné exerce-t-elle une fonction symbolique majeure. Selon le symbolisme *métonymique*, elle met en contact, par contiguïté *temporelle*, l'Église d'aujourd'hui avec son origine apostolique, et par contiguïté *spatiale*, l'Église particulière avec la catholicité concrète que forme l'ensemble des Églises. Sans nier la distance, bien sûr ; sans effacer imaginairement la différence : le symbole relie ce qui est séparé et dont il a pour fonction primordiale de manifester précisément la séparation. Selon le symbolisme *métaphorique*, la présidence ministérielle comme cela ressort notamment dans la célébration de l'eucharistie où le prêtre, en vêtements liturgiques, ayant l'initiative de la parole et des gestes, apparaît comme le vis-à-vis de l'assemblée à laquelle il fait face, travaille puissamment comme figure du Christ-Tête.

Mais qui dit « Tête » implique « Corps » ; ce qui fait échec à toute isolation imaginaire du prêtre, « fétichisé » dans une fascinante sacralité (on sait les graves ambiguïtés du *sacerdos, alter Christus*) et coupé de la communauté : sans relation à celle-ci, la figure du ministre ordonné tient sa pertinence. Un important travail demeure encore à faire, nous semble-t-il, pour qu'apparaisse en vérité dans nos liturgies cet *ensemble-avec*, qui caractérise la relation prêtre/assemblée dans l'acte de célébration chrétienne.

Dans ses modalités concrètes, compte tenu de l'importance numérique du groupe qui célèbre, de son idéologie dominante, de sa sensibilité culturelle, cette présidence ministérielle se réalise diversement : depuis l'homme-orchestre omnipotent qui cumule toutes les tâches au nom de sa fonction, jusqu'au prêtre en mal de « déclergification » et de « laïcalisme » qui gomme autant qu'il peut sa fonction ministérielle. L'évaluation des modalités de « rendement » symbolique optimum du ministre — si ce terme de « rendement » n'est point trop déplacé en un tel domaine — ne se fait pas à l'aune de la quantité de ses tâches et de ses paroles, encore que sans un certain minimum quantitatif sa fonction risque fort de manquer de support signifiant suffisant à son émergence propre; elle dépend d'abord de la pertinence symbolique de sa manière d'être et de ses interventions concrètes, laquelle peut parfaitement se combiner avec une large distribution des rôles où les laïcs peuvent avoir, quantitativement, une part supérieure à la sienne.

Toujours est-il que, d'une manière analogue et en corrélation avec les éléments matériels et le discours d'interprétation auxquels l'Église se reconnaît liée dans les sacrements, la présidence ministérielle est l'un des signifiants majeurs qui, de par son rapport aux autres signifiants de la célébration — l'assemblée, la lecture de l'Écriture, le pain et le vin, le discours de la Cène, etc. — fonctionne comme *symbole*[20] de *cette désappropriation* qui fait l'identité de l'Église. Dans cette médiation symbolique, l'Église se reconnaît, se proclame et s'effectue comme Église *du* Christ, n'existant qu'à se recevoir comme don de Dieu.

c) *La programmation de la célébration.*
Un exemple : la prière eucharistique

Aux premiers éléments majeurs de la programmation rituelle des sacrements, il faut ajouter tout ce qui concerne la structure concrète de leur célébration. Par exemple, la profession de foi avant la plongée baptismale; ou la liturgie de la parole avant celle de l'eucharistie, etc. Nous nous en tiendrons ici à la *prière eucharistique,* dans la mesure où elle nous paraît typique de l'enjeu de la programmation.

L'étude des multiples *prières eucharistiques* qui se sont codifiées à partir du IIIe siècle dans les diverses familles liturgiques orientales et occidentales et selon des traditions théologiques différentes[21], fait apparaître une *configuration structurale* significative. *L'organisation*

---

20. Cf. *supra,* ch. I, § III, 1, b.
21. Cf. une abondante collection de ces textes, en grec et latin, dans : A. HAENNGI — I. PAHL, *Prex eucharistica,* Fribourg (Suisse), Ed. Universitaires, 1968.

structurelle [22] est certes assez différente selon ces familles : la tradition romaine, comme l'alexandrine, connaît une double épiclèse, avant et après le récit de l'institution, là où les traditions syriennes n'en connaissent qu'une seule, et là où l'anaphore primitive d'Addaï et Mari (IIIe siècle) n'a aucune mention explicite de l'Esprit ; les prières d'intercession ne s'insèrent pas toujours en fin de prière eucharistique dans le sillage de la demande de l'Esprit : certaines prennent place immédiatement après la première action de grâce, comme dans le Canon romain ou dans le rite alexandrin. Nous pourrions multiplier les observations de ce genre. Elles nous montrent qu'il n'y a *jamais eu un modèle unique* de prière eucharistique [23] et que l'Église s'est toujours donné une assez large marge de manœuvre en ce domaine.

Si, par contre, nous essayons de lire ces prières, non plus horizontalement selon le déroulement successif de ce qu'elles « racontent », mais verticalement, comme une partition d'orchestre, dirait Lévi-Strauss [24], afin de percevoir non pas *ce qu'*elles disent, mais *comment* elles le disent, comment elles fonctionnent, nous découvrons les *éléments structuraux* suivants :

1° *Les acteurs* : Les *acteurs* sont toujours répartis en deux camps : d'une part, le « *nous* » de l'Église — jamais le « je » du prêtre, ni la juxtaposition des « je » des participants ; d'autre part, Dieu le Père, dont le lien avec « nous » est assuré par deux co-sujets : le Christ et l'Esprit Saint. Toute prière eucharistique trouve son « modèle » dans la *structure trinitaire*.

---

22. La distinction structurel/structural est assez analogue à la distinction existentiel/existential. « Structurel » renvoie aux déterminations concrètes résultant d'une culture particulière ; « structural » indique le rapport des éléments qui forment une configuration constitutive — pour ce qui nous concerne ici — de l'eucharistie.

23. ... contrairement à ce que pourrait laisser croire l'unique modèle des prières eucharistiques issues de la réforme liturgique de Vatican II. Cependant, le Canon romain, toujours en usage, nous manifeste un schéma fort différent.

24. C. LÉVI-STRAUSS, *Anthropologie structurale*, Paris, Plon, 1958, p. 243.

2° *L'action de grâce* : La *narrativité* de la prière eucharistique est déclenchée par une situation de manque éprouvée par l'Église. Son désir est d'entrer en communion avec Dieu le Père en lui rendant sa grâce. Voilà pourquoi toute prière eucharistique est structurée selon un *itinéraire d'action de grâce* qui en constitue tout le programme : « Il est juste et bon de rendre grâce » ; ce programme s'avère accompli au terme de la prière, comme le montre la doxologie finale : « à toi... tout honneur et toute gloire. »

3° *L'affirmation et la négation de compétence* : Mais l'accomplissement de ce programme n'est pas au pouvoir de l'Église. *Elle n'a pas compétence par elle-même* pour réaliser pareille performance. Il faut qu'elle lui soit donnée par Dieu lui-même. Et elle lui est donnée *par le Christ* en son mystère pascal, le Fils « Héros » qualifié par sa mort dans la condition humaine et glorifié par le Père en sa résurrection, et *par l'Esprit,* agent de l'« incarnation » aussi bien eucharistique et ecclésiale qu'historique du Fils. C'est pourquoi l'action de grâce n'est possible que « par le Christ ». Et si la narrativité de la prière semble parfois bloquée par l'accomplissement momentané du programme d'action de grâce — dans le « Saint le Seigneur », ou dans l'oblation du sacrifice d'action de grâce au cours du mémorial —, elle est relancée par une *immédiate négation de la compétence de l'Église,* qui doit recourir à la demande d'un nouvel « objet » — le corps et le sang du Christ ; le don de l'Esprit — pour obtenir compétence jusqu'« aux siècles des siècles ». En d'autres termes, c'est Dieu lui-même, selon ses relations trinitaires, qui célèbre en nous sa propre gloire. Pas sans nous, certes ; tout, au contraire, est en nous et passe par nous ; mais tout est reconnu comme de Dieu, y compris et surtout le sacrifice de la liberté que nous lui faisons dans la radicale confession de notre dépendance filiale à son égard : nous lui rendons sa grâce. Tout ceci, sur un mode non pas explicatif, gnoséologique, mais pragmatique et performatif : par sa mise en œuvre rituelle, la prière eucharistique cesse d'être un document « à plat » décrivant des attitudes de gratitude, d'oblation, de supplication pour devenir un langage qui *nous institue selon ces attitudes* de manière performative — quoi qu'il en soit du degré de conscience que nous en ayons [25].

Ainsi apparaît-il qu'il ne nous est pas naturel de rendre grâce à Dieu. Il s'agit là d'une *performance* (sémiotique et existentielle) à réaliser, moyennant le franchissement d'un certain nombre d'obstacles ou d'un *itinéraire* à parcourir, moyennant le passage par un certain nombre d'étapes. La prière eucharistique est bien une «-urgie» qui effectue un *travail dans les participants,* travail d'alternance entre avoir (compétence) et ne pas avoir (compétence) qui est la loi même du désir humain, au sein duquel se restructure ce désir. L'itinéraire de la prière eucharistique est celui d'une conversion à un «se recevoir» de la grâce de l'Autre, qui se figure notamment dans l'oblation anamnétique et s'achève dans le «devenir-Corps» épiclétique (cf. ci-dessous). La prière eucharistique apparaît ainsi comme la grande pédagogie de la foi et comme la matrice de la vie chrétienne.

4° *Le sacrifice* : La confession de dépendance envers ce Dieu auquel on rend grâce marque si fortement la prière eucharistique que l'on n'est pas étonné de la voir fonctionner sur le registre *sacrificiel*. Celui-ci se manifeste essentiellement dans les deux unités narratives qui font résonner le plus fortement l'origine christique de l'Église : le récit de l'institution et son développement dans l'anamnèse.

— De toute prière eucharistique, le *récit de l'institution* apparaît comme le pivot : c'est le repas du Seigneur, reçu de la tradition apostolique que l'Église célèbre de génération en génération. Ce récit est bien «le mot de passe de la fidélité de l'Église», comme on l'a dit. Or, dans la trame de la prière, il crée une double rupture au plan littéraire :

Dune part, on passe brusquement *de l'instance de discours* en

---

25. J. LADRIÈRE, «La performativité du langage liturgique», in *Concilium* 82, 1973, pp. 53-64.

« nous — tu », ici et maintenant, *au récit* en « il » au passé : le « il »
du temps jadis, de l'absence, de la non-personne [26]. Ce récit absente
donc Jésus du temps actuel de l'Église en faisant référence à lui, le
fondateur, au passé. Mais c'est pour le citer : « il prit du pain et
dit... ». Or, *citer* quelqu'un, c'est invoquer son patronage en notre
faveur, *le convoquer à la barre du témoignage,* le requérir de venir
en présence du sein de son absence. L'Église cite ainsi Jésus à
comparaître en sa faveur [27].

Mais, d'autre part, nous assistons entre la fin du récit de
l'institution et le début de l'anamnèse à un étonnant passage qui ne
peut se justifier d'aucune manière du point de vue littéraire. Sa
légitimation ne peut être qu'extra-textuelle, dans la mise en œuvre
rituelle de la prière eucharistique : *le passage du « vous* ferez
mémoire »*,* adressé aux disciples à la Cène *au « nous* faisons
mémoire » qui déclenche l'anamnèse. Dans cette substitution du
« nous » de l'Église célébrante au « vous » des disciples se dévoile la
clef du processus rituel de la sacramentalité chrétienne. L'Église,
citant Jésus, invoquant son témoignage en sa faveur, se voit prise à
son propre jeu : *c'est elle qui,* en définitive, *est citée à comparaître*
devant son Seigneur ; c'est elle qui est convoquée par lui. Le « nous
faisons mémoire » de l'anamnèse manifeste que *c'est elle-même qui
est prise* dans les filets des signifiants qu'elle déploie dans le récit de
l'institution. Le symbole (telle est la fonction primordiale que nous
lui avons reconnue au chapitre I) l'introduit d'emblée dans l'ordre
dont il fait lui-même partie. L'Église est ainsi *jouée* au double sens
du terme, dans le récit de l'institution. Ce récit est son récitatif. Il n'a
donc de « récit » que l'apparence littéraire ; il joue en fait comme
« discours » de l'Église sur elle-même : elle y décline sa propre

---

26. E. BENVENISTE, *op. cit.,* p. 256.
27. Cf. R. BARTHES, S/Z, Paris, Seuil, « Points » 70, 1976, p. 29. A propos de la
citation, l'auteur remarque que le verbe « citar », en langage tauromachique, désigne
« ce coup de talon, cette cambrure du torero, qui appellent la bête aux banderilles. De
la même façon, on cite le signifié à comparaître. »

identité, dans la référence qu'elle y fait à Celui qu'elle confesse
comme l'Absent, l'Autre (« il »). Mais c'est précisément *dans l'acte
même* de langage symbolique comme tel où elle appelle l'Absent à
venir-en-présence, qu'elle s'épelle elle-même, qu'elle se proclame et
qu'elle advient.

La double rupture que nous venons de dégager indique donc, dans
le retournement du texte sur lui-même, *l'impossibilité pour l'Église
de conquérir son origine.* Elle ne vit que de *se recevoir,* c'est-à-dire
d'un acte de *désappropriation* radicale qui est le *sacrifice de sa
liberté.* Mais c'est à se perdre ainsi qu'elle se trouve ; c'est de cette
dépendance reconnue qu'elle est instaurée en son indépendance.

— Le sacrifice nous apparaît donc comme un *élément constitutif de la configuration structurale* de toute prière eucharistique. Souvent, il est distribué tout au long de celle-ci, mais il n'est
pas aisément repérable, contrairement à l'action de grâce dont il est
le contrepoint. Le plus fréquemment, c'est dans *l'anamnèse* qu'il
affleure comme tel à la surface du texte. Celle-ci commence par
énumérer les divers aspects du mystère du Christ dont l'Église fait
mémoire : au minimum, sa mort et sa résurrection ; souvent aussi,
comme dans les anaphores orientales du IVe siècle, le mystère pascal
dans toute son extension, depuis l'incarnation rédemptrice jusqu'à la
parousie, en passant par la passion, la croix, l'ensevelissement,
l'ascension, la session à la droite du Père. La mention de la parousie
à venir montre bien que le *mémorial* n'est pas une simple
mémorisation, rappel subjectif d'événements passés à titre d'anecdotes. Il s'agit d'un *acte symbolique de réminiscence commune* par
rapport à un passé retenu par la mémoire collective des participants
comme *fondateur* de leur identité et de leur mutuelle reconnaissance.
Leur aujourd'hui trouve sa genèse en cette « com-mémoration » où le
passé commun leur est *donné en « présent ».* Insérés actuellement
dans le Mystère dont ils font mémoire, ils y trouvent ressourcement
et régénération. L'anamnèse effectue une plongée « baptismale » dans
le Commencement archétypal qui, en eux, se donne à recommencer ;
vivre, pour eux, c'est *revivre* la geste inaugurale qui a assuré leur

genèse. La revivre dans l'Esprit. L'Esprit est la puissance qui rend possible le mémorial (objet « formel ») ; il n'est donc pas objet « matériel » de ce mémorial : voilà pourquoi il n'est jamais fait mémoire de la Pentecôte dans l'anamnèse.

C'est dans cette atmosphère pascale que se développe l'acte d'*offrande* : « T'offrant ce qui est à toi de ce qui vient de toi (*ta sa ek tôn sôn prospherontes*),... nous te rendons grâce », disent plusieurs grandes prières eucharistiques du IVᵉ siècle. Cet acte sacrificiel de désappropriation de la part de l'Église se formule de manière plus radicale encore, à la fin de ce même IVᵉ siècle : « Nous t'offrons ce sacrifice spirituel ». Cette formule apparaît comme le raccourci le plus saisissant de ce qui se joue dans l'eucharistie — et dans la vie chrétienne :

En offrant sacramentellement *le Christ* comme corps livré et sang versé (récit de l'institution), l'Église rend à Dieu sa Grâce et exprime ainsi ultimement que tout ce qu'elle a, tout ce qu'elle est, et jusqu'à son action de grâce, est don de Dieu. Elle a si peu prise sur lui qu'elle *ne le possède qu'en s'en dépossédant* (« nous t'offrons »).

Mais c'est *elle-même* qui, du même coup, *devient sacrifice* en cet acte de dépossession. Elle ne peut recevoir le « corps livré » qu'en se recevant de lui et en vivant dans l'éthique « eucharistique » de la livraison de soi. Ainsi, selon le mot de S. Augustin, « apprend-elle chaque jour à s'offrir elle-même par lui [28] ». Là encore, elle est *prise dans le jeu* des symboles rituels. La dimension christologique du sacrifice eucharistique est inséparable de sa dimension *ecclésiologique* : l'Église s'expose dans cela même qu'elle pose rituellement. Le sacrifice du Christ y devient son sacrifice : « Regarde, Seigneur, le sacrifice de ton Église, et daigne y reconnaître celui de ton Fils... » C'est ce *devenir eucharistique* de l'Église elle-même, dans sa corporéité, qui se figure dans la supplication épiclétique à l'Esprit Saint ; nous le verrons dans un instant.

5° *La supplication* : Que ce sacrifice sacramentel soit d'action de

---

28. S. AUGUSTIN, *Cité de Dieu* X, 6.

grâce n'empêche pas que les participants en attendent un bénéfice. Il semble bien en effet, comme l'a jadis montré M. Mauss, que tout sacrifice s'articule autour d'une *structure d'échange* entre l'homme et Dieu : *do ut des*, et que, par conséquent « il n'y a pas de sacrifice où n'intervienne quelque idée de rachat » [29].

Ne voyons point là d'abord une attitude de type mercantile, intéressée. Comme le souligne'l'« Essai sur le don » du même auteur, il nous faut, en cette matière, prendre toute la mesure de la barrière que constitue la langue. Par rapport aux sociétés archaïques qui sont organisées économiquement, socialement et politiquement autour du système symbolique lui-même du donner/recevoir, nos termes d'« intérêt » ou de « générosité », d'« obligation » ou de « cadeau », sont inadéquats : nous n'avons pas de mots pour dire, donc pour saisir conceptuellement, l'ambivalence qui se joue dans le *do ut des* archaïque [30].

Cet archaïque n'en continue pas moins de nous habiter, même s'il est étouffé par la logique interne du système marchand qui commande notre société (cf. *infra,* chapitre V). Certes, dans le rapport sacrificiel à Dieu, l'attitude mercantile est toujours possible, y compris bien sûr en christianisme : autant que privilèges, les sacrements sont des pièges. Cependant, c'est cet archaïque impensé collectif et individuel — schème sub-rituel de la symbolique primaire, comme nous le verrons plus loin — du donner/recevoir ou du prendre/rendre qui se joue *fondamentalement* dans l'échange

---

29. H. HUBERT et M. MAUSS, « Essai sur la nature et la fonction du sacrifice » (1899), in M. MAUSS, *Oeuvres, 1. Les fonctions sociales du sacré*, Paris, Minuit, 1968, p. 304.

30. M. MAUSS, « Essai sur le don. Forme et raison de l'échange dans les sociétés archaïques » (1923-24), in M. MAUSS, *Sociologie et anthropologie,* Paris, P.U.F., 1950, p. 267 et p. 193. — J. DUVIGNAUD, dans *Le don du rien. Essai d'anthropologie de la fête* (Paris, Stock, 1977), souligne fréquemment cette inadéquation de nos mots : « N'avons-nous pas, avec les termes d'échange, de "gaspillage", de don, de contre-don et d'obligation de rendre, projeté *notre* image de valeur? (...) C'est nous qui avons inventé que le "sacrifice" était un marché... » (pp. 191-193). Cf. supra, chap. I, note 54.

sacrificiel; bien en deçà, évidemment, des intentions et motivations religieuses avancées consciemment par les participants. L'objet d'un tel échange n'est donc pas d'abord tel ou tel bien particulier, mais l'instauration ou la restauration de *l'homme rendu à lui-même,* réapproprié dans son existence même, régénéré[31], dans l'acte où il symbolise sa dépendance totale à l'égard de Dieu (ou de ce qui en tient lieu) : «L'échange est réel et bénéfique *par l'effectuation même du pacte,* avant toute manifestation d'une bienveillance divine particulière[32]. » Acte symbolique par excellence...

C'est pourquoi la *supplication* appartient à la structure même de la prière eucharistique. Comme le montrent les prières eucharistiques les plus anciennes que nous possédons, celles de la Tradition apostolique et d'Addaï et Mari (IIIᵉ siècle), elle est fondamentalement *eschatologique* : l'Église supplie Dieu d'achever ce qu'il a inauguré en Christ en la rassemblant pour les siècles des siècles dans le Royaume de Dieu définitivement accompli[33]. Initialement greffée,

---

31. C'est la possibilité même de l'existence sociale, donc de la vie humaine, qui se joue dans le sacrifice, à travers la victime vie et mort sont symboliquement échangés, par victime interposée. Telle est la thèse fondamentale de l'ouvrage de R. GIRARD, *La violence et le sacré,* Paris, Grasset, 1972; cf. V. TURNER, *Les tambours d'affliction,* Paris, Gallimard, 1972, p. 309; J. DUVIGNAUD, *op. cit :* Dans les groupes qu'il analyse, marginalisés par l'envahissement de la technique occidentale, la fête et le sacrifice, si difficiles soient-ils tant la mémoire collective est elle-même menacée, leur permettent « momentanément » de « se refaire », de « se régénérer », bref de reconquérir la possibilité de continuer à vivre.

32. A. VERGOTE, « Dimensions anthropologiques de l'eucharistie », in *L'eucharistie, symbole et réalité,* Gembloux, Duculot/Paris, Lethielleux, 1970, p. 42; cf. L.M. CHAUVET, « La dimension sacrificielle de l'eucharistie », in *La Maison Dieu* 123, 1975, pp. 45-78.

33. Cette supplication eschatologique s'enracine d'ailleurs dans la tradition juive des « bénédictions » après le repas, notamment dans la troisième. Entre ces prières de tables juives et celles de la Didachè 10 (fin Iᵉʳ — début IIᵉ siècle), W. RORDORF voit « un lien étroit », qui « ne peut s'expliquer que par une relation directe consciemment acceptée » (Les prières eucharistiques de la Didachè », in *Eucharisties d'Orient et d'Occident* I, Cerf, 1970, p. 73). J.T. TALLEY, faisant le point de la recherche sur les origines de la prière eucharistique, dans un article important, va plus loin encore : *Did.*

semble-t-il, sur la prière d'anamnèse[34], elle fut accrochée plus tard à la prière épiclétique de *demande de l'Esprit.*

Dès les plus anciennes épiclèses, cette demande de l'Esprit vise prioritairement, non pas la transformation des dons comme cela se fera à partir du IVe siècle où l'épiclèse gagnera beaucoup en importance, mais le rassemblement de l'Église, sa constitution en Corps du Christ. Le sacrifice ecclésial qui se figure dans l'anamnèse prend ici toute sa dimension concrète : l'Église ne peut vivre qu'à *devenir elle-même ce Corps du Christ qu'elle reçoit en sacrement, jusqu'à ce que ce Corps, en croissance dans le monde, atteigne la plénitude de sa taille adulte* (Ep. 4, 13). Le retournement du texte observé plus haut trouve ici son aboutissement. C'est *dans la corporéité* socio-historique concrète de l'Église que, pour le monde, l'oblation eucharistique doit prendre corps : d'où le renvoi au « profane » d'une *pratique éthique* de don, de partage, de service où se joue fondamentalement le culte chrétien. *Dans l'Esprit,* le Christ ressuscité tend ainsi à « s'effacer » dans la « chair » de l'Église, et, au-delà d'elle, dans la chair, ainsi « sacramentelle », de l'humanité et de l'univers en travail d'engendrement de Dieu (Rm 8, 18-25) et en genèse de transfiguration en Royaume. La Pâque du Christ devient la Pâque du monde.

C'est au sein de ce grandiose mouvement pascal de supplication eschatologique et collective pour la croissance de l'Église en Corps du Christ jusqu'à sa plénitude que sont nées et se sont développées les *intercessions* pour les vivants et les défunts.

Parmi les éléments de cette structure programmée qui fait qu'une

---

10 est « une adaptation, faite avec soin » de ces prières de table juives « aux exigences de la Cène du Seigneur devenue (...) le sacrifice eucharistique » (« De la "Berakah" à l'eucharistie. Une question à réexaminer », in *La Maison Dieu* 125, 1976, p. 28.) La supplication eschatologique de l'eucharistie s'enracine dans le judaïsme.

34. C'est du moins le cas dans l'anaphore d'Addaï et Mari. — Peut-être aussi cette supplication était-elle directement accrochée à l'anamnèse dans la forme primitive de la prière eucharistique de la Tradition Apostolique ; mais ce point est discuté par les spécialistes (B. BOTTE, W. MACOMBER, etc.).

prière fonctionne eucharistiquement, la supplication pour la trans-figuration de l'Église, et plus largement de l'humanité, en Corps du Christ, apparaît donc comme le verso inséparable de l'action de grâce qui soutient la narrativité de la prière. Elle a en définitive pour fonction de *rendre l'Église à elle-même,* de la *faire* dans son identité d'espace où, dans l'Esprit, la Pâque du Christ prend corps en ce monde, et de la *parfaire* jusqu'à la parousie. Alors, l'humanité rassemblée, « récapitulée » en Christ (cf. Ep 1, 10) aura obtenu de Dieu une *compétence inaliénable* pour accomplir la performance à laquelle elle est appelée : lui rendre grâce à jamais. C'est cette éternelle louange que la *doxologie finale* de la prière eucharistique anticipe eschatologiquement.

6° *Le structural et le structurel* : Notre analyse de la prière eucharistique en fait apparaître une programmation qui en est constitutive et dont les éléments forment une *configuration struc-turale.*

Mais la *combinaison structurelle* concrète — le « schéma » — dépend largement des culture et des groupes : la créativité liturgique peut mettre à profit ce vaste espace de jeu. Les contraintes en ce domaine sont bien plus pastorales que proprement théologiques. Les recherches récentes sur le fonctionnement de la ritualité et sur ladite « religion populaire » ont épinglé un certain nombre de mécanismes sociologiques et psychologiques que nous ne pouvons plus ignorer. Un minimum de points de repère rituels, de vocabulaire « réfé-rentiel », de stabilité dans le schéma adopté, donc de possibilité — même très souple — de répétitivité, semble requis. Affaire de dosage pastoral suivant les groupes.

C'est du côté de la *radicalité de l'engagement de l'Église* qu'il faut prendre l'originalité des sacrements par rapport aux autres médiations de la rencontre de Dieu, disions-nous au début de ce chapitre. Notre approche anthropologique par la programmation rituelle nous permet déjà de vérifier la consistance concrète d'une telle affirmation théologique. Car c'est bien son *identité,* et donc son existence et sa raison d'être, que l'Église joue *de manière anthropologiquement indépassable,* en déployant dans les sacrements les signifiants programmés de son origine christique : éléments matériels, discours d'interprétation, présidence d'un ministre ordonné, configuration structurale d'éléments constitutifs...

Mais, dira-t-on, la référence obligée de l'Église au Canon des Écritures, aux formules de confession de foi, à sa structure ministérielle, n'assure-t-elle pas déjà cette même fonction d'identification par rapport à son inappropriable origine ? Certes, les sacrements n'en ont pas le monopole. A vouloir les mettre en concurrence avec les autres manifestations de l'Église, tout aussi nécessaires, on se voue inévitablement à les dénaturer, comme nous l'avons amplement souligné précédemment. Ils n'en ont pas moins une irréductible originalité : si l'Église s'y engage de manière aussi radicale, notamment dans leur programmation rituelle, c'est parce qu'elle s'y *figure symboliquement.* C'est ce jeu de la symbolisation qui, anthropologiquement, fait la puissance du travail qu'ils produisent.

III. UNE MISE EN SCÈNE SYMBOLIQUE

1. L'« ÉCART » SYMBOLIQUE DU RITUEL ET SON DOUBLE SEUIL

Les rites religieux sont toujours en situation de *rupture* par rapport à l'ordinaire, à l'éphémère, au quotidien. Qu'il soit église, temple, haut lieu ou simple espace autour d'un arbre, au milieu de la place du village, le lieu du rituel religieux est toujours considéré comme « sacré », c'est-à-dire mis à part, arraché à son statut purement profane. Il en est de même du temps (la temporalité religieuse est perçue comme spécifique par rapport à celle de la vie ordinaire), des agents religieux spécialisés, des objets manipulés, des gestes, des postures, du langage... Tout devient « *sacré* », différent du quotidien.

Les rites sont « de nature frontalière[35] » ; leur lieu, c'est la *limite*. Ils travaillent sur une *autre scène* que celle de la vie ordinaire à laquelle ils sont *hétérogènes*.

Encore faut-il trouver la bonne distance. Pour ce qui concerne les sacrements, le problème est de situer leur écart symbolique entre *deux seuils* :

a) Il y a un seuil d'*hétérogénéité maximale* au-delà duquel le rite ne peut plus fonctionner. L'écart par rapport aux modèles culturels du groupe est trop profond. D'étrange, le rite devient alors radicalement *étranger*. Insuffisamment accroché au système symbolique d'échange, trop marginalisé par rapport aux schèmes culturels du groupe, aux valeurs avouées ou latentes dont il vit, aux légitimations qui les fondent, à ses problèmes sociaux et politiques, à ses conditions de vie économique... il tend à ne plus fonctionner que par *régression vers l'imaginaire individuel*. Toute une fantasmatique pourra alors s'élaborer au plan psychique, mais le symbolisme aura été privé de ses chances de succès[36].

C'est ce danger qui guette toute sensibilité trop vive au caractère sacré des sacrements. Sous prétexte de leur mise à part, ils deviennent tellement hiératiques, figés, vénérables et intouchables qu'ils n'évoluent plus avec la culture. Ils *s'auto-reproduisent* au fil des siècles, selon un processus qui souvent n'a plus rien à voir avec les conditions originelles de leur production[37]. Mais, comme tout organisme vivant, ils subissent des mutations génétiques qui se transmettent ensuite fidèlement par voie héréditaire, et qui donnent lieu, comme le montre abondamment l'histoire de la liturgie, à de véritables *dégénérescences* par manque d'oxygène culturel. Ainsi les rites, régis, semble-t-il, par une loi immanente de conservatisme, sont-ils toujours menacés de ne puiser les ressources nécessaires à

---

35. J.Y. HAMELINE, *art. cit.*, p. 107.
36. *Supra*, ch. I, § III, 3.
37. Énoncé et illustration de ce processus de reproduction, dans Liliane VOYE, *Sociologie du geste religieux*, Bruxelles, Ed. Ouvrières, 1973, pp. 213-218.

leur survie et à leur évolution qu'en eux-mêmes, de vivre en circuit fermé et de s'asphyxier. Ils tendent « naturellement » à *se fossiliser* sous des couches successives de sédiments. Pour chaque génération, certes, la dernière couche semble bien vivante, et l'on a toujours trouvé le moyen, le plus souvent par l'*allégorie,* de donner sens aux couches antérieurement accumulées, c'est-à-dire de les légitimer en les intégrant dans le système religieux culturel. Pour ne prendre que ces exemples entre mille, l'amict servait originellement de foulard pour protéger la gorge, et le manipule était une sorte de mouchoir ; on sait comment ces accessoires d'usage pratique sont devenus peu à peu des « ornements sacerdotaux » qu'on légitima allégoriquement en les rapprochant de vertus ou attitudes spirituelles dont le prêtre, se préparant à dire la messe, devait se revêtir. Ainsi, les lignes essentielles de la célébration eucharistique, pour nous en tenir à elle, étaient-elles noyées sous un amoncellement de rites et de prières. Devenu méconnaissable, elle était en train de mourir de ses trop grandes « richesses ». Tournant sur sa propre orbite en vertu de l'énergie cynétique acquise, étrangère à l'attraction culturelle, elle ne parlait plus aux chrétiens, elle ne leur disait plus rien ; plus encore : elle ne *les* parlait plus, elle ne *les* disait plus. La maladie était si grave que la plupart trouvaient normal qu'il en fût ainsi : ne suffisait-il pas que les prêtres possèdent, eux les spécialistes, la clef du mystérieux fonctionnement des rites et qu'ils en assurent la bonne marche par la scrupuleuse exécution de l'ordre prescrit ? Figés dans l'orbe rubriciste de l'éternel, du définitif, de l'immuable, décollés des valeurs culturelles qui alimentent la modernité respirée par chacun, bon gré mal gré, avec l'air du temps, ces rites liturgiques trop hétérogènes au monde ambiant ne peuvent être qu'*insignifiants aujourd'hui.*

Aujourd'hui ; pas hier. Car hier ils fonctionnaient. Ce fait doit nous interroger. Ils fonctionnaient, parce que, comme l'a montré J. Seguy, par différentes techniques d'aménagement ou de doublage, *l'émotionnel* y avait toujours sa part, même lorsque le « rationnel » était tel que leur exécution devait se plier à de minutieuses et innombrables contraintes rubricales[38]. Dans un système aussi scrupuleusement stable, la moindre différence (l'«ornement» rose au lieu du violet, la crécelle au lieu de la sonnette, la bévue de l'enfant de chœur oubliant de changer le missel de côté...) était significative. Et la *jouissance* «émotionnelle» pouvait trouver à se satisfaire dans le simple fait du devoir parfaitement accompli dans l'observation rigoureuse des prescriptions.

Ces prescriptions étaient perçues, en tant que telles, comme «sacrées», c'est-à-dire, bien en deçà des connotations théologiques de ce terme, comme inviolables. F.A. Isambert a écrit de très remarquables pages sur ce problème[39]. Outre ses aspects psychologiques, sociologiques, politiques..., l'hostilité bien connue d'une assez large fraction du «peuple» aux changements liturgiques de Vatican II est motivée, dit-il, non pas — sauf exception — par quelque manière de faire grossière, mais par de simples différences («erreurs») par rapport à ce qui, dans l'esprit des gens, *doit* être. L'«erreur» est *relative au «chiffre», au «code» lui-même* qui régit le rituel. Ce chiffre semble être celui de l'opposition *ordinaire/non ordinaire,* ou, de manière moins précise mais plus parlante, profane/sacré. Le rite est un langage ; tout doit y être reconnaissable. Mais si vous brouillez le chiffre qui en donne la clef — et cela se fait par la modification d'éléments qui, du point de vue théologique, sont souvent tout à fait minimes —, vous rendez le langage en question incompréhensible. L'«erreur» qui va tout embrouiller consiste, par exemple, à passer par-dessus la différence qu'une hostie entretient avec du pain ordinaire, l'autel avec une table, le prêtre (par ses vêtements liturgiques et sa place) avec un laïc. On ne parle plus alors le même langage ; on ne «s'entend» plus... On est alors pris dans le cercle suivant :

— Le système rituel décrit ci-dessus requiert que la première

---

38. J. SEGUY, «Rationnel et émotionnel dans la pratique liturgique. Un modèle théorique», in *La Maison Dieu* 129, 1977, pp. 73-92.

39. F.A. ISAMBERT, «Réforme liturgique et analyses sociologiques», in *La Maison Dieu* 128, 1976, notamment les pp. 81-92.

efficacité du rite » soit de « *faire croire au rite lui-même* », croyance de chacun qui se nourrit à celle de *tous* : « celle-ci est rompue si certains n'y croient pas ». Le rite « marche » donc s'il est *cru* efficace.

— Il est cru efficace dans la mesure où le groupe peut le lire, le déchiffrer, donc le reconnaître adéquat à son système culturel. Ainsi « l'efficacité se ramène à une *validité* », c'est-à-dire à une légitimité socio-culturelle.

— Cette reconnaissance de validité et de légitimité renvoie évidemment aux représentations « subjectives » que le groupe se donne de lui-même. C'est lui qui a pouvoir de *validation* et de légitimation.

Ainsi le groupe requiert-il de *se soumettre* à des rites « valides » (au sens sociologique) sur lesquels il a seul en définitive *pouvoir* de validation : « La boucle est bouclée et la légitimité (du rite ou du pouvoir du célébrant) débouche bien dans une efficacité *a parte subjecti*[40]. »

Impossible, semble-t-il, d'échapper à ce cercle infernal de la ritualité. Si les modèles liturgiques d'autrefois nous apparaissent aujourd'hui comme insignifiants, ce n'est donc pas parce qu'ils ne seraient pas accrochés sur une culture..., mais parce que la culture dont ils relèvent est de plus en plus étrangère à la mutation qui s'est opérée. Vouloir entretenir cette liturgie figée, c'est contribuer à enfermer la foi dans l'« *exotisme* » hors quotidien. A quoi l'on peut objecter qu'il appartient précisément à la culture actuelle — et de plus en plus, semble-t-il — de requérir une part d'exotisme, sous de multiples formes. Mais alors, c'est la foi qui doit ici trancher le débat en jouant son rôle d'opérateur critique : comment pourrait-elle accepter pareille fuite hors du quotidien, alors que ce sont nos tâches historiques concrètes qui, en christianisme, sont le lieu fondamental du culte ?

---

40. *Ibid.*, pp. 81-86.

b) Mais, au nom même de la « désacralisation » évangélique, on peut méconnaître le seuil d'*hétérogénéité minimale* en deçà duquel les rites ne peuvent pas non plus fonctionner symboliquement. *Banalisés,* sous prétexte de « célébrer la vie », comme on dit, dans un langage, des gestes, des objets qui veulent se situer au ras du quotidien, noyés dans un verbiage explicatif et moralisant, ils n'ont plus leur chance. On connaît le présupposé d'une telle revendication, typiquement contemporaine : le soupçon systématique porté sur la « religion » au nom de la « foi ». Il est vrai certes que la foi au Christ fait acte de subversion par rapport aux rites religieux et qu'elle sape les fondations sur lesquelles on voudrait élever un mur entre le profane et le sacré. Mais cela ne signifie pas qu'elle pourrait se passer d'incarnation religieuse dans du sacré. Cela signifie seulement — mais c'est un énorme programme — qu'elle a pour tâche incessante de *prendre à revers* cette religion qui est sa condition d'existence. Le sacré, en régime chrétien, ne se justifie que comme symbolisation de la sanctification du profane. Et cette symbolisation culmine ecclésialement dans les rites sacramentels.

Encore faut-il donner à ceux-ci leur chance de fonctionner, c'est-à-dire *les respecter dans leur nature de rites,* laquelle requiert un minimum *d'écart symbolique* par rapport au langage, aux gestes, aux attitudes de la vie courante. Bien sûr, cette rupture sera moindre dans une célébration de petit groupe homogène que devant l'assemblée bigarrée qui remplit une cathédrale, parce que les lois psycho-sociologiques des rapports entre les participants et à l'égard du ministre qui préside sont fort différentes dans les deux cas, ce qui est un facteur décisif pour la symbolisation. En chaque cas, il s'agit donc de négocier avec les contraintes du nombre, de l'idéologie, de l'espace, etc. La limite sur laquelle les rites peuvent travailler n'est pas toujours la même. Mais ce n'est pas en la déguisant sous une soi-disant spontanéité « naturelle » (quoi de plus culturel et même de plus idéologique que cette recherche fiévreuse du « naturel » ? quoi de plus contradictoire que ce spontanéisme sur commande ?) que l'on sauvera les rites liturgiques. On peut certes, par ce procédé, faire œuvre pédagogique très positive pour la foi, et il est parfois nécessaire d'en passer par-là avec certains groupes. Mais on n'est pas encore, où à peine, dans le domaine de la ritualité sacramentelle. On ne fait donc que repousser le problème.

2. La figuration de « l'ordre occulte du désir »

C'est l'écart, la distance, la différence des rites par rapport à l'ordinaire qui les constituent d'emblée comme « jeu » ou comme théâtre où se produit un *travail symbolique* au sein du groupe et dans les individus. Nous ne voulons pas dire par-là que les célébrations soient une (pieuse) comédie..., mais que la ritualité liturgique est toujours nécessairement une *mise en scène* : la mise en scène « de l'ordre occulte du désir[41] ». Elle masque en le figurant et, par-là même, elle ré-active cet impensé archaïque collectif et indviduel. C'est pourquoi elle « *travaille* », et sans doute beaucoup plus que nous ne l'imaginons et n'en avons conscience. Elle est le *lieu d'un vécu affectif intense,* propice au retour du refoulé. Un exemple nous suffira.

Sans suivre forcément Freud jusqu'au bout des considérations psychanalytiques qu'il fait, dans *Totem et Tabou,* par le rapprochement du rite alimentaire sacré de la communion eucharistique avec celui du repas totémique, on doit bien reconnaître, ainsi que l'écrit J.C. Sagne, que l'acte rituel chrétien de manducation eucharistique, surdéterminé religieusement par la dimension sacrificielle que lui reconnaît la foi, « ne peut pas ne pas évoquer des fantasmes oraux. Ces fantasmes oraux sont immanquablement ambivalents, puisque, d'une part, ils expriment le désir de détruire, de tuer — agressivité, pulsion de mort —, et d'autre part, le désir de s'assimiler, de s'incorporer, de s'approprier, de s'identifier[42] ».

Le symbolisme sacramentel fonctionne nécessairement à travers

---

41. J.Y. Hameline, *art. cit., p. 108.*
42. J.C. Sagne, « L'interprétation analytique de l'eucharistie », in *L'eucharistie. Le sens des sacrements,* Lyon, Dossier Profac, 1971, pp. 153-164.

nos pulsions les plus archaïques et les moins reconnaissables, distordues et déguisées qu'elles sont pour pouvoir franchir la barre du refoulement et se manifester à la conscience. Sans un tel travail jusque dans l'inconscient, on comprendrait mal pourquoi les réformes liturgiques déclenchent un tel intérêt et une telle passion, pour des points qui, théologiquement, sont considérés souvent comme très mineurs. Bien sûr, d'autres facteurs, notamment sociaux et politiques, sont également en jeu dans les mouvements ainsi suscités par ces réformes, comme nous l'avons signalé plus haut à la suite de F.-A. Isambert. Mais sans le recours au travail des rites dans l'inconscient, social et individuel, on ne peut que demeurer stupéfait devant le surprenant débordement d'agressivité qui jaillit alors. Le retour du refoulé est d'ailleurs d'autant plus puissant qu'il a été plus durement réprimé et censuré.

La ritualité sacramentelle s'avère donc particulièrement *ambiguë*. Si, comme nous l'avons montré, elle est un privilège, elle est en même temps, et tout aussi fortement, un piège. *Piège psychique* : que de névroses, en fait, la pieuse assistance au « saint sacrifice de la messe », la « théophagie » de la communion eucharistique, le désir de « tout dire » dans l'obscur secret du confessionnal... n'ont-ils pas favorisées ou entretenues ! *Piège social* : à combien de stratégies sociales et politiques (entretien de l'ordre établi, maintien de la hiérarchie civile ou religieuse, défense des privilèges...) les assemblées liturgiques n'ont-elles pas servi d'alibi ! Que de mystifications en ce domaine — le plus souvent, d'ailleurs, en toute bonne foi, parce que cela appartenait à tous les « ça va de soi » reçus, avec la culture, depuis la plus tendre enfance et intériorisés par le système éducatif au point de ne même pas pouvoir être remis en cause ! Mystifications sans doute jamais totalement évitables, dans la mesure où le rite est toujours le garant de l'ordre social établi... ou à établir. Le risque, on le voit, est à la mesure de l'enjeu. Et l'enjeu est capital.

IV. UNE SYMBOLISATION
DE L'HOMME TOTAL

L'enjeu est capital, parce que c'est l'enroulement symbolique en ce « corps vif » qu'est *l'homme total* d'un corps de *nature* et d'un corps de *culture*, ou d'un corps *cosmique* et d'un corps *social*, qui se figure et s'effectue dans la ritualité sacramentelle.

1. LA SYMBOLISATION DE L'AUTOCHTONIE HUMAINE

Comme tout rituel religieux, les sacrements de l'Église requièrent la mise en œuvre d'éléments qui figurent la condition *cosmique* de l'homme, son « auto-chtonie », son inaliénable appartenance à la terre — un peu comme dans ces sculptures de Giacometti qui nous présentent des humains filiformes, squelettiques, dont les pieds traînent comme une énorme chape de plomb.

a) *Quelques éléments figuratifs*

L'eau (l'eau de la matrice maternelle, de l'oasis ou de la pluie qui donne la vie ; mais aussi l'eau du déluge ou de la mer qui dévaste ou noie) ; le feu (le feu qui réchauffe et revigore, mais aussi qui brûle et détruit — feu de l'Esprit Saint et feu de l'enfer), la cendre ou la terre (la terre-mère de notre naissance et de notre subsistance, mais aussi la terre sépulcrale de notre retour en poussière), le pain (le pain blanc de nos joies et rassasiements, mais aussi le pain bis de nos douleurs et de nos échecs), la lumière (la lumière qui éclaire et rassure, mais aussi la lumière qui aveugle et dévoile au grand jour les trahisons) etc. : ces éléments ne sont pas de simples objets bruts ; leur mise en œuvre symbolique les fait mourir à leur statut d'étants subsistants et les fait advenir comme quelque chose de notre corporéité cosmique.

Bien en deçà de la conscience que nous en avons ou de l'intention que nous affichons, ils nous envoient, archaïquement, l'écho de notre indissoluble mariage avec la terre, de notre originaire condition d'être-au-monde.

Cette «autochtonie» de l'homme rivé au cosmos se symbolise aussi archaïquement à travers la *voix*. La ritualité sacramentelle met en œuvre toutes les possibilités de la voix : depuis le cri ou les lamentations jusqu'au silence — ce silence qui est comme le trop-plein d'un langage réduit au corps-souffle — en passant par la proclamation, l'incantation, le chant collectif, l'exultation...

Ce langage oral se combine avec un *langage gestuel ou postural*, modulé lui aussi par toutes les possibilités du corps : depuis la transe et la danse, dont il ne nous reste guère que quelques traces en Occident comme le battement rythmé des mains ou le discret balancement du corps que peut produire une psalmodie, jusqu'au recueillement — silence postural plein, trop-plein du geste — en passant par l'agenouillement, le prosternement, l'attitude d'écoute, la démarche de procession, la manducation... Si nos liturgies sont relativement pauvres en expression corporelle, il n'en reste pas moins que ces gestes et attitudes (auxquels on participe non seulement en les exécutant soi-même, mais aussi en voyant les divers acteurs de la célébration les accomplir) nous «travaillent» bien plus que nous n'en avons conscience. Parce qu'ils nous viennent d'un vieux fonds de schèmes sub-rituels qui nous parlent sans cesse.

b) *Les schèmes sub-rituels de la symbolique primaire*

— La *station verticale* de l'homme debout, dont un paléontologue comme A. Leroi-Gourhan a montré le caractère décisif dans l'émergence du Sapiens [43], est le schème archaïque primordial à travers lequel se dit et donc se vit tout sentiment de puissance et de

---

43. A. LEROI-GOURHAN, *Le geste et la parole*, I. *Technique et langage*, Paris, Albin Michel, 1964.

domination, physique ou moral. C'est pourquoi la relation à Dieu s'exprime spontanément selon la symbolique primaire de la hauteur/profondeur : Dieu, comme le montre une étude de A. Vergote, évoque d'abord la majesté et la toute-puissance, « idée » qui n'existe jamais autrement qu'investie corporellement dans un mouvement, parfois à peine perceptible, de la tête ou des bras vers le ciel ; ou bien, il évoque, toujours selon le même axe vertical, mais en direction opposée, l'intériorité, la source mystérieuse, ce qui fait descendre dans les profondeurs de l'homme. « *Cette topographie est existentiale et, par nature, constitutive de la structure interne de l'être humain* [44]. »

— Cette topographie existentiale requiert elle-même un centre à partir duquel s'effectue le partage entre le haut et le bas. M. Jousse voit dans le *geste du partage* (partage spatial : haut/bas ; gauche/droite ; avant/arrière ; partage temporel : avant/après) le *schème inaugural* de cette différence hors de laquelle l'homme ne pourrait jamais s'identifier. N'est-ce pas là d'ailleurs le geste primordial du Dieu créateur de la Genèse, partageant « entre les ténèbres et entre la lumière », selon le texte hébreu, créant, en se retirant du chaos initial vers la Différence ? Qui peut penser, dire et vivre n'importe quelle différence, y compris au niveau le plus intellectuel, sans se laisser traverser par ce shème sub-rituel du geste partageur [45] ?

— La *manducation* du pain eucharistique, est vécue comme identification à soi-même, avec tous les fantasmes d'assimilation

---

44. A. VERGOTE, *Interprétation du langage religieux*, op. cit., p. 112. Cf. l'enquête du même auteur : « Equivoques et articulation du sacré », in *Le sacré. Études et recherches*, Paris, Aubier-Montaigne 1974, pp. 471-492.

45. M. JOUSSE, L'anthropologie du geste, I, Paris, Gallimard, 1974, pp. 201-230. Plus profondément encore, E. ORTIGUES, *op. cit.*, montre comment le temps — non pas celui de la chronologie objective, mais celui de ses représentations linguistiques par lesquelles il devient temps humain (p. 60) —, c'est-à-dire l'opposition avant/après, est « l'âme de toutes les différences » (p 110). Mais cet avant/après n'est lui-même représentable que par l'intermédiaire de l'espace, — cf. Kant — (p. 131). Nous retrouvons ici le geste partageur.

amoureuse et d'agressivité destructrice que véhicule l'introjection orale (« je t'aime à t'en croquer »...). La manducation, ou la succion, sur la base de notre organisation libidinale infantile, est ainsi le schème symbolique primaire à travers lequel nous pensons, vivons, exprimons toute assimilation, depuis l'étreinte amoureuse jusqu'à l'intériorisation intellectuelle — parfois « dévorante »...

Nous pourrions multiplier les exemples. Le schème de la souillure par rapport au sentiment de la faute ou du péché, celui de l'ouverture (de la main) par rapport au don, à l'échange... appartiennent comme les précédents à cette symbolique primaire qui nous traverse et nous parle. « La main aussi a ses rêves », disait G. Bachelard.

c) *Projection/introjection :*
   la « symbo-lisation » du microcosme et du macrocosme

L'homme advient au sein d'une permanente osmose avec l'univers, selon un double mouvement de diastole et de systole : par *projection* s'effectue une « anthropomorphisation » de l'univers, macro-cosme devenant comme son grand corps vivant ; par *introjection* — « intus-susception », dit M. Jousse — se fait une « cosmorphisation » du corps de l'homme, véritable microcosme. L'homme et le cosmos sont ainsi « mis ensemble » (sym-bolisés). D'où la source permanente de symbolisme que constitue cet échange avec l'univers, notamment dans ses alternances de jour et de nuit ou de saisons, ou dans ses oppositions fondamentales : ciel/terre ; lumière/ténèbres ; eau/feu ; montagnes/abîmes, etc., symbolisme toujours ambivalent, facilement envoûtant, et toujours menacé de régresser vers l'imaginaire indomptable s'il est trop lié à la bonne *mère* qui se figure dans la bienfaitrice *nature* et trop délié de la loi du *père,* représentant de la *culture* et de l'histoire.

Indépendamment de nos intentions et de nos motivations explicites, les sacrements, à travers le pain, le vin, l'eau, les diverses modulations de la voix, du geste, du corps, l'espace sacré, son aménagement architectural et sa décoration plastique, la pierre de l'autel, la flamme du cierge pascal ou l'odeur d'encens..., effectuent une reprise symbolique de notre appartenance à la terre et des schèmes archaïques sub-rituels qui nous travaillent. Ils nous disent notre foi comme *foi d'homme,* toujours particularisée, incarnée, limitée, et donc toujours soupçonnable de mystification; il n'existe de foi que religieuse. C'est l'univers entier qu'ils célèbrent ainsi en nous.

2. LA SYMBOLISATION DE LA SOCIALITÉ HUMAINE

La symbolisation de sa condition cosmique n'est pas, contrairement à une opinion répandue, une affaire simplement « naturelle » à l'homme. Parce que le symbole, comme objet à l'état brut, n'existe pas; seule existe l'expérience symbolique, laquelle est nécessairement une activité culturelle, même si elle n'est possible que dans et à partir de la nature. L'homme est un système toujours ouvert, où se combinent de manière complexe un système écologique : le milieu naturel, un système biologique : le programme génétique, un système psychique : le cerveau, et un système culturel : la société, systèmes qui interfèrent constamment les uns sur les autres [46]. Aussi la manifestation expressive par l'homme de son être-au-monde s'élabore-t-elle de pair avec la *symbolisation de sa condition sociale d'être-avec-autrui.*

a) *Le rituel, comme « drame social »*

Cela apparaît clairement dans les rituels religieux, et donc aussi dans nos célébrations sacramentelles. A travers eux, c'est toujours *une société qui s'exprime.* Dans les *systèmes sociaux cycliques* (les sociétés traditionnelles stables non encore atteintes par la révolution scientifique et technique de l'Occident) les rituels religieux se présentent, selon V. Turner, comme des *« drames sociaux »* :

---

46. E. MORIN, *Le paradigme perdu...,* op. cit., pp. 64-66.

Le rituel offre une scene sur laquel les rôles (sociaux) sont joués et les conflits du drame reflétés dans le symbole, le mime et le précepte... (Il est) une réaffirmation périodique des termes dans lesquels les hommes d'une culture donnée doivent se comporter les uns vis-à-vis des autres pour qu'il y ait un minimum de cohérence dans la vie sociale.

Il fait partie de ces pratiques sociales que les groupes archaïques se donnent pour répondre à « la seule question d'actualité qui se pose à eux », selon Mary Douglas : « Comment organiser les gens et soi-même par rapport à autrui [47] ? »

De fait cette ritualité a une efficacité sociale remarquable. Le rite, en effet, comme le montre l'ethnologue anglaise, permet de « *modifier* l'expérience par la manière dont elle l'exprime », de la « *réinterpréter de telle façon que ce qui aurait dû être prévaut sur ce qui fut* », et donc de « contrôler des situations » [48]. Les symboles, écrit de son côté V. Turner, qui pense ici aux symboles rituels, « signifient bien plus qu'il ne semble » ; ce sont de véritables « magasins d'information sur les valeurs structurales dominantes d'une culture ». Exprimant ainsi symboliquement — mais de manière non intentionnelle, parce qu'ignorante des mécanismes secrets qui régissent l'efficacité des rites — l'ensemble des « valeurs » économiques, sociales, politiques, idéologiques qui donnent au groupe son identité et sa cohésion, les rites permettent de résorber des conflits internes menaçants pour sa survie, de « surmonter les clivages » et de « refaire la santé du corps social » [49].

Même les manifestations religieuses qui nous apparaissent, à nous

---

47. M. Douglas, *De la souillure. Essai sur les notions de pollution et de tabou*, Paris, Maspero, 1971, p. 108.

48. *Ibid.*, pp. 82-86.

49. V. Turner, *op. cit.*, pp. 16 et 300-311 ; cf. R. Girard, *op. cit.* : la ritualité religieuse, notamment le sacrifice qui en est la pierre angulaire, vise, par un « apaisement cathartique », à « expulser la violence intestine » qui menace le groupe d'auto-destruction (p. 22, et *passim*). — Précisons que les rituels religieux ne sont jamais réductibles à de purs et simples « reflets » de la structure sociale ; cette conception mécaniste est aujourd'hui largement dépassée.

Occidentaux, comme les plus éloignées du contrôle social, les plus spontanées, les plus effervescentes, par exemple la possession ou la transe, ne sont « folles » qu'en apparence. R. Bastide a montré que ce « sacré sauvage », sous peine de sombrer dans l'hystérie, est en fait dûment régulé, de A à Z — depuis l'entrée rituellement canalisée dans la transe jusqu'à la sortie effectuée progressivement selon une dégradation rituelle programmée — par le groupe social, notamment par ses représentants « sacerdotaux » [50].

Nos sociétés occidentales, extrêmement *changeantes,* ne vivent plus selon la logique de communion dans la stabilité hiérarchique qui régit les sociétés traditionnelles cycliques, mais selon une logique de différenciation et de compétition pour l'égalité [51]. Il n'y a plus de consensus unanime par rapport aux valeurs assurant la cohésion sociale ; *ce sont au contraire les conflits qui sont valorisés.* C'est pourquoi, une grave crise — « crise sacrificielle », dirait R. Girard [52] — affecte la pratique religieuse et son fonctionnement. D'où le réflexe de défense de l'Église qui « conçoit la pratique dominicale dans une logique de communion » : il suffit de penser au succès de la théologie (idéologie) communionnelle et du terme de « communauté » dans le sillage de Vatican II ; cette perspective « s'oppose à celle du contexte global, qui insère la pratique dans une logique de différence ». Car, comme le montre L. Voye, la pratique dominicale, loin de neutraliser les différences liées à la structure sociale et à sa stratification, les visualise au contraire : du point de vue statistique, la pratique dominicale régulière dénote — variablement selon les régions — la couche sociale d'appartenance, effective ou désirée ; par exemple, en devenant cadre moyen, un O.S. pourra se mettre à pratiquer [53].

---

50. R. BASTIDE, *Le sacré sauvage,* Paris, Payot, 1975, pp. 201-236.

51. J. BAUDRILLARD, « La genèse idéologique des besoins », in *Pour une critique de l'économie politique du signe,* Paris, Gallimard, 1972, pp. 68-83.

52. R. GIRARD, *op. cit.,* pp. 63-101.

53. L. VOYE, *op. cit.,* pp. 232 et 236-237.

Ainsi, même en notre société constamment changeante, les rites liturgiques manifestent les rapports sociaux existants et accompagnent leur mouvance. Ils continuent encore d'exercer leur fonction de *purgation* et de cohésion sociales. Mais de manière bien moins visible et sans doute moins efficace que dans les cultures stables traditionnelles. Car, du fait du contrat social tacite de notre époque qui valorise la compétition et les conflits entre groupes (et individus), les rites officiels sont *soupçonnés* facilement de « faire le jeu du pouvoir » par l'idéologie de communion qu'ils entretiennent. On observe donc une réticence marquée à leur égard (mais la baisse actuelle de la pratique dominicale a évidemment bien d'autres causes). La militance prend assez fréquemment leur relais : on sait la puissance « carthartique » des rituels des « manifs » ou des grands rassemblements politiques (la grandiose fête de l'« Huma » en est un exemple saisissant) dans la régénération — avec son aspect mythique — du groupe, dans sa mobilisation pour les luttes et dans sa cohésion interne. « A la symbolique verticale du sacrifice du bouc émissaire » (celle du sacrifice eucharistique qui refait, y compris socialement, bien sûr, l'unité des chrétiens) « succède *le sacrifice horizontal des militances solidaires* » [54]. De fait, on peut observer que plus nos célébrations de chrétiens font place à l'expression des conflits sociaux, les prennent en compte et ainsi les dévoilent, et plus aussi, semble-t-il, la dimension verticale du sacrifice dans les prières eucharistiques a de peine à trouver sa place ; il faut alors la ressaisir à partir du vécu humain pour qu'elle puisse « parler »...

Le discours de la foi, dans les sacrements, n'est *jamais théologiquement pur*. Il soutient nécessairement un autre discours, latent mais puissant, de nature *sociale*, qui peut utiliser, très souvent inconsciemment d'ailleurs, une façade officiellement religieuse comme prétexte mystificateur à la légitimation et au renforcement des structures hiérarchiques de subordination existant dans l'Église et

---

54. G. DEFOIS, « Le rite pénitentiel entre la violence et la réconciliation », in *Le Supplément* 120/121, mars 1977, pp. 126-130.

dans la société. Les exemples ne manquent pas, où l'ordre du rituel s'est fait l'alibi du *rituel de l'ordre* (de l'ordre établi, ou, dans les cas « marginaux », à établir) !

b) *Les rites sacramentels,*
   pièces maîtresses d'intégration ecclésiale

Du point de vue strictement sociologique, le chrétien ne participe jamais aux célébrations sacramentelles comme simple individu, mais comme membre du groupe Église. Car c'est d'abord *l'Église* qui s'y manifeste symboliquement comme telle, avec tout son appareil hiérarchique et dogmatique. Les sacrements sont une *pratique sociale de l'Église,* déterminée historiquement selon le rapport qu'elle entretient avec les structures économiques, politiques et idéologiques de la société où elle s'incarne. Sans doute en sont-ils la pratique la plus typique. Aussi sont-ils des pièces maîtresses de l'affirmation de l'Église : en deçà du discours théologique tenu dans la foi, ils servent toujours, du point de vue sociologique, au renforcement du pouvoir de l'Église, notamment de la hiérarchie, et à la gestion de ses conflits internes en vue de maintenir son unité[55].

Comme pièces maîtresses, ils jouent un rôle décisif dans l'*identité* de l'Église et des chrétiens. L'identité, d'un groupe ou d'un individu, est un phénomène éminemment *institutionnel :* elle passe nécessairement à travers les institutions sociales (familiales, scolaires...) et l'intériorisation des normes véhiculées par elles[56]. Il n'est pas d'identité chrétienne possible sans référence à l'appareil ecclésial. et notamment aux sacrements qui en constituent un pivot majeur, actuel ou potentiel. « Ou potentiel » : car le sentiment d'appartenance à l'Église passe aujourd'hui par des circuits très divers : des souvenirs

---

55. D'où les questions politiques posées par certains chrétiens « critiques » : « Quel baptême, pour quelle Église ? » « Quelle eucharistie, pour quelle unité ? »... — Cf. *infra,* ch. V.
56. Cf. l'article de D. HAMELINE sur l'identité dans *Lumière et Vie* 116, 1974.

d'enfance ; des images religieuses : crèche, crucifix... ; la messe à la
télévision ; un pèlerinage à Lourdes ; des célébrations « marginales » ;
ou même simplement — cas fréquent surtout chez les jeunes — un
sentiment de vivre des valeurs évangéliques authentiques en participant aux luttes libératrices des hommes.

Même dans ce dernier cas, dont nous rencontrons mille variantes
aujourd'hui, la revendication d'identité chrétienne requiert une
référence à l'institution-Église et à son appareil sacramentaire ; mais
c'est une référence détournée, indirecte, selon un processus polémique plus ou moins conscient : « Je suis aussi chrétien que ceux qui
vont à la messe... » On tourne bien le dos à l'appareil hiérarchique,
dogmatique et sacramentaire, mais c'est pour s'y adosser. L'agressivité qui se déploie souvent contre l'institution manifeste bien
justement la nécessité d'une référence à celle-ci pour que soit
possible la revendication d'identité chrétienne.

Pour tout chrétien, indépendamment de ses intentions et de ses
motivations conscientes, « se soumettre » à un rite liturgique, c'est *se
reconnaître d'Église ;* c'est symboliser son appartenance sociale à ce
groupe et en recevoir son identité chrétienne. Les contenus de
croyance peuvent être fort éloignés de ceux que proclament la
hiérarchie et les « savants » de l'Église, voire leur être consciemment
opposés : « J'ai ma religion à moi », « j'ai ma conscience pour
moi »... Nombre de sondages le montrent : la dissonance entre le
système de la pratique, c'est-à-dire les croyances, et la pratique du
système, c'est-à-dire les pratiques rituelles concrètes, est flagrante [57] ;
à tel point que la demande sacramentelle des rites de passage
(baptême et mariage surtout) peut être motivée par un besoin sincère
de sacralisation côtoyant une incroyance déclarée [58] ! Malgré donc le
caractère inordonné et déviant des croyances, la célébration du rite
sacramentel est un *opérateur décisif* d'identification à l'Église. Dans

---

57. J. SUTTER, « Opinions des Français sur leurs croyances et leurs comportements
religieux », in *La Maison Dieu* 122, 1975, pp. 59-83.
58. Cf. l'enquête du groupe belge PASCO, dans L. VOYE, *op. cit.,* pp. 223-225.

la mesure précisément où elles apparaissent aux yeux des théologiens et des pasteurs comme incohérentes par rapport aux croyances, les pratiques rituelles de la « religion populaire » illustrent de manière saisissante la puissance d'intégration ecclésiale, et donc la fonction éminemment sociale, des sacrements.

Nous venons de le vérifier au long des pages précédentes : c'est bien *l'homme total,* dans sa condition *cosmique* et dans sa condition *sociale,* qui se met en scène, se donne à voir, se figure symboliquement dans la ritualité sacramentelle. Mais il ne faudrait pas en conclure, au plan archaïque où nous sommes situés, que celle-ci aurait le monopole d'une telle expression. Car *toute œuvre humaine,* depuis l'acte de parole le plus simple jusqu'aux plus grandioses créations artistiques est « expression » (nous analyserons dans notre prochain chapitre ce terme particulièrement ambigu) de cette autochtonie et de cette socialité, de cet être-au-monde et de cet être-avec-autrui, qui sont constitutifs de l'être-homme. Existe-t-il, dès lors, des traits distinctifs de l'expression humaine dans la ritualité religieuse par rapport aux autres manifestations que nous venons d'évoquer ? Et lesquels ? Telle est la question qui nous est posée.

3. L'ORIGINALITÉ DU PROCÈS DE SYMBOLISATION DES RITES RELIGIEUX

La poésie n'est pas le langage quotidien ; l'œuvre artistique n'est pas l'œuvre technique ; les rites religieux ne sont pas formellement comparables en tout point aux « liturgies » syndicales. Si toute œuvre humaine est « expressive », ce n'est ni au même degré, ni au même titre. Une *double caractéristique* semble marquer l'expression rituelle religieuse :

— D'une part, à travers les mille possibilités de la voix, du geste, des postures corporelles mises en œuvre collectivement, le groupe social — et l'individu en tant que membre de ce groupe — s'y donne *d'emblée* comme théâtre de production symbolique. La ritualité religieuse n'existe qu'à figurer ce corps vif qu'est « archi-symboliquement » l'homme. Elle s'incarne dans la corporéité *comme telle* de l'homme cosmique et social. C'est ce « comme telle » qui est ici important : par nature, le rite religieux est langage corporel et social, parole qui se fait chair, et par là même, manifestation expressive *primordiale* de cette condition originaire de l'homme qui est corporéité parlante et parlée.

L'homme est bien parlé dans son corps ; mais il parle aussi son corps, il le dit, il le raconte (...). La corporéité est toute la parole de l'homme parce que l'homme est tout entier dans la corporéité... (c'est pourquoi) tout parle en l'homme et l'homme parle toujours [59].

C'est cette indissoluble unité du corps et de la parole que la ritualité a pour fonction de donner à voir.

— D'autre part, parce qu'elle est *religieuse*, elle est, par nature également, *allocution à l'Autre divin* ou divinisé, auquel elle présente, par la jubilation ou la plainte, l'action de grâce ou la supplication, le « drame » (au sens de V. Turner) de l'existence du groupe et de ses membres. Les liturgies pénitentielles dans la Bible en sont des exemples particulièrement frappants : hurlement du prophète convoquant le peuple au jeûne (par exemple Joël 1, 5-14) ; lamentations du peuple donnant lieu à une quasi-hystérie collective : les gens déchirent leurs vêtements, se roulent dans la poussière, se frappent et se lacèrent jusqu'au sang parfois, parmi les cris et les gémissements ; déchaînement auquel succèdent un silence de mort, une immobilité totale, qui peut durer des heures ; monte alors du sein de ce silence, la complainte à Yahvé, qui, après l'Exil, prend la forme de confession collective des fautes, suivie d'un sacrifice de communion auquel tous prennent part [60]. Cette dernière séquence du rituel, prière à Yahvé et sacrifice de communion, dit bien la carac-

59. Y. LEDURE, *Si Dieu s'efface. La corporéité comme lieu d'une affirmation de Dieu*, Paris, Desclée, pp. 63 et 65.
60. E. LIPINSKI, *La liturgie pénitentielle dans la Bible*. Cerf, 1969, « Lectio Divina » 52.

téristique particulière d'« ana-phore » (D. Dubarle)[61] du symbole religieux, porté par son énergie projective vers le divin. Quoi qu'il en soit
de la position philosophique ou religieuse que l'on a envers ce divin, il
faut nécessairement prendre en compte ce caractère allocutif des
rituels religieux — direct ou indirect, patent ou latent — à l'Autre
divin(isé) — ancêtres, esprits, dieu(x) —, auquel ils ex-posent le
drame de l'exister humain.

Selon ses composantes existentielles concrètes, ce drame est, pour
une part, sensible à la conscience collective et individuelle :
difficultés économiques (sécheresse, chasse infructueuse), sociales
(conflits entre clans), morales (transgression d'un tabou)... Mais,
plus originellement, et donc à un niveau largement inconscient, le
rite, en pro-duisant au-dehors l'homme social tout entier à la face de
l'Autre divin, joue symboliquement devant ce dernier le drame
fondamental de l'homme, son angoisse *existentiale*. Drame éternel de
l'homme qui « désire la quiétude, et (qui) cependant sent bien que sa
grandeur lui vient de ce qui l'inquiète. Sa véritable condition est
peut-être de n'en point trouver et d'en chercher toujours[62] » ;
angoisse fondamentale de l'homme, toujours en quête de l'objet
perdu qui assouvirait son désir, mais qui pourtant ne peut vivre que
de la non-satisfaction de ce à quoi il aspire, c'est-à-dire que du
processus indéfini du « désir du désir » : telle est l'antinomie
constitutive du désir dont la pleine satisfaction équivaudrait à un arrêt
de mort pour l'homme[63].

---

61. D. DUBARLE, *art. cit.*, p. 228.
62. J. CAZENEUVE, *Sociologie du rite*, Paris, P.U.F., 1971 (SUP, Le sociologue
23), p. 320.
63. A. VERGOTE,*Interprétation...*, *op. cit.*, pp. 149-154.

4. LA SYMBOLISATION DE L'ANTINOMIE ORIGINAIRE
   DU PENSER ET DU VIVRE : MYTHE ET RITE.

Selon C. Lévi-Strauss, le *rapport structural entre mythe et rite*
nous dit le drame fondamental de l'homme[64]. «Anxiété *épistémologique*», dit l'auteur, conformément à la méthode et au champ de sa
recherche sémiotique; «angoisse *existentiale*», disons-nous, en nous
situant sur un plan réflexif qui implique une certaine philosophie, et
donc une méthode et un type de lecture qui, tout en se laissant
traverser par le déplacement des questions qu'effectue l'analyse
structurale, se situe à un tout autre niveau que cette dernière. Entre
les deux, il y a tout l'écart que M. Heidegger souligne entre la
«pensée scientifique» et la «pensée méditante»[65]. La légitimation
de notre lecture existentiale des propos de Lévi-Strauss exigerait
évidemment ample explication; mais cette affaire déborde largement
le cadre imparti à cet ouvrage[66].

---

64. Nous nous référons dans ce § spécialement à C. LEVI-STRAUSS, *Mythologiques*, IV. *L'homme Nu*, pp. 596-611.
65. M. HEIDEGGER, «Science et méditation», in *Essais et Conférences*, Paris,
Gallimard, 1958, pp. 49-79.
66. En parlant d'«anxiété épistémologique» (p. 608), LEVI-STRAUSS demeure dans
le champ délimité par sa méthode structurale. Cependant, dans cette même Finale de
L'homme Nu, l'auteur change de niveau et esquisse, à partir de son analyse
sémiotique, une vision de l'homme qui ressortit à l'ordre proprement philosophique.
Mais la vision philosophique qu'il défend alors si âprement — et si polémiquement —
n'est pas nécessitée par ses analyses antérieures. Elle procède en définitive d'un choix
— mais qui choisit...? — qui serait lui-même à soumettre à la critique. Notre lecture
existentiale procède d'une tout autre veine philosophique, même si elle se sent tenue
de se laisser passer au crible de l'analyse structurale. Il y va, dans ce «choix», des
présupposés de tout discours scientifique ou philosophique; c'est assez dire son
importance ! La tâche philosophique n'est-elle pas précisément de travailler indéfiniment sur ces présupposés, c'est-à-dire d'y manifester cet irritant «Incontournable»
dont parle HEIDEGGER et sur lequel bute toute science («Science et Méditation», pp.
70-74) ainsi que le séjour de l'homme toujours-déjà questionnant? Cf. l'examen
critique du structuralisme de Lévi-Strauss par G. MOREL, *Questions d'homme*, I.
Conflits de la modernité, Paris, Aubier-Montaigne, 1976, pp. 289-300.

Il n'est jamais de rite sans mythe, même si celui-ci, méconnaissable parfois, n'existe « qu'à l'état de notes, d'esquisses ou de fragments »[67]. Le *mythe* raconte une violence fondatrice (combats entre les dieux, les ancêtres, les héros du « temps jadis ») qui a eu lieu à l'origine des temps et par laquelle le monde a été arraché au chaos primordial pour devenir ordonné et signifiant. Il est, par nature, *an-historique* : toute datation dans le temps de l'histoire l'arracherait à son statut de mythe et le ferait dériver vers le conte, la fable, la belle histoire[68]. Même s'il ne prend pour thème explicite que l'origine d'un fragment du monde ou de la société — espèce animale ou végétale, institution humaine d'ordre économique, social ou politique... —, c'est en fait l'ensemble du monde et de la vie humaine qu'il fonde à travers ce « modèle », évidemment variable selon les sociétés. Modèle si typique que le groupe va retrouver dans la narration du mythe les multiples « codes » qui forment la trame de sa culture et la régissent inconsciemment, et va par là même « s'y retrouver ».

En dépit bien souvent des apparences, la fonction fondamentale du mythe n'est pas d'expliquer ou de justifier rationnellement le monde par une sorte de métaphysique qui serait cachée sous ses figures symboliques, mais de le rendre *signifiant* en le *fondant* dans une origine méta-historique : ce qui est aujourd'hui, ce qui demain sera, puise sa signifiance dans ce qui s'est passé à l'origine. Le mythe n'est fondé sur aucun autre intelligible que lui-même. Il ne fonctionne que s'il est reçu comme fondement-qui-n'a-pas-à-être-fondé. Il est le « langage premier » qui confère aux choses du monde et du groupe social leur densité « épiphanique »[69]. Aussi est-il *anonyme* : il n'a pas d'auteur. Sans doute a-t-il fallu, à l'origine, une

---

67. C. LÉVI-STRAUSS, *op. cit.*, p. 598.

68. Même si le mythe, au lieu de débuter par des expressions telle que « au commencement » ou « avant les hommes », commence par « jadis », ou « il y a bien longtemps », il est mythe dans la mesure où le vague de ces expressions leur fait déborder toute clôture dans le temps de l'histoire.

69. A. VERGOTE, *Interprétation...*, *op. cit.*, pp. 73-93.

« histoire » inventée par quelqu'un ; mais cette histoire ne devient mythe qu'en perdant précisément son auteur et en devenant une expression collective codée de l'identité du groupe qui *« y croit »*. Le mythe ne fonctionne que s'il emporte l'adhésion ; aussi, pris que l'on est en lui, est-on « enclin à ne jamais reconnaître comme mythe que les mythes des autres[70] ». De là à reconnaître que, si notre société occidentale n'a plus de mythologie constituée, elle n'en vit pas moins d'une permanente mythogénisation constituante, il n'y a qu'un pas ; nombreux sont les spécialistes de sciences humaines et sociales qui, à juste titre semble-t-il, l'ont franchi : la Consommation, l'Histoire, le Progrès technique ont été repérés tour à tour comme points de fixation de ce processus de mythogénisation[71].

Quoi qu'il en soit de cette dernière remarque, le mythe fonctionne, selon Lévi-Strauss, comme un « opérateur logique » qui répond à la nécessité où se trouve l'homme de *penser* le monde pour pouvoir s'y situer, « s'y retrouver », donc de *classer* les êtres par catégories, d'introduire entre eux des *différences* significatives, bref de les *identifier* et ainsi de *s'identifier ;* de se construire en construisant le chaos comme « monde ».

Alors que le mythe introduit du *discontinu* dans le continu chaotique primordial, le *rituel,* à contre-courant, semble au contraire chercher à *« refaire du continu »*. Procédant en effet par morcellement à l'infini et « rapetassage minutieux », il paraît vouloir « boucher les interstices », par « réaction à ce que la pensée a fait de la vie ».

« Au total, *l'opposition entre le rite et le mythe est celle du vivre et du penser »*, estime Lévi-Strauss. Nous touchons là l'« antinomie

---

70. P. SMITH, art. « Mythe. Approche ethno-sociologique », in *Encyclopaedia Universalis* XI, 1971, p. 528 ; ID., « La nature des mythes », in *L'Unité de l'homme, op. cit.,* pp. 714-729.

71. Le mythe de la consommation : J. BAUDRILLARD, *La société de consommation,* Paris, Denoël-Gallimard, 1970, — « Idées » 316, pp. 311-316. — Le mythe de l'Histoire : M. DE CERTEAU, *L'écriture de l'histoire,* Paris, Gallimard, 1975, pp. 57-62. — Le mythe du Progrès technique : J. ELLUL, *Les nouveaux possédés. Le système technicien,* Calmann-Lévy, 1977.

inhérente à la condition humaine *entre deux sujétions inéluctables :* celle du vivre et du penser»[72]. Tel est le drame fondamental de l'homme d'être *structuralement écartelé* entre ces deux nécessités contradictoires, du simple fait de la brèche ouverte en lui par sa venue au langage. Ce n'est pas un hasard si, comme le pense E. Morin, mythes et rites religieux sont nés avec Homo Sapiens, comme en témoignent les sépultures et peintures de l'époque magdalénienne (env. — 35 000) ; ils se sont engouffrés dans la brèche ouverte en l'homme par le problème de la mort et son corollaire obligé, le dédoublement de la conscience capable de s'objectiver sa propre subjectivité, afin de rendre supportable cette rupture insurmontable et d'«expulser cathartiquement les forces de désordre »[73]. En définitive, ce qui se donne à voir symboliquement dans la mise en scène rituelle du mythe, ce qui « s'exprime » archaïquement aux puissances surnaturelles, ce ne sont point des «problèmes de vie», des sentiments, ni des idées (ceci n'est que l'émergence, plus ou moins déguisée, d'une angoisse plus fondamentale) ; c'est l'écart structural qui constitue l'homme, tendu entre la double nécessité d'opérer du discontinu pour penser et de retrouver du continu pour vivre, c'est-à-dire *entre la différence et la permanence, l'altérité et l'identité, l'aliénation et la coïncidence avec soi.* Vieille histoire que celle-là, aussi ancienne que l'homme, et qui en philosophie s'est polarisée autour du rapport entre la *singularité du vécu* et *l'horizon d'universalité nécessaire à toute pensée,* et dont le langage médiateur porte la marque jusque dans sa structure, ainsi que l'a montré E. Ortigues[74].

Ce qui se joue ainsi dans la figuration rituelle du mythe, c'est bien le drame de l'homme ; de « l'homme structural » qui, comme l'écrit P. Nemo, est le « lieu où la transcendance installe sa croix »[75].

---

72. C. LÉVI-STRAUSS, *op. cit.*, pp. 600-603.

73. E. MORIN, *op. cit.*, pp. 149-164 et 182.

74. E. ORTIGUES, *op. cit.*, toute la 2ᵉ partie, notamment le chapitre sur l'article, pp. 111-124.

75. P. NEMO, *L'homme structural*, Paris, Grasset, 1975, p. 216.

Drame du complexe d'Oedipe, selon une autre approche, ainsi que nous l'avons vu. Drame du mythe d'Oedipe qui, selon l'analyse qu'en donne Lévi-Strauss, tente de surmonter « la difficulté insurmontable de l'origine » : « le même naît-il du même ou de l'autre ? » [76]

5. UNE SYMBOLISATION « ÉCONOMIQUE »

Pourtant cette symbolisation de l'homme total se fait souvent avec une remarquable *économie de moyens.* Certes, dans beaucoup de sociétés traditionnelles, les fêtes, toujours religieuses, donnent lieu à de « folles » dépenses : quitte à souffrir la faim ensuite, on mange et boit royalement ce jour-là. La fête est toujours un temps de débordement et d'outrance ; elle ne vit que de l'excès, de ce qui se différencie de l'ordre habituel de la vie quotidienne. Et le symbolisme nous apparaît, à nous Occidentaux, comme « irrationnel » en raison de la « disproportion entre les moyens (considérables) mis en œuvre et les fins avouées ou supposées : ces fins-ci n'expliquent pas rationnellement ces moyens-là [77] ». Mais s'il y a profusion dans le rituel, c'est une profusion de « petits » moyens : en vertu de la loi symbolique et de la contagion métonymique, il suffit de bien peu de choses pour rendre quelqu'un présent : une mèche de cheveux, une empreinte de pied ou un objet lui ayant appartenu ou ayant simplement été touché par lui : et le monde végétal est là tout entier à travers quelques plantes judicieusement choisies, etc. En vertu de la loi de similarité, la métaphore est aussi symboliquement contagieuse : le semblable est représenté par le semblable et agit sur lui ; on verse de l'eau sur le sol pour obtenir de la pluie, on jette quelques

---

76. C. LÉVI-STRAUSS, *Anthropologie structurale, op. cit.,* p. 239. Les mêmes remarques que ci-dessus, n. 65, s'imposeraient ici à propos de notre lecture de Lévi-Strauss.

77. Dan SPERBER, *Le symbolisme en général,* Paris, Hermann, 1974, p. 20.

graines de maïs pour que la récolte soit fructueuse, etc. C'est toujours à travers « *un peu de...* » que l'on entre ainsi, microcosmiquement, en contact avec le macrocosme.

L'économie de moyens dans nos célébrations est telle que l'on peut soupçonner d'exagération la lecture que nous en avons proposée plus haut. Comment un usage aussi discret de matériaux, de gestes, de postures, surtout en Occident, peut-il être l'expression symbolique de l'homme total, chrétien en l'occurrence ? En vérité, une telle objection tombe d'elle-même dès que l'on se garde de cette erreur funeste, dénoncée déjà à plusieurs reprises, et que l'on peut nommer « psychologisme ». Celui-ci confond allègrement le degré de fonctionnement du symbolisme avec l'intensité des sentiments intérieurs que, croit-on, l'on y exprime. Le besoin de s'exprimer « en vérité » et de manière « spontanée » (!) qui se fait jour si fréquemment aujourd'hui n'est évidemment pas étranger à pareille méprise. Il y a maldonne. C'est la vieille métaphysique du contenu sous le langage ou derrière le revêtement symbolique qui pointe ici son nez ; à la limite, la liturgie, pour être expressive, devrait tendre vers le mélodramatique ! En tant qu'il est gardien d'une règle reçue, le rituel religieux *protège au contraire contre l'investissement trop important de la subjectivité consciente.* Protection ambiguë certes, nous l'avons vu : négativement, il peut finir par tourner à vide sur lui-même ; mais positivement, il *économise* les énergies, une telle épargne étant l'élément de base de toute ritualisation dès son niveau le plus simple et le moins religieux. D'où sa « discrétion ».

C'est précisément le *peu de* pain qui est la condition d'exercice du symbolisme eucharistique. A condition, bien sûr, que ce « peu » ne soit pas « trop peu », c'est-à-dire qu'il constitue un support suffisant pour rendre possible la symbolisation : l'hostie plate, blanche et ronde, ou les trois gouttes d'eau à peine visibles sur le front de l'enfant sont évidemment une limite minimale. Mais ce n'est pas par un festin pantagruélique que l'on symbolisera le banquet pascal auquel le Christ convie son peuple, ni par de joyeux ébats dans une piscine que l'on figurera anamnétiquement l'ensevelissement dans la mort avec lui. Le rite sacramentel n'est *pas un mime*. Typique est à cet égard le récit de l'institution : parce que, comme nous l'avons vu, il fonctionne comme discours de l'identité de l'Église et non comme simple narration mimétique, le « il le rompit » ne donne pas lieu à la fraction du pain, ni le « prenez et mangez » à la communion... Le symbolisme rituel est « *hétéro-topique* » : il figure un « autre lieu », une « autre scène » ; il franchit une limite. C'est pourquoi il requiert une *rupture,* et avec le simple mime qui colle à son modèle et avec l'emploi utilitaire ou la valeur d'usage commune des choses. De par sa discrétion même — un peu de pain, un geste sobre, une parole dûment réglée —, le rite fait barrage à l'envahissement romantique d'une subjectivité assoiffée d'« expression-spontanée-et-totale ». Il creuse un *vide* jusqu'alors obturé par le Moi. Celui-ci *lâche prise :* sacrifice ; il se met « en disponibilité ». Mais cette déprise peut devenir le moment même de sa reprise. Car dans l'espace qu'elle libère, l'hétérotopie rituelle figure l'« ailleurs », la radicale Altérité d'où prend naissance toute subjectivité — et dont le langage est la médiation prioritaire. Le symbole rituel peut dès lors faire surgir l'avènement de l'Autre, c'est-à-dire nous faire passer, non pas simplement d'un sens à un autre — le symbole, au sens strict, ne « signifie » rien —, mais à une autre région, à ce qui est autre que tout sens ultimement désignable et qui ne se donne que dans la gratuité.

V. L'IRREMPLAÇABLE ORIGINALITÉ DES SACREMENTS

« Actes d'engagement radical de l'Église », disions-nous à leur sujet au début de ce chapitre. Mais l'Église engage également son identité dans sa référence à l'Écriture lue « au nom du Seigneur Jésus », notamment sous sa forme condensée de confession de foi, dans sa praxis historique de service de Dieu dans le service des hommes, dans sa structure ministérielle...

Jamais cependant, *du point de vue de leur mode de fonctionnement anthropologique,* ces diverses — et nécessaires — modalités expressives de l'Église ne peuvent atteindre *en radicalité* l'engagement qu'elle effectue dans ses sacrements. Ce sont bien les *sacrements-de-l'Église,* les traits d'union indiquant que le génitif a valeur aussi bien subjective qu'objective. « L'Église fait l'eucharistie et l'eucharistie fait l'Église », dit l'adage. Où il apparaît que l'Église n'est pas un « sujet » tout fait, (un « sub-jectum » : « ce qui gît en dessous », comme un fondement inébranlable) qui aurait prise sur l'« objet » eucharistie (« ob-jectum » : « ce qui gît devant »), mais qu'elle ne devient « sujet » qu'en naissant de son « objet » : elle n'a pas prise sur lui, elle est prise en lui. Le paradigme qu'est l'eucharistie nous dit l'enroulement sym-bolique de l'Église et du sacrement : ils sont « pris ensemble ».

Comment résister ici à citer S. Augustin ? « Le symbole, disions-nous à la suite d'E. Ortigues dans notre premier chapitre, nous introduit dans un ordre dont il fait lui-même partie. » Bien des formules augustiniennes relatives aux symboles sacramentels nous le disent avec vigueur : les sacrements — l'eucharistie au premier chef — ne sont jamais plus sacrements que lorsqu'ils se font chair dans la corporéité de l'Église, et l'Église n'est jamais plus Église que lorsqu'elle devient elle-même vivant sacrement. « Si donc, dit l'évêque d'Hippone aux nouveaux baptisés, vous êtes le corps du Christ et ses membres, c'est *votre propre symbole* qui repose sur la table du Seigneur, c'est votre propre symbole que vous recevez... Soyez ce que vous voyez, et recevez ce que vous êtes [78]. » Toute l'initiation, c'est-à-dire le processus de « fabrication » des chrétiens par l'Église, est reprise dans cette perspective :

« Catéchumènes, vous étiez engrangés. Vous avez donné vos noms, vous avez commencé à être moulus par les jeûnes, les exorcismes. Après, vous êtes venus à la fontaine, vous avez été baptisés, vous êtes devenus un seul corps. Vous avez été cuits par le feu de l'Esprit et vous êtes devenus le pain

---

78. S. Augustin, Sermon 272, P L 38, 1246«1248.

du Seigneur (...). Vous avez abouti dans la coupe du Seigneur, vous êtes sur la table, vous êtes dans la coupe. Avec nous, vous êtes ce mystère, ensemble nous le recevons, ensemble nous le buvons, car ensemble nous le vivons [79].

L'expérience symbolique est telle pour Augustin que le meilleur langage pour dire l'Église est celui du sacrement, et que le meilleur langage pour dire le sacrement est celui qui convient à l'Église. Déjà, plus haut, le langage johannique de la manducation et celui de la prière eucharistique...

Les sacrements sont des « actes d'engagement radical de l'Église ». La longue analyse que nous venons d'en proposer par le biais de l'anthropologie rituelle nous permet de donner à cette affirmation théologique l'épaisseur humaine et sociale sans laquelle elle ne serait qu'une vision idéaliste. Il doit être clair qu'une telle radicalité n'est pas à comprendre d'abord, ni nécessairement, au niveau des intentions ou des sentiments, mais à ce plan archaïque plus primordial où se joue la possibilité même qu'il y ait *« du »* sacrement, compte tenu de ce qu'est l'homme social. Actes de langage se donnant comme performatifs au plus haut niveau et non pas simples idées, pratiques qui se veulent efficaces et non pas discours didactiques, enveloppements symboliques et non pas développements explicatifs et moralisants, *l'Église,* par-delà sa sincérité et sa générosité, *s'y figure, s'y ex-pose, s'y pro-duit symboliquement* dans son rapport constitutif au Christ. Elle y exprime *l'écart primordial* au sein duquel elle s'identifie : écart entre elle et lui, entre ce qu'elle est et ce qu'elle n'est pas, entre son appartenance socio-historique et cosmique et son origine christique. Elle se trouve tout entière *prise dans son jeu symbolique* : c'est son identité même qu'elle met en jeu — et qu'elle reçoit simultanément, puisqu'elle ne s'approprie et n'acquiert son autonomie qu'à se désapproprier et à confesser sa dépendance à l'égard de son Seigneur. Elle ne s'engage certes pas à

---

79. ID., PL 46, 834. L'authenticité augustinienne de ce sermon est controversée (Cf. PL S II, 407) ; mais il n'en est pas moins de veine très augustinienne (cf. S. 229, PL 38, 1103).

moitié dans ses indispensables manifestations non (ou non strictement) sacramentelles. Mais dans ses sacrements, l'engagement de
sa structure constitutive et de son identité atteint un point *anthropologiquement indépassable*.

En célébrant les sacrements, les chrétiens, en Église, *franchissent
le pas de manière décisive*. « Au nom du » Christ, sur sa parole, avec
Pierre ils jettent leurs filets (Lc 5, 5), avec Pierre ils effectuent une
aventureuse sortie hors de la sécurité de la barque pour aller à sa
rencontre sur les eaux menaçantes (Mt 14, 28-31). Ce pas, on le
franchit ou on ne le franchit pas ; ce geste, on le fait ou on ne le fait
pas. Et on le fait franchement, ou l'on périt immédiatement : il n'est
plus de négociation possible à ce stade. En acceptant de s'engager
dans le geste sacramentel de l'Église, le chrétien quitte la sécurité de
sa barque, si relative soit-elle — mais, même dans une barque étroite
et ballotée par les eaux, on demeure encore dans du solide ! Il
laisse sur la terre ferme de la rive ses plus sincères sentiments
religieux, ses plus admirables élans poétiques de foi, ses plus
pénétrants discours théologiques. Prenant ensemble-avec ses frères
un peu de pain, de vin, d'eau, c'est-à-dire faisant un geste reçu de la
Tradition apostolique originée en Christ et réitéré par les ancêtres
dans la foi, redisant des paroles très simples, elles aussi reçues
d'Ailleurs, paroles qui ne sont pas les siennes, celles de ses beaux
discours sur Dieu, mais paroles venues d'un Autre et accueillies
comme Parole de Dieu, c'est *la condition même de la foi* que le
chrétien symbolise, c'est *son être de croyant* qu'il met en jeu,
radicalement, sans se réserver d'issue de secours, et qui lui est par là
même redonné.

Cette mise en jeu — non pas au plan des sentiments ou intentions,
là encore, mais au plan du fonctionnement anthropologique — est
plus radicale encore que dans la contemplation ou dans la réflexion
qui essaie péniblement de se frayer un chemin de théologie négative
ou non métaphysique. Car ce n'est plus seulement le discours qui est
négatif ; c'est le parcours lui-même, c'est l'itinéraire qui s'effectue
selon la négativité de l'agir symbolique. Comme cela nous est apparu
dans notre réflexion sur la prière eucharistique, ce n'est pas dans la

médiation d'un *dire* négatif qu'advient la positivité de Dieu dans les rites sacramentels, mais dans celle d'un faire, d'un *faire* qui est lui-même *structuralement négatif*. Là, dans les sacrements, est le *moment dernier décisif* où la foi se symbolise radicalement dans la négativité de son « contenu » pour devenir, dans l'engagement radical qu'il réclame, *acte* suprêmement *positif* : acte de foi. La réflexion théologique est certes nécessaire, indispensable même, sous peine que le croyant sombre dans l'obscurantisme, l'illuminisme gnostique ou toute variété de *credo, quia absurdum*. Encore une fois, à isoler les sacrements des autres fonctions ecclésiales, on les substantifie imaginairement, et on les dénature. A l'intérieur du réseau symbolique ecclésial où se structure la foi, ils sont des *gestes décisifs où se fait la vérité de notre confession de foi*. Sortant totalement de notre réserve, nous prenons, nous disons, nous mangeons ; sur la parole du Seigneur : « jetez vos filets », « viens, », « lève-toi et marche », nous nous engageons. Pierre, Jean, Judas baptise, mais c'est le Christ lui-même qui baptise... Et c'est ainsi, en mangeant symboliquement, sacramentellement, le scandale du Messie crucifié (Jn 6), que nous assimilons et « digérons » la foi, et ce jusque dans notre corps de parole : la foi, qui est l'amère rumination du scandale du Fils livré pour la vie du monde.

*
* *

Nombreux sont ceux aujourd'hui qui soupçonnent les pratiques sacramentelles d'être politiquement récupératrices, socialement conservatrices, historiquement démobilisatrices, psychologiquement aliénantes, ou encore de favoriser des conduites de type magique. Nietzsche, Marx, Freud sont passés par-là... De fait, le symbolisme rituel est tellement ambivalent qu'il est particulièrement susceptible de cultiver des déviations de cet ordre, même pour les esprits avertis : il peut produire en fait, sur ce plan, le contraire de ce qui est affirmé au niveau des intentions. L'énormité des *risques* ici courus est à la mesure de l'importance des *chances* données. L'enjeu, nous l'avons montré, est capital : il y va de l'Église même et de la foi.

La foi est une inconfortable aventure : rien ne le dit mieux, en définitive, que les sacrements, qui sont la confession de foi en acte. Inconfortable, parce qu'il est bien difficile de croire en un Dieu qui ne se donne que dans son mouvement même d'effacement, qui ne parle que du lieu désertique de son silence, qui ne se rend présent que du sein de son absence. Un Dieu qui met tout à l'envers et qui contredit l'image idolâtrique que nous nous faisons spontanément de lui. Un Dieu qui, en Jésus, se révèle comme humain jusque dans sa divinité. Un Dieu si humain qu'il faut être Dieu pour pouvoir être humain à ce point-là.

Ce Dieu trop humain contrarie notre inclination « naturelle » à nous aliéner en lui par projection compensatrice et réparatrice ; la divinisation qu'il nous propose en Christ va de pair avec notre humanisation : il « nous a libérés pour la liberté » (Ga 5, 1), il nous renvoie à notre humanité, à notre responsabilité, à notre autonomie dans le monde et l'histoire. Ce Dieu trop solidaire d'un peuple universel vient arracher notre illusion spontanée de pouvoir l'enfermer commodément dans le carcan de nos systèmes : celui de notre « moi » individuel, celui de notre culture, celui de notre religion, de notre savoir théologique, de nos expériences spirituelles... Ce Dieu trop gratuit condamne sans appel notre prétention, si « justifiable » pourtant, à acquérir quelque droit à sa reconnaissance et à sa grâce, en raison de nos efforts, de notre justice, de notre morale : « A celui qui n'a pas, même ce qu'il a lui sera retiré » (Mt 25, 29). Sans tomber dans un trop facile et trop tentant pathétique — subtil piège auquel une soi-disant perspicacité théologique ou spirituelle, cultivant (masochiquement ?) jusqu'à l'exaspération les sublimes et émouvants paradoxes de l'Évangile, se laisse prendre —, il faut bien reconnaître que ce Dieu est difficilement supportable. Telle est la condition de la foi, d'être insupportable.

Les sacrements, si souvent soupçonnés, voire dénigrés, au nom de la « sincérité » ou de l'« authenticité » de la foi — contre la routine, la récupération par l'institution, la lourdeur et l'hypocrisie de tous les appareils — ne sont-ils pas précisément *l'expression par excellence de l'insupportable de la foi?* S'ils risquent de favoriser l'idolâtrie et la magie, ils sont pourtant les lieux de la confession radicale de l'altérité de Dieu. S'ils risquent de démobiliser par rapport aux tâches, historiques, ils renvoient pourtant les chrétiens au « profane » où se joue concrètement le culte fondamental de la foi et de l'amour fraternel. Au carrefour de l'objectif et du subjectif, de l'institution et de l'intention, de la loi et du désir, du langage reçu de la Tradition et de la parole neuve proférée par le croyant, de l'appareil ecclésial et de la sincérité de l'engagement, du Sacerdoce et du Prophétisme..., *ils cristallisent,* en définitive, *les tensions profondes et irréductibles qui maintiennent l'Église et la foi debout.*

La structuration de la foi nous apparaît telle que si, par hypothèse, il n'y avait pas eu de sacrements, il eût fallu les inventer. « Inventer », étymologiquement (« in-venire »), c'est trouver en soi, dé-couvrir, dé-celer ce qui y était secrètement enfoui. Vivant de la foi, l'Église interprétante a-t-elle jamais fait autre chose en appelant « sacrements » des gestes rituels qu'elle accomplissait pour les avoir reçus de la Tradition et qui étaient comme les révélateurs photographiques de sa nature et de sa mission? Elle ne pouvait les puiser que d'elle-même, c'est-à-dire de sa dépendance christique.

CHAPITRE IV

L'EFFICACITÉ SYMBOLIQUE
DES SACREMENTS DE L'ÉGLISE

Les propositions théoriques de notre première partie, relatives au procès de symbolisation ont pu être à la fois vérifiées et précisées sur le terrain sacramentel dans le précédent chapitre, ainsi que l'avaient été celles concernant le symbolique au long du chapitre II. Notre présente réflexion sur l'efficacité symbolique des sacrements est également à prendre comme une mise à l'épreuve de notre cadrage théorique initial — plus précisément, de l'opération de reversement de l'homme dans le champ du *langage* que nous y avons effectuée. D'autre part, parce qu'ils sont les sacrements de la foi ecclésiale, leur efficacité symbolique ressortit à une singularité et à une spécificité dont, bien évidemment, nous aurons pour tâche d'essayer de rendre compte. Cela va nous amener à montrer comment la réflexion précédente à partir de l'anthropologie rituelle, si nécessaire soit-elle, est insuffisante. Elle n'élucide pas en effet l'originalité du statut de la ritualité juive d'une part, chrétienne d'autre part, par rapport à l'ensemble des religions. Une *double rupture,* que nous caractériserons comme passage à une seconde et à une troisième « naïvetés », est donc à dégager... La spécificité des rites sacramentels nous conduira alors à les fonder dans la *confession de foi* en Jésus comme Christ.

I. DEUX IMPASSES OPPOSÉES

1. L'IMPASSE OBJECTIVISTE

Cette première impasse est représentée par le «Catéchisme à l'usage des diocèses de France» — celui que la plupart d'entre nous ont «appris» durant leur enfance —, dans le sillage de la théologie scolastique et de celle du Concile de Trente. Précisons toutefois que c'est par un acte de jugement *culturellement situé*, à savoir dans la «modernité», que nous parlons ici d'impasse. Car une telle théologie était cohérente avec la culture de l'époque, notamment ave l'anthropologie d'alors. Ce n'est donc pas en raison de sa logique interne, mais en raison de son *écart* par rapport à ladite «modernité» que nous *jugeons* comme impasse sa reprise aujourd'hui.

La tentation est grande aujourd'hui de juger avec mépris cette théologie; ils ne sont pas rares ceux qui y succombent, d'autant que, représentative d'un passé encore récent contre lequel on prononce un sévère réquisitoire, elle leur sert de repoussoir commode pour légitimer et valoriser leurs options actuelles. Une telle attitude est méthodologiquement irrecevable, parce qu'elle prétend pouvoir juger le passé à partir d'un système de valeurs très différent; elle est en outre injuste, parce qu'elle oublie ou dédaigne des générations de croyants qui, pour avoir des représentations de Dieu largement pré-scientifiques ou mythiques et vivre dans des institutions ecclésiales fortement cloisonnées et facilement sécurisantes, n'en ont pas moins été de vrais témoins de la foi dans leur monde tel qu'il était alors; elle est enfin naïve, parce qu'elle se nourrit du présupposé qu'aujourd'hui est nécessairement mieux qu'hier, et que, dans un monde sécularisé, avec une Bible «démythologisée» et des chrétiens «engagés», la foi pourrait enfin trouver à se dire dans la fidélité au Christ : le mythe du Progrès n'est pas mort...

a) *Une définition des sacrements*

Ces considérations ne doivent aucunement nous empêcher, bien entendu, de demeurer critiques à l'égard du passé. De toute façon, la théologie de notre catéchisme d'antan n'est plus en harmonie avec notre culture ; reconnaissons même que le divorce est irrémédiablement prononcé. Dans ce catéchisme, les sacrements sont définis comme « des signes sensibles institués par Notre Seigneur Jésus-Christ pour produire ou augmenter la grâce ». Signes efficaces, dit la théologie classique depuis la scolastique ; signes producteurs de la grâce. Dieu *cause* celle-ci par leur *intermédiaire*. Les sacrements sont ainsi des *instruments,* des *moyens* mis par lui à la disposition de l'homme et dont celui-ci doit se servir, comme de remèdes, lorsqu'il en a besoin. Ce sont des *canaux* de grâce — une image les figure ainsi —, dont la source est la croix du Christ : les chrétiens n'ont qu'à venir y puiser pour y trouver les secours surnaturels dont ils ont besoin, puisque la grâce y est « toujours reçue pourvu qu'ils aient les dispositions nécessaires », c'est-à-dire qu'ils n'y mettent pas l'*obstacle* du péché mortel notamment, sous peine de sacrilège.

Le trait le plus fondamental et le plus caractéristique de ce système de représentations est sans aucun doute véhiculé par l'idée de *production* de la grâce. Les sacrements sont d'entrée de jeu traités comme des instruments disponibles, des *« outils »* : ce sont des *« ob-jets »,* que Dieu a « placés devant » (ob-jacere) l'homme-sujet, donc extérieurs à celui-ci comme l'est un objet courant, un stylo ou une table par exemple, et utilisables selon ses besoins surnaturels. Tel est le présupposé (métaphysique) non élucidé sur lequel repose tout l'édifice ; si, comme nous le pensons, cette présentation nous enferme dans une impasse, c'est bien d'impasse « objectiviste » qu'il s'agit.

b) *Un présupposé devenu inacceptable*

Car ce présupposé d'une sorte de face à face transparent entre *l'homme-sujet et le monde-objet* est fondamentalement remis en cause aujourd'hui. Une véritable révolution — «rupture épistémo-logique», dit-on en jargon savant — s'est opérée, affectant les méthodes, et par conséquent le statut même, de toutes les branches de la science : le *physicien* sait bien désormais qu'il n'atteindra jamais le fond ultime des choses, ne serait-ce que parce que les mesures de ses micro-objets sont inévitablement dérangées par ses manipulations ; le *biologiste* sait que, s'il peut comprendre les mécanismes qui créent la vie, il ne pourra jamais mettre en évidence la vie elle-même : «comme les autres sciences de la nature, écrit F. Jacob, la biologie a perdu aujourd'hui nombre de ses illusions. Elle ne cherche plus la vérité. Elle construit la sienne»... «On n'interroge plus la vie aujourd'hui dans les laboratoires. On ne cherche plus à en cerner les contours. On s'efforce seulement d'analyser les systèmes vivants, leur structure, leur fonction, leur histoire [1]. »

Dans le domaine des sciences dites de l'homme, cette *interférence permanente du sujet dans l'objet de sa recherche,* et donc cette impossibilité de désigner un fondement ultime des choses, apparaît de manière plus flagrante encore : le *sociologue* ne doit jamais oublier que «son regard de chercheur est modifié par le phénomène observé», comme l'a montré E. Morin à propos de Mai 68 [2]; *l'ethnologue,* sur le terrain, doit faire l'apprentissage d'une autre vie, se laisser pénétrer par une autre culture — depuis la manière de manger jusqu'aux réflexes apparemment les plus spontanés ; il fait de sa vie même le lieu de la découverte scientifique. *Le psycha-nalyste,* à chaque séance, doit, lui aussi, malgré la règle sacrée de la neutralité frustrante, «s'engager avec tripes et âme», comme le dit S. Leclaire, dans le discours de l'analysant ; la gageure, pour lui, consiste précisément en ce qu'il doit lui-même «engager son questionnement sur l'origine de la parole... Le transfert, cheville ouvrière de la psychanalyse, impose que soit interrogé le fantasme

---

1. F. JACOB, *La logique du vivant. Une histoire de l'hérédité,* Gallimard, 1970, pp. 24 et 321.

2. E. MORIN, *L'esprit du Temps,* 2. *Nécrose,* Grasset, 1975, pp. 27-55.

secret qui pousse l'analyste à faire profession de chasseur de démons »[3]. Le problème du terrain pour le sociologue et l'ethnologue, celui du divan pour le psychanalyste est celui du temps pour *l'historien*; comme le montre M. de Certeau, le problème dépasse ici de beaucoup celui, classique, de l'impossibilité de l'objectivité en histoire en raison de ce que R. Aron appelait la « philosophie implicite » de l'historien; l'histoire que l'on écrit a toujours son commencement dans l'actualité, c'est-à-dire dans la pratique historique que l'historien lui-même a au sein de sa société et des valeurs dont elle vit, et en fonction de sa propre position sociale et idéologique; l'histoire est ainsi toujours *reconstruction* du passé, si bien que « faire de l'histoire », c'est nécessairement « faire l'histoire » et que le « réel » ainsi atteint est à la fois « le résultat de l'analyse... et son postulat »[4]. Mais c'est avec la *linguistique* que nous touchons le problème de la manière sans doute la plus vive. Le statut tout à fait unique du JE linguistique, comme nous l'avons vu, est tel que le sujet existentiel advient et se donne à reconnaître dans le sujet linguistique de l'énoncé; si bien que, comme l'observait J. Kristeva, le sujet linguiste est toujours-déjà pris dans la réalité linguistique qu'il analyse[5].

L'objet d'une science n'est jamais donné comme tel dans la nature — où il n'y aurait qu'à le saisir pour l'analyser. Il est le *résultat d'une élaboration et d'une construction humaines*. C'est la méthode qui crée l'objet; le sujet, avec sa culture et son désir, l'y accompagne toujours. En soulevant cette question à laquelle la science actuelle est constamment affrontée, la modernité ne cherche pas seulement à manifester la *part* de subjectivité — la « philosophie implicite » — inhérente à tout discours scientifique. S'il ne s'agissait que de cela, on ne parlerait pas de « rupture épistémologique ». Ce qui est en jeu en réalité, c'est *le statut même de la science* comme telle, y compris

3. S. LECLAIRE, *On tue un enfant*, Seuil, 1975, pp. 101-102.
4. M. DE CERTEAU, *L'écriture de l'histoire*, Gallimard, p. 47.
5. Cf. *supra*, ch. I, § I, 1, b.

de celles qui ne sont ordinairement pas qualifiées de « sciences humaines » — on devine d'ailleurs l'ambiguïté de cette étiquette. Car, en définitive, le « postulat d'objectivité » où J. Monod voit « le seul a priori pour la science »[6] ne résulte-t-il pas lui-même, comme l'affirme J. Baudrillard, « d'une *décision* jamais innocente *d'objectivation* du monde et du 'réel' », donc d'une « convention » ? Convention dont sans doute la raison humaine est incapable de se passer[7], et qui marque ainsi son incontournable limite ; mais cet *incontournable* est en même temps la condition de possibilité, théorique et pratique, de son exercice, ainsi que la condition de validité de toute science : « Tout savoir, pour ne point chuter dans un dogmatisme naïf, inclut sa propre critique. Il ne se pose en absolu que par un glissement inconscient vers l'idéologie[8]. »

Cette subversion du rapport entre sujet et objet, dont nous venons de donner quelques exemples significatifs, révolutionne de manière irréversible la conception que l'on avait de l'homme. Elle rejoint toute la problématique, développée au début de cet ouvrage, du rapport de l'homme au réel : de quelque manière qu'il les prenne, les choses ne sont signifiantes que parce qu'elles lui parlent ; et elles lui parlent parce qu'elles parlent de lui, parce qu'il est toujours-déjà dedans. Si la vie fait sans cesse problème pour l'homme, si rien n'est simple pour lui, c'est parce que rien n'est immédiat : son royaume est celui de la médiateté ; l'épreuve, l'épreuve de la différence régie par le langage est son lot.

c) *Des sacrements « objets » d'où l'homme est évincé*

Le mystère de la rencontre entre Dieu et l'homme dans les sacrements de l'Église ne se laisse pas plus expliquer par cette

---

6. J. MONOD, *Le hasard et la nécessité*, Seuil, 1970, pp. 188-195.

7. J. BAUDRILLARD, *L'échange symbolique et la mort, op. cit.*, p. 94.

8. S. BRETON, Présentation du livre de R. NOUAILHAT, *Le spiritualisme chrétien dans sa constitution. Approche matérialiste des discours d'Augustin*, Desclée, 1976, p. 9.

anthropologie que par celle du Moyen Age. Cependant, l'attention moderne à la structure langagière de l'homme nous ouvre une nouvelle voie d'approche vers ce mystère. Les sacrements sont des *actes de langage* symbolique de l'Église. De ce fait, nous ne pouvons les traiter comme des *intermédiaires* entre l'homme et Dieu, c'est-à-dire comme des *instruments utilisables* pour obtenir de Dieu « les grâces » qui nous sont nécessaires : ce serait les arracher à leur statut même d'acte de langage. Le croyant ne dispose pas d'eux comme d'un objet qui lui ferait face et qui lui serait extérieur : il est *pris dedans,* il est parlé par eux, il est emporté en leur sein. Ils sont des *médiations expressives de l'homme croyant.*

Celui-ci y est donc *engagé totalement,* et bien au-delà de ses intentions. Il ne pèut plus être question, par conséquent, de réduire la part de l'homme dans les sacrements aux simples « dispositions nécessaires » à la réception de la grâce. La théologie s'est toujours *méfiée de l'introduction de l'humain dans les sacrements.* Cela se vérifie dès les premières controverses sacramentaires, entre Etienne 1er et S. Cyprien, puis entre S. Augustin et les Donatistes, à propos de la « validité » des baptêmes et des ordinations conférés par les hérétiques. L'enjeu était d'importance, puisqu'il s'agissait de préciser les rôles respectifs de l'Église, simple dépositaire ministérielle des sacrements, et du Christ, qui en est le seul propriétaire et le seul principe d'action. C'est ce qu'exprimera plus tard, à l'époque scolastique, la formule « ex opere operato », sanctionnée dogmatiquement par le concile de Trente[9].

Mais, dans le champ culturel de la scolastique, représentatif du profil métaphysique selon lequel s'est élaborée toute la théologie, la sauvegarde de l'efficacité infaillible de la *causalité* divine dans les sacrements s'est effectuée *au détriment de l'homme.* L'engagement de celui-ci est réduit à une *simple condition 'sine qua non'* — absence d'« obstacle » — pour l'exercice efficace de la causalité transcendante. L'humain ne peut entrer dans le constitutif des

---

9. Can. 8 « De sacramentis in genere », Dz. 1608.

sacrements : il en est, par principe, expulsé. Certes, à la suite de la
tradition patristique, les scolastiques affirment nettement que la foi
personnelle est la mesure de la réception fructueuse de la grâce. Mais
ce n'est qu'au titre des effets des sacrements, nullement au titre de
leur nature, que la subjectivité croyante est prise en compte. Il est
d'ailleurs significatif que ce sont les deux sacrements où l'humain est
le plus immédiatement engagé parce qu'il en est la « matière » même,
la pénitence et le mariage, que la scolastique a eu le plus de mal à
intégrer dans ses catégories sacramentaires : dès qu'il est pris en
considération, *il dérange tout le système jusque dans ses présupposés.*

d) *La transcendance métaphysique*

Le système présuppose en effet que la transcendance divine
marque une *rupture verticale* par rapport à l'homme, et que le
sacrement, en dépendance de la « sainte humanité » du Christ, sert
d'instrument à la divinité pour rétablir le contact. Certes, il y a
distance, et distance absolue entre Dieu et l'homme. Il faut être
clair : quiconque émousserait la radicale altérité de Dieu ferait de lui
une idole. Apprendre Dieu de Jésus en qui nous reconnaissons son
visage, consiste précisément à renoncer aux idoles. L'idole résorbe
l'écart de Dieu ; l'icône le souligne au contraire : elle ne décèle que
ce qu'elle recèle simultanément. Jésus est « l'icône du Dieu
invisible » (Col 1, 15) [10]. En lui, Dieu n'attire que dans le
mouvement où il se retire. En lui, l'absence du Père se radicalise :
« Philippe, qui m'a vu a vu le Père » (Jn 14, 9). C'est précisément
sur la croix, dans l'abandon du Fils — « mon Dieu pourquoi m'as-tu
abandonné ? » (Mc 15, 34) — pour le pardon des hommes, que Dieu
se donne suprêmement à voir dans sa gloire [11]. L'icône-Jésus creuse
la distance de Dieu au lieu de l'abolir. Un tel écart interdit bien sûr

---

10. J.L. MARION, *L'idole et la distance*, Grasset, 1977, p. 25.
11. Cf. *infra*, § IV de ce chapitre.

toute clôture de Dieu dans quelque concept ou discours que ce soit : l'idole conceptuelle ne vaut pas mieux que celle de pierre ou de bois. Encore moins Dieu peut-il être considéré comme le produit du langage humain. Pourtant, il n'est pas saisissable hors du langage et de l'ensemble des signifiants où nous *le* disons et où, simultanément, nous *nous* disons. Il n'est signifiant pour nous que parce que le langage où nous l'appréhendons est signifiant de nous. Il ne peut nous parler, au sens intransitif, sans « nous » parler, au sens transitif. Si donc la transcendance éveille en nous symboliquement une distance verticale, elle marque d'abord *l'écart qui nous constitue* ; elle *bascule en nous-mêmes*.

Toute théologie qui oublie dès le départ, et surtout au point de départ, la structure langagière de l'homme ne peut se présenter que comme une impasse dans la culture d'aujourd'hui. Théologie « métaphysique », elle a sans cesse à se « dépasser », c'est-à-dire à se défendre contre elle-même. C'est dire que le fameux « dépassement de la métaphysique », que Heidegger assigne comme programme à la pensée, est une tâche indéfiniment à reprendre, et qu'il n'a rien à voir — comme on le croit parfois avec autant de sottise qu'on y met de dédain — avec quelque nouvelle Lumière enfin purifiée de l'ignorance des âges antérieurs ; comme si nous pouvions nous débarrasser de cela même qui fait le fond de notre langage et de notre culture d'Occidentaux ![12] Dans la mesure où elle est métaphysique, la théologie masque l'instance originaire de son discours, à savoir *la présence permanente de l'homme parlant et questionnant dans l'objet de son discours* ou du sujet de l'énonciation dans le sujet de l'énoncé. Elle est, au fond, tauto-logique : elle présuppose au départ le « fondement ultime » sur lequel elle prétend s'interroger ; le croyant se contemple ainsi dans l'image de Dieu qu'il s'est généreusement offerte.

---

12. Cf. le thème si fréquent chez M. HEIDEGGER du Destin de la métaphysique comme « fatalité nécessaire de l'Occident ». Par ex., *Essais et Conférences*, Gallimard, 1958, p. 88 ss.

Cela n'apparaît certes pas à un examen superficiel. *S. Thomas d'Aquin*, par exemple, dont chacun sait l'insigne perspicacité théologique, sait bien qu'« il y a quelque chose au sujet de Dieu qui est tout à fait inconnu à l'homme en cette vie : ce que Dieu est [13] » et que « nous ne pouvons pas saisir ce que Dieu est, mais ce qu'il n'est pas, et quel *rapport* soutient avec lui tout le reste [14] ». Aucun concept, ni celui de « bonté », ni celui de « justice », ni même celui d'« existence », ne peut englober le Créateur et la créature. Notre manière de nous représenter la bonté, la justice, l'existence de Dieu est toujours déficiente. Si toutefois nos propositions sur Dieu ont, par analogie, quelque vérité, celle-ci est mesurée par *« le rapport de la créature à Dieu, comme au principe et à la cause en qui préexistent de manière éminente toutes les perfections des choses [15] »*. Ainsi S. Thomas s'enfonce-t-il fort avant, aussi loin qu'il est possible compte tenu du terrain métaphysique où se déploie son discours, dans la voie de la théologie négative. S'il est possible de parler de Dieu, c'est donc seulement par *analogie*. Mais cette analogie est fondée tout entière sur le *rapport inné* de la créature au Créateur, rapport d'effet à cause qui est *présupposé à tout acte de langage et à toute interprétation culturelle*. Or, voilà bien le nœud du problème : *on postule au départ*, comme condition de possibilité de l'acte de langage et de jugement qu'est l'analogie, et donç *antérieurement* à lui, *une participation « naturelle » du contingent à l'Absolu*. La transcendance de Dieu comme Être au-dessus de tout étant, comme Cause première au-dessus de toute cause, est donnée dès le départ comme le fondement ultime, irréductible et objectif de tout langage sur Dieu, *échappant par là même au langage et à la culture*. On oublie ainsi le lieu même d'où est posé le premier postulat : le langage, et donc la présence du sujet parlant et désirant jusque dans cet horizon lointain.

---

13. *In ep. ad Rom.* 1,6.
14. *Contra Gent.* I, 30.
15. *Somme Th.* I, Q. 13, a. 5.

Si bien que, comme l'écrit J.L. Marion, «la question de l'existence de Dieu se pose moins avant la preuve qu'à son terme». L'incise, apparemment innocente, que S. Thomas introduit au terme de chacune de ses cinq voies de démonstration de l'existence de Dieu — «et tous entendent ceci (= ce premier moteur non mû) comme étant Dieu»; «tous la nomment (= cette causalité première efficiente) Dieu»; «ce que (= la nécessité) tous disent être Dieu»; «nous disons qu'elle (= la cause de la perfection; puis, la fin ultime) est Dieu» — repose toute la question : «'Tous', sans doute, mais de quel droit? Qui sont ces 'tous', pourquoi peuvent-ils établir une équivalence que ni le théologien ni le philosophe ne fondent, mais sur laquelle ils se fondent? Sur quel fondement s'appuie ici le discours pour assimiler à un Dieu hors-discours successivement les concepts de premier moteur non mû, de première cause efficiente, de nécessité, de perfection, de fin [16]?» On le voit : seul le consensus de tous permet d'établir en dernière instance — mais c'est une instance *extérieure* au discours de la preuve — l'identité entre le premier moteur que l'on a démontré par la raison et Dieu. Mais dès que, comme c'est le cas depuis deux siècles et notamment aujourd'hui, un tel consensus éclate, que reste-t-il de la «preuve»? C'est le présupposé même d'un rapport («ordo») naturel entre le monde ou l'homme et Dieu qui doit être interrogé : on ne peut le poser hors langage et hors culture sans se donner la réponse dès le départ.

Cette analyse peut paraître subtile. Mais le résultat est là, flagrant : ce discours théologique ne parle plus aujourd'hui. Et pourquoi cette odeur d'étrangeté, sinon parce que, comme d'instinct, nous soupçonnons ce qui a relent d'«*arrière-monde*»? Cet «arrière-monde», lieu de l'Absolu, du Fondement dernier, du Signifié dernier, était pourtant autrefois ce qui donnait à la vie humaine son poids et son sens, et ce qui permettait à notre société de trouver unité et stabilité sur la base de cette représentation métaphysique commune du monde. Un renversement radical s'est produit, affectant les bases mêmes de

---

16. J.L. MARION, *op. cit.*, pp. 28-29.

la théologie comme des diverses disciplines scientifiques et se répercutant jusque dans le quotidien le plus banal : habitants de la modernité, ne sommes-nous pas tous « en recherche », comme l'on dit couramment de nos jours ? Ne vivons-nous pas tous dans une perpétuelle mobilité, quitte à la payer d'une douloureuse mais précieuse errance ? N'avons-nous pas perdu le goût du définitif ? Et que provoque le recours à la tradition comme norme de valeurs et de conduites sinon une levée de boucliers ? Et tout y passe : la croissance à peine contrôlée, la sur-consommation, les conflits sociaux, les modes vestimentaires, littéraires, théologiques, l'adapta-bilité et la convertibilité professionnelles, la vitesse de parcours du circuit économique par l'argent, l'évolution des conduites éthiques, sexuelles notamment, etc.

« Notre civilisation est la première à ignorer la signification même de l'homme », a dit A. Malraux. Ayant *perdu le rapport rassurant qui permettait au sujet de dominer par sa raison le monde-objet et de déterminer la vérité par ajustement de sa pensée aux choses,* l'homme, sans arrière-monde, se retrouve seul face à lui-même. Le Dieu de la métaphysique s'est effacé. Peut-on croire encore ?

e) *La revendication contemporaine :*
   l'homme dans les sacrements

Oui, sans doute. A condition d'accepter les risques de la modernité. Là est la chance de la foi aujourd'hui. Dans cette perspective, la réflexion théologique qui se donne les sacrements pour objet d'étude doit les traiter, non plus comme des intermé-diaires-objets qui feraient le pont entre le sujet croyant et le Dieu transcendant, mais comme un *acte de langage ecclésial* où se fait la condition même de la foi qui s'y exprime. Langage verbo-rituel où se figure la *radicale différence du Ressuscité,* différence éprouvée comme signifiante *à partir de* celle même qui constitue l'homme croyant entre ce qu'il est et ce qu'il n'est pas. En posant un tel rapport d'altérité et de dépendance, les sacrements, loin de combler l'écart entre nous-mêmes et le Christ, le *creusent* au contraire en nous-mêmes et deviennent ainsi un *appel*. C'est de cette perte du Christ comme objet de besoin capturé par les mille ruses du désir[17], que naît la *demande* de lui comme présence qui ne se donne que dans le mouvement même où elle s'efface (cf. Emmaüs). Le croyant est ainsi toujours renvoyé à lui-même, à sa solitude, et par là même à son autonomie et à sa responsabilité dans l'histoire. Il n'obtient jamais de réponse. La différence de Dieu, cavant la sienne propre, *dif-fère* sans cesse une telle satisfaction. S'il cherche, c'est pourtant comme ayant déjà trouvé ; mais s'il trouve, c'est comme ayant à chercher encore. Telle est l'efficacité symbolique fondamentale des sacrements : ils sont la *médiation privilégiée qui façonne l'homme selon la difficile condition de la foi* et le *déplace* sans cesse vers l'Altérité du Dieu vivant.

A ce compte, le sujet croyant demande à être *totalement réintégré dans les sacrements*. Nous ne pouvons plus le poser comme extérieur à eux. Ils ne sont sacrements-pour-l'homme que parce qu'ils sont signifiants-de-l'homme, de l'homme dans sa condition de croyant. Ils le parlent, ils le font advenir au sein de la médiation symbolique qu'ils déploient. Nous sommes ici évidemment dans un tout autre univers culturel que celui de la théologie scolastico-tridentine qui, par le truchement du catéchisme, a façonné les représentations religieuses de la plupart des chrétiens. Celle-ci, « en poussant le théocentrisme vertical à son extrémité, a privé le rite de ses significations proprement humaines et elle a préparé une reprise anthropologique du rite fermée à son intelligence théologique »[18]. De fait, les dernières décennies ont vu apparaître une vive réaction contre la quasi expulsion de l'homme concret hors des sacrements. Réaction d'autant plus vigoureuse que le couvercle de la marmite où bouillonnait la nouvelle culture était mieux fermé : ce fut une véritable explosion.

---

17. Cf. l'application des concepts lacaniens de besoin et de demande à la relation du croyant à Dieu par D. VASSE, *Le temps du désir*, Seuil 1969, ch. I : « La prière : du besoin au désir » pp. 17-57.

18. A. VERGOTE, *Interprétation du langage religieux, op. cit.*, p.. 201.

Pas sans dégâts évidemment. L'onde de choc déferla sur une liturgie devenue pour beaucoup insupportable, parce que trop abstraite, intemporelle, fixiste, unanimiste, et sur une théologie éprouvée comme irrecevable, parce qu'entretenant une vision « chosifiante », « objectivante » et « ponctualiste » des sacrements. Jargon sans doute injuste à l'égard d'un système théologique qui était loin d'être sans failles, mais qui, finement équilibré, était fort éloigné des représentations grossières dont on l'a parfois chargé, ces dernières décennies ; mais peut-être était-il inscrit dans le destin de la théologie qu'elle en vienne à sacrifier cette victime émissaire pour qu'une nouvelle génération de croyants puisse se lever et vivre ?...

Un tel choc subversif, évidemment, ne pouvait pas se produire sans outrances. Celles-ci étaient significatives d'une requête profonde et légitime : *réintroduire l'homme concret* dans les célébrations sacramentelles et dans le discours théologique qui les légitimaient. Mais, en de telles circonstances, il fallait s'attendre à ce que l'on tombe de Charybde en Scylla : on s'est effectivement fourvoyé dans une autre impasse, inverse de la précédente.

2. L'IMPASSE SUBJECTIVISTE

Elle se présente de deux manières, qui se rejoignent bien qu'elles soient issues de points de départ différents et même opposés. La première part d'une revendication proprement théologique ; la seconde, d'une revendication anthropologique. Cette dernière seule est directement liée à l'explosion culturelle dont nous venons de parler ; l'autre ne lui est pourtant pas totalement étrangère, mais elle ne l'a subie que de manière indirecte.

a) *Célébration du « déjà vécu »*

— *Karl Barth,* partant de la transcendance absolue de Dieu et de l'efficacité souveraine de sa Parole éprouve une véritable hantise — et en cela, il est un fidèle héritier de Calvin — à l'égard de tout ce qui a un relent de « synergisme », c'est-à-dire de toute théologie du « et » où s'affirme une collusion, un mélange entre l'action de Dieu *et* celle de l'homme. S'il y a bien dans le baptême un rapport entre l'action de Dieu — ce qu'il appelle « le baptême d'Esprit » — et celle de l'Église, et par conséquent de l'homme — le « baptême d'eau » —, rapport nécessaire sous peine de réduire le rite à une pieuse comédie, il faut surtout se garder d'amalgamer les deux.

La justification gratuite du pécheur est l'œuvre de Dieu seul. Mais Dieu justifie indépendamment du baptême d'eau. Celui-ci, qui représente la part de l'Église et de l'homme, n'est jamais que la *réponse humaine* de la foi à la grâce donnée par Dieu, la *reconnaissance de* cette grâce — cet aspect cognitif est l'horizon sur lequel se déploie la sacramentaire barthienne, comme d'ailleurs calvinienne —, et la *reconnaissance pour* ce *déjà-là* opéré par la seule puissance de la Parole et de l'Esprit de Dieu. « Le baptême n'accomplit rien : il ne fait que *reconnaître* et *proclamer* la crise provoquée par Dieu lui-même. Il ne fixe pas, mais il *atteste* la limite tracée par Dieu entre le temps qui passe et le temps qui vient dans le monde comme aussi dans toute vie personnelle. Il est, par rapport à Jésus-Christ, l'acte humain *d'obéissance* qui consiste à oser *refléter* l'acte de jugement de Dieu, qui est comme tel son acte de réconciliation. Il ne relève donc pas d'une décision arbitraire. Certes, il est une action humaine, libre et responsable, mais à ce titre, précisément, il ne fait que *suivre* la justification et la sanctification accomplies et révélées par Dieu en Jésus-Christ, c'est-à-dire la purification et le renouvellement de l'homme pécheur [19]. » On ne peut être plus clair ! D'ailleurs, après examen de l'ensemble des textes scripturaires relatifs au baptême [20], Barth croit pouvoir conclure de manière péremptoire : « D'après le Nouveau Testament, l'acte baptismal n'est vraisemblablement et même très vraisembla-

---

19. K. BARTH, *Dogmatique* IV, 4 : « Le fondement de la vie chrétienne », Labor et Fides, Genève 1969, p. 165.
20. *Ibid.*, pp. 115-132.

blement pas du tout à comprendre comme une œuvre et une parole de la grâce purifiant et renouvelant l'homme; autrement dit, il ne faut pas y voir un « mystère » ou un « sacrement », au sens de la tradition théologique devenue prédominante (...). Or, si l'acte baptismal n'est pas un sacrement, le sens qui est le sien doit être cherché... dans son caractère d'action purement humaine *répondant* au faire et au dire de Dieu » [21].

Concevoir le baptême d'eau comme agent actif, certes tout entier subordonné à Dieu, d'un événement de grâce, c'est donc, pour le grand théologien réformé, « docétiser » le baptême d'Esprit (p. 106), le rendre superflu, puisque cela équivaut à la négation de l'action souveraine et gratuite de Dieu.

— On retrouve assez couramment, semble-t-il, une méfiance analogue à l'égard de l'efficacité des sacrements *chez un certain nombre de catholiques aujourd'hui.* Leur point de départ se situe pourtant presque à l'opposé de celui de K. Barth : chez celui-ci, c'est une sensibilité très vive à la transcendance absolue de Dieu — « soli Deo gloria » — qui le fait réagir contre la conception catholique traditionnelle des sacrements et contre une sacramentalisation trop massive; chez ceux-là, la lutte est menée au nom de la *réintégration de l'expérience humaine* dans la pratique et la théologie des sacrements. Car, dit-on, un sacrement n'est pas autre chose que la célébration joyeuse et festive où les chrétiens reconnaissent, nomment, expriment l'action de Dieu dans leur vie quotidienne, et lui en rendent grâce. Ils sont — et nous retrouvons ici la théologie barthienne — la *réponse de la foi* qui reconnaît ce que Dieu a déjà réalisé dans la vie des participants, de l'Église et du monde, et qui lui en exprime sa reconnaissance. D'où la revendication actuelle d'« expression du vécu », de « célébration de la vie », de « lien entre la liturgie et la vie »...

Formules anthropologiquement naïves et théologiquement ambiguës, mais riches d'une requête dont on ne contestera pas *la*

---

21. *Ibid.*, p. 133.

légitimité et l'urgence : on ne peut que souhaiter que les sacrements soient célébrés et vécus comme manifestations expressives d'une dynamique de vie qui, en christianisme, est le lieu premier du culte et à partir de laquelle ils peuvent trouver leur cohérence. On ne peut que se réjouir également de la sensibilité qu'ils réveillent à une vérité trop oubliée : l'Église célébrante est directement et concrètement interpellée, dans son dire, son faire, son paraître, par ses gestes sacramentels; ils lui enjoignent de devenir le signe vivant de ce qu'elle y annonce au monde. On connaît l'impact pastoral étonnant qu'ont eu les questions issues de cette problématique théologique d'Église-Sacrement [22].

Tout cela donc est bel et bon, et nécessaire. Mais cela ne va pas non plus sans *risques,* aisément vérifiables sur le terrain aujourd'hui. Risque ecclésiologique d'*élitisme,* souvent dénoncé : on ne peut plus célébrer, à la limite, qu'avec les « purs » qui ont fait les mêmes choix, militent dans le même combat, partagent la même idéologie. Risque de « *pélagianisme* » : on ne peut plus célébrer, à la limite, que lorsque l'on a « vécu quelque chose » que l'on peut apporter et exprimer; le sacrement devient une récompense de bonne conduite... A trop presser au niveau de la conscience, de l'intention, de la vérification, l'exigence de devenir ce que l'on célèbre, on risque de sombrer, on le voit, dans une exacerbation de la subjectivité qui finit par ruiner la sacramentalité elle-même.

Mais le risque le plus grave théologiquement, bien qu'il ne soit ni le plus visible ni le plus sensible pastoralement, porte sur *l'efficacité* même des sacrements, qui ne seraient jamais que l'expression ecclésiale festive du *déjà vécu.* Une telle conception doit être récusée pour deux raisons majeures : l'une, qui relève de l'intelligence que l'Église s'est toujours donnée des sacrements; l'autre, de l'anthropologie sous-jacente à ce type d'affirmation.

------

22. Cf. notamment le rapport R. COFFY, « Église, signe du salut au milieu des hommes » discuté par l'assemblée plénière de l'épiscopat français à Lourdes en 1971 (Centurion 1972).

b) *La Tradition ecclésiale*

— La foi chrétienne est originée dans une *Tradition ecclésiale*. Elle n'existe qu'à être reçue. Non qu'elle ne serait que la morne répétition de ce qu'ont dit les générations précédentes : la Tradition vivante d'où elle se reçoit n'est pas cumulative, mais sélective ; elle est nécessairement critique, parce que la foi ne prend corps qu'au sein de l'intelligence historique que l'homme, dans sa culture et sa société, a de lui-même. Mais cette appropriation culturelle ne se fait qu'en référence au Nom de Jésus, Christ et Seigneur, référence qui est nécessairement un donné fondé sur le témoignage apostolique de la Résurrection.

Or, dans cette Tradition vivante de l'Église, à commencer par celle dont nous témoigne le Nouveau Testament, nous ne voyons jamais les gestes sacramentels traités autrement que comme des *gestes du Seigneur Jésus lui-même*. Cela est vrai pour Paul : par le baptême, nous sommes morts avec le Christ (Rm 6) ; en participant au repas du Seigneur, nous communions à son corps et à son sang (1 Co 10). Cela est vrai de l'archaïque théologie palestinienne du baptême que Luc nous présente dans les Actes : si le baptême pour la rémission des péchés n'a pas de sens sans la conversion et la foi au Christ Jésus, il n'en est pas un simple appendice, mais bien plutôt le sceau et la clef de voûte ; comme tel, il est une pièce maîtresse de la structuration de la foi. De même, la fraction du pain à Emmaüs n'est opérante que dans le sillage du cheminement de la foi sur la route ; mais elle n'est pas la simple célébration de ce « déjà vécu » : elle est le moment décisif où se fait la reconnaissance de la foi. Matthieu n'est pas en reste : le jugement prononcé par les frères qui, au nom du Seigneur (18, 20) se sont mis d'accord (18, 19) en Église (18, 17), n'est-il pas ratifié au ciel (18, 18), c'est-à-dire pris pour un jugement d'autorité du Christ lui-même, Seigneur de sa communauté ? Et lorsque l'on se rappelle que Jean, si critique pourtant à l'égard du « culte », élabore sa théologie du baptême — nouvelle naissance — et de l'eucharistie — communication de la vie du Verbe rédempteur glorieux — à partir de la pratique de l'Église, on peut dire que, d'une certaine manière, il renchérit encore sur les autres.

Nous ne voulons pas dire, bien sûr, que l'« ex opere operato » scolastique serait déjà présent, quoique caché, dans le Nouveau Testament ! On ne peut et ne doit le comprendre qu'à l'intérieur du système culturel et théologique où il a germé et où il trouve sa pertinence. Nous constatons simplement que les rites de l'Église, à commencer par le baptême et l'eucharistie, les deux sacrements majeurs, ont toujours été vécus dans la foi de l'Église comme des lieux de rencontre salutaire avec le Seigneur Jésus.

c) *Une anthropologie toujours métaphysique*

— Du point de vue *anthropologique,* par ailleurs, la conception des sacrements que nous récusons *présuppose que l'homme pourrait être en possession immédiate de ses expériences,* de son vécu. Les sacrements viendraient « traduire » ce *contenu d'existence subjectif préalable,* le célébrer en l'objectivant, le posant devant soi. On pense ainsi détruire l'objectivisme de la théologie antérieure, mais c'est un subjectivisme qui prend le relais. Et ce subjectivisme ressortit au *même modèle métaphysique* que l'objectivisme qu'il veut combattre : on inverse les termes, on ne change pas de terrain épistémologique. La pensée se déploie toujours dans le cadre du rapport sujet-objet de la métaphysique, et le sacrement demeure saisi comme un ob-jet, un instrument, face à la subjectivité existentielle. En dépit des apparences on s'oppose en scolastique à la scolastique. Vieille histoire, dont la Réforme protestante, puis la Réforme catholique à son tour, nous ont laissé le souvenir, ainsi que la conviction qu'il n'est pas possible d'en sortir sans changer de terrain. Substituer un subjectivisme existentiel, qui tend à sacrifier l'action de Dieu dans les sacrements, à l'objectivisme essentialiste, qui tend à sacrifier celle de l'homme, ne fait que repousser le problème.

L'existentialisme théologique postule une *conscience subjective centrale* qui pourrait manifester ses expériences vécues dans les sacrements. Mais, nous le savons, il n'est *pas de vécu humain qui pré-existerait à son expression dans le langage,* puisque, conformément à la problématique anti-instrumentaliste que nous avons développée au chapitre premier, celle-ci n'est pas un simple moyen dont l'homme se servirait pour traduire, après coup, une expérience existentielle déjà toute faite, mais est *constitutive de l'expérience humaine elle-même.* Il n'est pas de germe initial, de fondement dernier, de résidu ultime, d'expérience irréductible ou « indicible » qui puissent être séparés, comme un noyau dur, de la corporéité parlante et parlée. L'expérience — y compris, bien sûr, dans le domaine de la foi — n'est « humaine » que parce que « ça parle » toujours-déjà du lieu du désir et de la culture.

Il y a une rupture épistémologique évidente entre cette anthropologie et la précédente, et ceci rejaillit directement sur notre conception de *l'effectuation sacramentelle.* Celle-ci ne saurait être réduite à un simple revêtement festif et ecclésial dont on habillerait le vécu de l'existence selon la foi pour témoigner notre reconnaissance envers Dieu et nous engager à devenir ce que nous avons célébré. Bien entendu, nous ne nions pas l'importance de cette référence au passé vécu et de cette perspective d'avenir. Ceci est même primordial, puisque les rites chrétiens ne se légitiment que sur la base de ce culte premier qu'est le quotidien vécu dans la foi et l'amour, et ne trouvent leur cohérence qu'à partir de la sacramentalité de l'existence croyante. Il est donc bien vrai que les sacrements sont nécessairement des célébrations de la grâce de Dieu se déployant dans nos vies au rythme de l'accueil que nous lui réservons. La question n'est évidemment pas là. Il s'agit de savoir si, à l'intérieur de cette dynamique existentielle de la foi, les sacrements sont opératoires, et de manière originale, ou non.

Dans notre perspective, et dans le sillage de toute la Tradition ecclésiale, la réponse ne peut être qu'affirmative. Car, *dans le moment même où elle s'exprime dans le langage sacramentel* — et cette expression symbolique rituelle est anthropologiquement majeure et ecclésialement privilégiée —, *l'expérience humaine de la foi, reconnue comme expérience de grâce, s'effectue.* Elle s'effectue comme *neuve,* et d'une nouveauté *singulière,* tout aussi singulière que celle de l'expression symbolique sacramentelle.

Par exemple, la foi de l'adulte et la justification par Dieu qui lui est liée sont des événements de grâce normalement antérieurs au baptême : celui-ci est bien, par conséquent, la célébration reconnaissante envers Dieu de ce don. Mais, comme nous l'avons souligné au chapitre II, cette grâce, nécessairement donnée à l'intérieur de la structure de l'alliance nouvelle en Jésus-Christ, a une dimension ecclésiale et une polarité sacramentelle. Elle ne « prend » que de par son rapport au baptême ; elle ne tient que de par sa tension vers lui, comme vers sa clef de voûte.

De même, dans la prière d'ordination au ministère presbytéral, l'évêque demande : « Nous t'en prions Seigneur, Père tout-puissant, fais de tes serviteurs ici présents les prêtres de Jésus-Christ en les renouvelant par ton Esprit Saint. » La fonction de l'évêque n'est pas celle de « donneur » — cela est réservé au Père —, mais de « reconnaisseur » de l'Esprit déjà donné : il s'agit de le « renouveler ». Seulement, en *faisant* cette *reconnaissance* par un acte ecclésial de discernement, l'évêque exerce une fonction médiatrice capitale : le charisme spirituel de l'ordinand ne peut être exercé que s'il est reconnu par l'Église. Et l'acte verbo-rituel — sacramentel — où l'Église porte à la (re)connaissance de tous, par l'évêque, ce don de l'Esprit fait ce qu'il exprime : il *« renouvelle »* l'Esprit.

Le sacrement nous apparaît ainsi comme l'expression dernière du don reçu de Dieu dans l'existence. Expression rituelle, de nature symbolique et ecclésiale, il en déploie visiblement, sacramentellement, toutes les dimensions, et, de ce fait, il porte ce don à terme et le scelle. Ainsi, dans la médiation du langage rituel de l'Église, dont nous avons relevé l'irremplaçable originalité, *Dieu fait-il comme nouveau le don ancien de sa grâce qui y est exprimé.* S'il existe bien une loi anthropologique, selon laquelle aucune expérience subjective, aucun vécu humain n'est saisissable comme déjà tout fait indépendamment de ses médiations expressives, sous quelque forme et à quelque degré que ce soit, elle se vérifie éminemment et originalement dans les sacrements. Il n'est pas de prise du croyant *sur* les sacrements ; il y a prise du croyant *dans* les sacrements.

d) *Une incohérence théologique*

Faut-il remarquer enfin l'incohérence théologique entre l'affirmation de l'action de Dieu dans la vie, et donc de la dimension sacramentelle de celle-ci, et la négation de cette même action dans les sacrements ? Sur quel critère s'appuie donc la lecture « sacramentelle » que l'on fait de l'existence selon la foi ? Si les rites où l'Église et le croyant sont engagés dans toutes les dimensions de leur foi ne sont pas des lieux prioritaires de rencontre et de communion avec le Seigneur Jésus, de quoi alors peut-on s'autoriser pour discerner les signes du Royaume en croissance dans le monde et dans la vie, collective et personnelle ? On baptise ainsi à la hâte de « chrétiens » tous les dynamismes humains. L'agir devient le critère de vérification de la foi. Du coup, celle-ci perd sa consistance, incapable qu'elle est de re-lier (« re-ligare », d'où vient le mot de religion) ce qu'elle doit maintenir séparé : le monde et Dieu. En réduisant la différence entre eux, on est, en vérité, la victime du soupçon, pourtant légitime et nécessaire, que l'on porte sur la religion. Ce qui est en jeu, en définitive, c'est *l'acceptation de n'être pas son propre instituant*. Les sacrements, avec leur efficacité propre, figurent de la manière la plus significative ce problème. Déjà, S. Irénée, à la fin du second siècle, disait de l'eucharistie, corps et sang du Seigneur, qu'elle était la pierre de touche de l'orthodoxie de la foi [23].

---

23. S. IRÉNÉE, *Adv. Haer.* IV, 18, 5 : « Notre pensée à nous s'accorde à l'eucharistie et l'eucharistie confirme notre pensée. »

II. LES SACREMENTS :
EXPRESSIONS SYMBOLIQUES EFFICACES

1. L'EXPRESSION

Nous avons souvent employé le terme d'*«expression»*. Terme particulièrement ambigu, souvent marqué de psychologisme. Dès le premier chapitre, nous avons pris nos distances à cet égard. Encore faut-il nous en expliquer plus clairement.

Le langage courant se représente l'expression comme l'extériorisation des idées ou des sentiments intérieurs, c'est-à-dire comme la *traduction* d'un contenu d'existence *préalable*. Il est toujours difficile de s'arracher à cette manière de voir, tant elle semble s'imposer avec évidence, aller de soi, appartenir au bon sens, et tant elle est courante dans la littérature — avec des exceptions significatives toutefois [24] —, où l'on est censé raconter ce qui s'est passé, décrire des sentiments, livrer un «message»…, ainsi que dans la plupart des ouvrages de théologie.

Or, si nous abandonnons ce point de vue psychologique, moral, esthétique pour adopter une réflexion plus originaire, tout autre nous apparaît l'expression. L'expression, écrit E. Ortigues, est «un *acte qui est à soi-même son propre résultat*. En effet, il ne produit rien, hors sa propre manifestation. Il se produit au-dehors, comme l'on dit d'un comédien qu'il se produit en public, sur la scène [25]». Cette définition rejette d'emblée le «réalisme imaginaire», pourtant si courant, qui présuppose toujours un contenu substantiel «derrière» l'expression-accident. M. Heidegger avait déjà dénoncé cette pétition

---

24. M. BLANCHOT, *Le livre à venir, op. cit.*, : «Le livre est sans auteur, parce qu'il s'écrit à partir de la disparition parlante de l'auteur» (p. 334).

25. E. ORTIGUES, *op. cit.*, p.. 28.

de principe : « D'abord et avant tout, parler c'est s'exprimer. Rien de plus courant que la représentation de la parole comme extériorisation. Elle présuppose dès l'abord l'idée d'un intérieur qui s'extériorise. Faire de la parole une extériorisation c'est justement rester à l'extérieur, d'autant plus qu'on explique l'extériorisation en renvoyant à un domaine d'intimité [26]. » S'exprimer, ce n'est pas donner un revêtement extérieur à une réalité intérieure déjà-là. Car cet intérieur n'advient comme humain *que dans son expression,* qui d'une part l'individualise — voilà ce que pense Untel — et qui d'autre part l'identifie comme ayant telle ou telle signification. C'est pourquoi tout acte humain est de quelque manière expressif, dans la mesure où, justement, il est humain.

Il n'y a donc pas de séparation extrinsèque entre l'intériorité et l'extériorité. L'expression est précisément cet espace où « ces deux moments passent l'un dans l'autre : *s'extérioriser consiste justement à se différencier intérieurement* [27] ». Elle se tient nécessairement dans l'ordre symbolique de l'échange, au moins entre soi et soi : elle est l'opérateur de cette « différenciation interne » où se fait « le passage de soi à soi », transition qui requiert la médiation d'un *signe,* « puisque la fonction première du signe est de constituer un présent qui porte référence à de l'absent », donc à de l'altérité : soi par rapport à soi, dans le dédoublement réflexif de la conscience, ou soi par rapport à autrui — les deux étant toujours liés. Or, il est inhérent à la loi du *langage* d'être médiatrice d'un pôle d'altérité. C'est pourquoi, le signe où prend forme l'expression est toujours de l'ordre du langage. Cela ne signifie pas que toute expression soit nécessairement verbale. Mais l'expression non verbale, corporelle par exemple, n'est « expression » que parce que à la fois sous-tendue par et tendue vers le langage.

Ni extériorisation d'un intérieur préexistant, ni instrument disponible, ni simple activité de l'homme parmi d'autres, l'expression (quasi) langagière est la *médiation obligée de tout humain.* Il n'est

---

26. M. Heidegger, *Acheminement vers la parole, op. cit.,* p.. 16.
27. E. Ortigues, *op. cit.,* p.. 30.

d'amour, par exemple, que dans l'expression amoureuse que l'on en donne, ou plutôt que l'on s'en donne, ou plutôt encore que « ça » nous donne, depuis ses signifiants les plus inconscients jusqu'à l'enlacement corporel, en passant par le premier sourire ou le premier baiser.

Il existe bien sûr toute une *hiérarchie* dans ces manifestations expressives : entre la pulsion amoureuse et le « oui » performatif du mariage, en passant par le premier émoi conscient et le premier baiser, la marge est large. Il en va de même dans les diverses expressions de la relation du croyant au Christ : la routine de la banalité quotidienne, vécue dans la foi sans doute, mais sous le régime de l'habitude ; l'éthique du service vécue dans les relations inter-personnelles et, au plan collectif, dans le combat pour la justice, avec les choix de vie, parfois cruciaux, qu'un tel projet peut requérir ; la prière personnelle ; la révision de vie en groupe ; la pensée méditante ruminant le mystère chrétien ; la responsabilité assumée pour l'édification de l'Église ; le rassemblement ecclésial au nom du Seigneur pour l'écoute de sa Parole et la célébration de sa Pâque... Ce sont là autant de formes expressives diverses de la foi, qui s'emboîtent selon des niveaux hiérarchiques différents. Chaque niveau est à la fois intégrant par rapport à ses composantes et susceptible d'être intégré dans un ensemble plus vaste, l'englobant expressif dernier étant l'assemblée liturgique, et d'abord eucharistique, à laquelle convient prioritairement le nom d'Église.

2. L'EXPRESSION SYMBOLIQUE DES SACREMENTS

Si telle est donc l'« expression », elle ne s'accommode ni du soi-disant réalisme, victime de l'impérialisme de la chose, ni du « nominalisme », victime de l'impérialisme du sujet[28]. Le bon sens,

---

28. Sur le fonctionnement imaginaire de la représentation, aussi bien du côté « réaliste » que du côté « nominaliste », cf. Guy LAFON, « Le christianisme dans le champ du symbolique. Une approche théorique du christianisme », in *Rech. de Sc. Rel.* 64/4, 1976, pp. 481-506.

le sens commun, celui qui ne croit qu'aux « évidences » simples,
c'est-à-dire en fait aux apparences, oscille pourtant sans cesse entre
ces deux extrêmes. Selon le pôle « *réaliste* », le réel est censé présent
dans le sujet par ses représentations mentales « copie conforme » ; on
prend l'image pour la réalité : les choses sont telles qu'on les voit et
parce qu'on les voit. Ce faux réalisme conduit à concevoir les
sacrements selon le schème « externiste » d'*instruments de captation
de la grâce* (ou, ce qui est encore plus révélateur, « des » grâces) que
Dieu donne du haut du ciel. Notre problématique du langage a déjà
largement dénoncé pareille représentation. Ce schème peut conduire
à un ultra-réalisme, de type physiciste, qui, à l'égard de l'eucharistie
par exemple, peut aboutir à une sorte de fétichisation du genre : « je
palpe sensiblement le Christ entre mes mains et le broie avec mes
dents... »
   A ce faux réalisme, imaginairement fasciné par l'« objet perdu »
qu'il croit avoir capturé, s'oppose le pôle « *nominaliste* ». A l'inverse
du précédent, celui-ci est convaincu que nous n'atteignons jamais le
réel objectif. La vérité du réel n'est autre que les représentations
subjectives que nous nous en donnons. Le réel est réduit à ce que le
sujet en saisit : de simples mots qui, en définitive, sonnent creux ; à
plus forte raison, les symboles sont-ils du vent... Position inverse de
la première, mais tout aussi captive qu'elle de l'imaginaire : s'idolâtrant
lui-même, le sujet se croit maître du sens, par le biais de sa
connaissance, de ses représentations, de sa sincérité ; la conscience
tient la place du dieu : n'est-elle pas le tribunal ultime qui juge, en
dernière instance, de la réalité des choses ? On est dès lors amené à
concevoir les sacrements selon le schème « interniste » qui fait du
sujet conscient le maître incontesté de ses expériences intérieures :
les sacrements ne sont que des *moyens de traduction* du vécu de
grâce dont on est en possession relativement tranquille. Sous sa
forme extrême de spiritualisme vaporeux, on débouche sur des
représentations du genre : « plus c'est symbolique, et plus c'est
éloigné du réel... C'est seulement parce que je le crois et dans la
mesure où je le crois que cela peut avoir quelque vérité ». Cette
tendance « protestante » là ne vaut pas mieux que la tendance

« catholique » antérieure. Il n'en demeure pas moins qu'il est bien difficile d'éviter l'oscillation d'un extrême à l'autre : c'est que l'impérialisme de l'imaginaire, mortelle maladie qui nous menace tous sans cesse — nul n'en est jamais à l'abri —, s'acharne à nous imposer ses évidences « toutes simples » !

Sur un autre terrain que celui, métaphysique, balisé par ces deux pôles — donc pas dans un sage milieu entre ces deux extrêmes, mais bien *dans un autre champ épistémologique,* quoique inévitablement en contact tangentiel avec celui de la métaphysique qui a façonné la culture, la langue, les représentations du temps d'où nous parlons — nous avons rencontré le *langage* et sa fonction symbolique. Le *symbole* nous a montré, au second degré, ce que fait fondamentalement tout langage : il trans-figure le réel, il le *bâtit* pour le rendre *habitable* par l'homme en le faisant mourir à son évidence de chose brute. *Écartant* l'immédiateté qui rend la présence des choses étouffante, donc mortelle, il dégage un espace où le réel peut venir à sa vérité humaine. Ainsi nous est-il apparu (ch. I, § III, 6) comme ce qui touche au plus réel de l'homme — ce réel pourtant à jamais immaîtrisable — : *plus réel que le « réel », en lui nous devenons autres*. C'est pourquoi nous n'avons pas maîtrise sur le symbole — ni donc sur le langage — : nous ne le construisons pas, c'est lui qui nous construit en nous donnant de construire le monde. Il nous est *donné* par *tradition.* Aussi est-il « normatif » : il nous livre cette règle du jeu — le symbolique — qui est la *Loi* présidant à la genèse de la subjectivité et qui s'élabore en tout langage. Le symbole nous oblige à *lâcher prise,* à renoncer à notre imaginaire toute-puissance sur le réel — réaliste ou nominaliste : dans les deux cas, on demeure captif du désir de « prendre » le réel —; sans doute est-ce là le secret, méconnu, de sa puissance.

L'impasse subjectiviste, comme l'objectiviste, masque son propre présupposé métaphysique. Car le croyant n'est pas situé *en face* du sacrement, instrument-objet ; il est pris *dans* le sacrement, acte de langage symbolique de cette Église à laquelle il appartient comme croyant. Le sacrement *produit* la foi *dans l'acte même d'expression* qu'il en donne en la *« pro-duisant »* sur le « théâtre » de la ritualité

214 DU SYMBOLIQUE AU SYMBOLE

ecclésiale. Nous l'avons montré en prenant pour exemple le rapport entre le repentir et le sacrement de la réconciliation (ch. II § IV, 3) : la grâce « sacramentelle » n'est jamais que le *déploiement* de la grâce de la conversion vécue, en tant que celle-ci est toujours-déjà existentialement structurée selon l'ecclésialité et la sacramentalité ; la première ne vient donc pas se surajouter de l'extérieur à la seconde. Encore faut-il ne pas réduire ce « déploiement » à une simple extériorisation du déjà-là, ce qui, d'une part, passerait à côté de cette conviction, aussi ancienne que l'Église semble-t-il, que les gestes ecclésiaux faits au Nom du Christ sont considérés comme ses propres gestes à lui, et d'autre part, contredirait toute notre problématique de l'homme dans le langage et de l'expression. Il n'est pas question de nier ou de minimiser le fait qu'un sacrement est toujours l'expression d'un déjà-vécu de grâce : comment pourrions-nous comprendre chrétiennement le « culte » rituel sinon à partir du culte primordial qu'est le quotidien vécu selon la foi et la charité (ch. II, § III, 1) ? Cependant, *parce que* « expression », et *d'autant plus* que cette expression est ecclésialement décisive et rituellement symbolique et performative, le sacrement est un *événement de grâce nouveau.* Comme la fête humaine qui reprend le vécu, gratuitement, pour rien, « inutilement », mais qui est d'autant plus précieuse et appréciée qu'elle permet de le *revivre* à un autre niveau, de le *retourner* — on sait que la fête « retourne » l'ordre social pour le jouer, pour s'en jouer et par là même pour pouvoir continuer à y vivre [29] — et ainsi de le *reformuler* et de lui donner *sa consistance* demeurée largement insoupçonnée dans la platitude du quotidien, le sacrement déploie symboliquement les composantes du vécu de grâce et, en ce déploiement expressif, le fait venir à sa vérité : il le « *véri-fie* », il le « réalise ».

---

29. Exposé des principales approches actuelles de la fête et bibliographie sur la question par F.A. ISAMBERT, art. « fête », in *Encyclopaedia Universalis* 6, 1046-1051. — Depuis, cf. notamment : R. GIRARD, *op. cit.*, ch. V : « Dionysos », pp. 170-200 ; Y.M. BERGE, *Fête et révolte. Des mentalités populaires du XVIe au XVIIIe siècle*, Hachette, 1976 ; M. OZOUF, *La fête révolutionnaire 1789-1799*, Gallimard, 1976.

3. L'EFFICACITÉ SYMBOLIQUE DES SACREMENTS

Cette « véri-fication », comme venue-à-la-vérité, s'effectue dans la médiation de l'activité symbolique. Nous ne pouvons nous intégrer cette problématique que pour autant que nous nous efforçons, autant que faire se peut, de prendre à revers les schèmes métaphysiques qui nous habitent (« historialement ») depuis les Grecs et (« historiquement ») depuis notre enfance.

Notre réflexion sur l'expression symbolique nous semble ouvrir une voie d'approche vers une intelligence théologique de l'opérativité sacramentelle qui parle selon la modernité et non plus contre elle. Encore faut-il bien voir qu'il ne s'agit que d'une *approche*, sous peine de réduire le Mystère à ses mécanismes anthropologiques et par là même de détruire la foi. Ne prenons pas le chemin pour le terme. Ajoutons cependant que dans ce domaine de l'existence croyante — comme d'ailleurs de l'« ek-sister » humain tout court —, la mise en chemin n'est pas un simple préalable à la découverte d'une vérité qui se trouverait au terme. Toute notre problématique de l'homme dans le langage nous invite à penser cette mise en chemin — ce mouvement expressif — comme le lieu *médiateur* où se *fait* la vérité en nous. Pour n'être qu'une approche, notre cheminement n'est pas un simple porche...

L'opérativité des sacrements n'est donc ni physique, ni métaphysique, mais *symbolique*. Ce qu'il nous faut entendre comme : plus proche de la vérité humaine, plus réelle que ce que, commençant par la fin, c'est-à-dire par les apparences qui alimentent le bon sens de soi-disant évidences, nous prenons pour le « réel ». La mort avec le Christ, dans le baptême, est symbolique — plus précisément métaphorique. Elle n'est pas un « réel » caché derrière ou dessous l'acte de langage verbo-rituel qui l'exprime symboliquement. Mais elle n'est pas non plus confusible avec cette manifestation expressive, de sorte que la réalité serait sous l'emprise tout aussi imaginaire de la subjectivité. Dans les deux cas, on régresse vers la conception instrumentaliste du langage et de l'expression. Ni « noyau dur », ni simple « comme si », la plongée du croyant dans la mort avec le Christ s'effectue dans l'expression métaphorique qu'en donne la communauté ecclésiale dont il devient membre.

Parce que symbolique, l'acte d'immersion dans l'eau au Nom de la Trinité ou, comme dans les Actes, au Nom de Jésus, Christ et Seigneur, n'arrache pas l'eau à sa consistance d'eau, comme tendrait à le faire croire l'ultra-réalisme dénoncé plus haut — « C'est ici le sépulcre du Seigneur, le sépulcre du Seigneur, le sépulcre du Seigneur ! ». Mais la plongée dans ce qui demeure bien « de l'eau » n'est pas non plus le support d'une simple comparaison : on ne fait pas « comme si » le baptisé était enseveli avec le Christ. Le « comme si » est tout à fait étranger au fonctionnement symbolique. Comme symbole, l'eau baptismale *vient à sa vérité humaine la plus originaire*. Elle n'est jamais autant eau pour l'homme que lorsqu'elle se manifeste comme tombeau de mort et source de régénération ; et le schème de mort/résurrection n'est jamais aussi « vrai » — mais il ne s'agit pas ici du rapport vrai/faux de la connaissance discursive — que lorsqu'il s'exprime, se « produit » au dehors, dans la plongée symbolique. L'acte d'immersion/émersion touche ainsi au plus réel de l'homme : il le *fait autre ;* il l'introduit dans cet « ailleurs » originaire de mort/régénération dont il fait lui-même partie et qui est tout autre que le simple donné immédiat pris pour le « réel ».

Cette lecture anthropologique, comme indiqué plus haut, n'explique pas le Mystère de participation au Christ. L'« ailleurs » auquel le baptême ouvre l'accès est un ailleurs *christique*. En toute hypothèse, la possibilité de rendre compte de ce qui s'effectue, selon la foi ecclésiale, dans un sacrement ressortirait à une idolâtrie conceptuelle par résorption de la Différence de Dieu ainsi fixé à demeure et asservi par la réflexion.

La grâce dès lors ne serait plus la grâce *de* Dieu. Cependant, s'il n'épuise pas plus que le discours traditionnel par la causalité le mystère de la participation sacramentelle de l'Église et du croyant à la Pâque de Jésus-Christ, notre cheminement nous semble prioritaire pour éviter à la foi de se voir condamnée à la réclusion culturelle. Et s'il ne fait qu'ouvrir un horizon vers le Mystère, il n'en est pas un simple préalable. Car — toujours en fonction de l'exemple du baptême — la mort avec le Christ s'effectue nécessairement dans la médiation *humaine* du symbole. Comprendre celle-ci est la seule manière d'expliciter théologiquement celle-là. Comme tout événement de grâce, celui du baptême n'est Parole de Dieu *pour* l'homme que s'il parle *de* l'homme, c'est-à-dire s'il s'inscrit dans le seul espace où les choses peuvent devenir signifiantes : sa corporéité parlante et désirante. « Le corps crée le lieu de Dieu où l'homme pourra le reconnaître, il formule un langage dans lequel l'homme pourra entendre le mystère. C'est en épousant le mystère de l'homme que le mystère de Dieu prend corps en l'homme [30]. »

III. LES SACREMENTS DE LA PÂQUE

Comme le Nouveau Testament, la Tradition patristique ignore l'opposition, fréquente aujourd'hui, entre la catégorie de « Parole » et celle de « rite » (sacramentel). Le geste sacramentel de l'Église n'est jamais qu'un mode particulier d'*annonce de la Parole*. Le sacrement est, selon S. Augustin, « quasi visibile verbum ». L'expression peut se traduire d'au moins trois manières : au plan le plus général de l'ordre rituel = « comme une parole rendue visible » ; au plan liturgique de l'ordre du rituel particulier au christianisme = « comme la parole (celle qui a été annoncée dans les lectures de l'Écriture, ou encore, celle qui est prononcée dans ladite « formule sacramentelle ») rendue visible » ; au plan de la foi = « comme la Parole (le Christ-Verbe) rendue visible ». « Ce pain et ce vin, lorsque survient la parole, deviennent le corps et le sang de la Parole » : Augustin fait précisément jouer ici les divers niveaux de parole que nous venons de dégager. Toujours est-il que « pour la première tradition patristique, c'est la Parole qui fait le sacrement, non l'élément matériel (...)

---

30. Y. LEDURE, *op. cit.,* p.. 67.

Certes, le réalisme de Tertullien, pour qui l'eau du Baptême, ayant reçu l'Esprit, s'imprègne du pouvoir de sanctifier, pèsera lourd sur la théologie ultérieure. Mais jamais la parole de foi ne perdra sa primauté dans le sacrement » [31]. Comme chez presque tous les Pères grecs du IVe siècle, la consécration de l'eau ou du chrême par l'invocation de l'Esprit Saint (épiclèse) sera perçue chez Denys (fin Ve siècle) selon un réalisme de participation au divin presque aussi fort que celle du pain et du vin eucharistiques. C'est que le « symbole » de Denys est porté par un platonisme très différent de celui du « signe » augustinien [32] : celui-ci valorise surtout la « res » divine extérieure au signe, lequel n'a de valeur que de par son renvoi à elle ; celui-là au contraire valorise le sensible comme tel : en raison de l'attraction réciproque, de la « circum-incession » de l'intelligible et du sensible que Denys met si fortement en relief, le cosmos n'est-il pas théophanique ? Aussi le symbole dionysien a-t-il valeur *intrinsèque* de participation au divin — sans laquelle d'ailleurs les êtres n'existeraient même pas ; il est la médiation même de la « déification » des croyants [33]. La scolastique médiévale sera fortement marquée par ces deux grandes traditions : elle combinera le « signe » augustinien avec l'optimiste confiance de Denys en la matière ; S. Thomas, avec sa théorie de la causalité efficiente instrumentale des sacrements, dans la Somme, sera sans doute la plus remarquable figure de ce confluent des deux traditions.

La tradition sacramentaire la plus sensible à la densité théophanique de la matière n'a jamais cessé de souligner la priorité de la Parole portée par l'Esprit dans les sacrements-mystères et, de ce fait,

---

31. R. DIDIER, *Les sacrements de la foi. La Pâque dans ses signes*, Centurion, 1975, pp. 39-40.

32. M.D. CHENU, *La théologie au XIIe siècle*, Vrin, 1976, 3e éd., pp. 131 ss.

33. Dans la célébration des Mystères, Dieu « unit les hommes à lui... dans la mesure de leur aptitude propre à recevoir la déification » *(De eccl. hier.* II, 2, 1). — Cf., dans cette même perspective néo-platonicienne, la théurgie païenne de Jamblique et de Proclos et sa différence avec les sacrements chrétiens : J. TROUILLARD, art. « sacrements », in *Enc. Univ.* 14, 1968, pp. 582-583.

celle de la parole interprétative de foi qui accompagne le geste rituel. L'Église n'a jamais connu que des sacrements *de la foi*, ce qui veut dire aussi des sacrements *de la Parole* proférée dans l'Esprit par le Père au cœur de notre histoire en la personne de Jésus-Christ. Ceci crée une rupture avec les rites des religions traditionnelles, qu'il nous faut tenter d'éclairer. Cette rupture est double, en fait : par rapport aux rites païens, le judaïsme, dont le christianisme est héritier, effectue déjà une première rupture, que nous caractériserons comme le passage *d'une première à une seconde naïveté symbolique*. La rupture se redouble avec le christianisme : nous passons à un régime de *troisième naïveté* rituelle.

1. De la première a la deuxième naïveté rituelle : parole mythique et parole historico-prophétique

a) *Histoire et méta-histoire*

Les rites des religions traditionnelles sont bien, eux aussi, les médiateurs d'effectuation d'une parole. Mais c'est une parole mythique, c'est-à-dire an-historique et an-onyme (ch. III, § IV, 4).

Par rapport au temps « spiral » des sociétés cycliques[34], le tout

---

34. Ici et dans les pages suivantes, nous reprenons une assez large partie de notre problématique exposée dans : « La ritualité chrétienne dans le cercle infernal du symbole », in *La Maison Dieu* 133, 1978, pp. 31-77. — A propos du temps spiral des sociétés cycliques, nous nous appuyons sur l'article de A. Kagame, « Aperception empirique du temps dans la pensée bantu », in *Les cultures et le temps*, Paris, Payot/Unesco, 1975, pp. 103-133. L'auteur y montre notamment que l'aperception et la sériation du temps dans la culture bantu « reposent sur trois facteurs » de type essentiellement cosmique et cyclique : « 1. la rotation de la terre, cause du jour et de la nuit ; 2. le mouvement de translation de la terre autour du soleil, qui détermine les saisons ; 3. le mouvement de la lune autour de la terre, qui est la base des mois, dont l'addition fait l'année (...). On pourrait dire en conséquence que le temps des Bantu est *cyclique*. Ceci serait renforcé par les cérémonies cycliques et la reprise des noms dynastiques. »

premier mot de la Bible manifeste déjà une profonde originalité. « Bereshit » : non pas « au commencement (Dieu créa)... », mais, comme le signale la note de la Traduction Oecuménique de la Bible : « en *un* commencement (où Dieu créa)... ». « Ce qui paraissait essentiel au narrateur de la Genèse, écrit à ce propos A. Neher, ce n'est pas ce qu'il y eut au début, mais *qu'il y eut un début* (...) Ce qui est primordial, c'est le 'temps'. La Création s'est manifestée par l'apparition d'un temps (...) En un commencement, le temps s'est mis en mouvement et depuis, l'histoire avance irrésistiblement [35]. » La parole divine est avant tout créatrice d'histoire; et chaque nouvelle Parole de Dieu est un nouvel événement/avènement. Les Juifs peuvent ainsi apparaître à A. Heschel comme « les bâtisseurs du temps » [36]. Le temps biblique est prioritairement, non celui de l'Être métaphysique, mais celui du *Peut-être historique,* pensé en connexion avec la *liberté* humaine ainsi arrachée au Fatum aveugle du temps « spiral » cosmico-cyclique. C'est un temps risqué, mais susceptible de ce fait d'engendrer de l'*inédit,* au lieu de reproduire le toujours-dit de l'éternel retour du Même. La temporalité biblique est précisément l'histoire du mariage souvent malheureux, de l'alliance

---

Comme en outre, on a le sentiment de l'irréversibilité du temps passé, on se représente le temps « à l'instar d'une *spirale,* donnant l'impression d'un cycle ouvert. Chaque saison, chaque génération à initier, chaque 4e nom dynastique reviennent sur la même verticale, mais à un niveau supérieur » (pp. 114 et 125). — Par ailleurs, comme l'ont montré certains ethnologues (cf. V. TURNER, *op. cit.,* pp. 310-311), cette représentation cyclique du temps est d'autant plus régulière que le groupe est plus stable du point de vue écologique (climat, ressources, résidence). Là où, au contraire, il est amené, pour des raisons économiques de subsistance ou autres, à se démanteler fréquemment, les rituels ont une moindre régularité saisonnière et se développent davantage, comme chez les Ndembu étudiés par Turner, en fonction des cycles du développement *social et humain,* lesquels sont moins réguliers. A fortiori lorsque le groupe est menacé jusque dans ses valeurs culturelles traditionnelles par l'envahissement progressif et irrésistible de la technique occidentale : c'est alors la représentation cyclique elle-même du temps qui, peu à peu, en vient à se défaire.

35. A. NEHER, « Vision du temps et de l'histoire dans la culture juive », in *Les cultures et le temps, op. cit.,* p.. 171-174.
36. A. HESCHEL, *Les bâtisseurs du temps,* Paris, Minuit, 1960.

toujours à renouveler, entre le projet de Dieu et le projet de l'homme libre.

Mais il serait simpliste de croire pour autant que le judaïsme ait pu s'arracher au cercle mythico-rituel. Si les mécanismes anthropologiques qui régissent l'avènement de l'homme social n'existent qu'investis dans des particularités culturelles, ils n'en appartiennent pas moins probablement à ce que les scientifiques du Centre de Royaumont appellent des « universaux culturels »[37]. Ni le judaïsme, ni non plus le christianisme, ne peuvent vivre leur particularité en marge de la fonction *mythique*; croire le contraire, c'est, avec Bultmann (semble-t-il), vivre du nouveau mythe d'une interprétation « scientifique » qui pourrait dégager la foi de tout résidu mythique! La nécessaire démythologisation ne va pas de pair avec cette radicale démythisation. Précisément, nous voyons que ce qui *« fait Loi »* pour Israël (la « Torah »), ce ne sont pas seulement les lois et commandements prescrits par Yahvé, mais bien tout l'ensemble des récits du Pentateuque. Or, qu'est-ce que cette « Loi » (le Pentateuque)? C'est le récit des origines historiques d'Israël. Mais cette *histoire* ne fait loi que parce que sa reprise *anamnétique* dans l'aujourd'hui conditionne l'identité d'Israël. Vivre comme Israël de Dieu, c'est se replonger de génération en génération dans ce commencement qui, bien qu'historique, fonctionne comme *méta-histoire* inaugurale, séparée de l'aujourd'hui par la barre « métaphorique » du Jourdain[38], mise à part, consacrée comme inviolable par la clôture institutionnelle du Livre et la mort de celui qui en garantit à jamais l'autorité (la mort de Moïse, en Dt 34, clôt la Torah). Les *types historiques* sont ainsi transfigurés en *archétypes mythiques*. Ainsi protégée de l'érosion du temps, la période originelle fonctionne comme *originaire* : vivre, pour Israël, c'est revivre anamnétiquement l'itinéraire de sa genèse consignée dans la Torah. En christianisme, la Résurrection de Jésus,

---

37. Centre de Royaumont pour une science de l'homme : *L'unité de l'homme. Invariants biologiques et universaux culturels,* Seuil, 1974.

38. P. BEAUCHAMP, *L'un et l'autre Testament,* Seuil, 1976, pp. 57-71.

si elle est bien l'Événement-de-Parole absolu *dans l'histoire,* n'en fonctionne pas moins, elle aussi, *méta-historiquement;* elle est comme la radicalisation absolue de la frontière du Jourdain. Quoi qu'il en soit ici de son originalité radicale par rapport aux mythes traditionnels, elle joue comme *langage mythique premier* qui *fonde* une nouvelle généalogie de l'humanité dans l'Esprit et une nouvelle genèse de l'univers. Vivre, pour le groupe chrétien, c'est revivre anamnétiquement, dans l'Esprit de la Résurrection, l'itinéraire fondateur de Jésus : ce que donnent à voir les sacrements, à commencer par la plongée, précisément « initiatique », du baptême, dans cette eau sépulcrale où se figure la mémoire collective de l'Église.

Cette face mythique de la Bible juive et chrétienne n'estompe aucunement l'irréductible particularité de la foi d'Israël, « entièrement fondée sur une théologie *historique.* Elle se sait basée sur des faits de l'histoire, façonnée et modelée par des événements dans lesquels elle déchiffre l'intervention de la main de Yahvé [39] ». Ce fait massif s'impose dès les plus archaïques confessions de foi, comme celle de Dt 26, 5-9. On pourrait même dire qu'en cette aurore du judaïsme, l'apparence est la transparence même : l'essentiel se figure à la surface du texte. L'essentiel, c'est-à-dire en Dt 26, 5-9, une confession de foi dont la formulation n'est qu'une pure et simple énumération d'événements à l'état « brut » ; on n'y évoque que des *faits nus,* qui seront, par la suite, de plus en plus habillés de théologie en Jos 24, 2-13, Ps 78 et 136, Jdt 5, 6-16. D'ailleurs, comme le suggère J.A. Sanders, l'Hexateuque est-il autre chose que Dt 26, 5-9 ou Jos 24, 2-13 écrits « en gros caractères », ou le document J que la transcription en lettres capitales du Ps 78 ou d'Ex 15 [40] ?

---

39. G. VON RAD, *Théologie de l'Ancien Testament,* I, Genève, Labor et Fides, 1967, p. 98.

40. J.A. SANDERS, *Identité de la Bible. Torah et Canon.* Cerf, 1975, « Lectio divina » 87, p. 47.

b) *Mémorial historique*

La Bible est-elle en définitive autre chose qu'une gigantesque confession de foi en l'action de Yahvé dans les événements fondateurs ? Est-elle autre chose, de A à Z, qu'un *mémorial* des commencements originels et originaires ? Certes, ce terme de mémorial est réservé bibliquement à la chose liturgique — la Pâque, les Azymes, la fumée de l'holocauste ou de l'encens, l'éphod du grand-prêtre, la sonnerie de trompettes ; de manière plus spiritualisée, la prière ou les aumônes [41]. Néanmoins, sa portée déborde largement ce strict champ rituel pour recouvrir *toute l'activité identificatrice d'Israël,* à commencer par l'ensemble de la production biblique.

Mais c'est bien dans l'activité *rituelle* que s'effectue exemplairement ce processus anamnétique. Le paradigme en est le mémorial de *la Pâque.* « Il faut, lit-on à ce sujet dans la Mishnah, que à chaque génération chacun se considère comme ayant été lui-même libéré d'Égypte. Ce ne sont pas seulement nos pères que le Dieu saint — béni soit-il — a fait sortir d'Égypte, mais c'est également nous avec eux [42]. » Comme dans l'« hodie, Christus natus est » de la liturgie romaine de Noël, l'aujourd'hui d'Israël se conjugue avec un verbe au passé : « aujourd'hui, Dieu nous a libérés ». L'aperception biblique du temps n'est pas purement linéaire, comme nous le croyons trop facilement en y projetant notre propre schème mental rationnel d'Occidentaux et les structures mêmes de notre langue où se construisent nos représentations du temps [43]. Le mémorial est l'expression symbolique d'une appréhension de l'histoire qui ne trouve à se dire qu'en brisant la grammaire — pour nos langues occidentales, au moins — par ce qui nous apparaît comme une *incongruité syntaxique.* L'aujourd'hui n'a de sens et de prégnance

---

41. M. Thurian, *L'eucharistie. Mémorial du Seigneur, sacrifice d'action de grâce et d'intercession,* Neuchâtel, Delachaux et Niestlé, 1963, 1re partie.

42. *Mishnah, Pes.* 10, 5.

43. E. Ortigues, *op. cit.,* pp. 99-100 et 159-160.

qu'à partir d'un ressourcement dans la mémoire collective du passé commun ; celui-ci est alors « présentifié », reçu comme un « présent », un présent fondateur.

D'où, en Dt 26, 1-9, le *présent rituel,* sous forme d'oblation des prémices, qui accompagne la confession de foi. Ce présent n'est autre que la *métaphore de ce qui se joue fondamentalement dans la confession de foi* : « par le souvenir des étapes antérieures, le passé surgit pour changer le don en ce qu'il est, un 'présent' de Dieu[44]. » En cet acte rituel d'oblation et de confession de foi, nous sommes, tout autant que dans le sacrifice pascal, en plein mémorial, bien que le terme ne soit pas employé.

c) *Crise rituelle*

Dans l'oblation des prémices dont nous venons de faire état, c'est la *parole* — la parole de confession de foi répondant à la parole divine créatrice d'Israël et de son histoire — qui nous apparaît en définitive comme « le couteau du sacrifice »[45]. Le « vrai » couteau pour l'immolation de l'agneau pascal est-il d'ailleurs autre chose, finalement, que le représentant métaphorique de la « Hagaddah » pascale, c'est-à-dire de la confession de foi (ici sous forme de questions/réponses) en la geste historique de Yahvé au temps de l'Exode ?

Le glaive de la Parole (cf. He 4, 12) vient ainsi *sacrifier la première naïveté rituelle.* La *crise* est inévitable. Elle ne prend pourtant toute son ampleur qu'avec les *Prophètes,* ces porteurs de la Parole de Dieu, qui rappellent au peuple, quitte à le tancer vertement, que *les rites ne vont pas de soi* avec le Dieu de l'Alliance. Sans jamais condamner le culte comme tel, Am 5, Os 6, Is 1, Jr 7, etc. fustigent le formalisme cutuel : la circoncision de la chair requiert la circoncision du cœur ; le sacrifice rituel doit se vivre dans le

---

44. P. BEAUCHAMP, *op. cit.,* p.. 63.
45. *Ibid.*

« sacrifice des lèvres » ; l'oblation des prémices exige le partage avec la veuve, l'orphelin et l'étranger. Telle est la conséquence logique d'une théologie tout entière centrée sur un Dieu créateur d'histoire et initiateur d'alliance. Le culte enjoint de vivre dans la *pratique historique* la libération (arché)typique à l'égard de la servitude égyptienne qu'il célèbre en mémorial.

Cette dimension historico-prophétique du mémorial rituel juif vient *briser la circularité mythique simple* et la récurrence cosmique ou sociale en spirale de la ritualité vécue en première naïveté. Certes, le judaïsme demeure en régime de naïveté symbolique : son calendrier se coule, lui aussi, dans la cyclicité cosmique des jours, mois, saisons et années. Mais il y a *l'histoire,* et donc l'engagement de la *responsabilité* existentielle dans l'avènement de ces cieux et de cette terre nouvelle, dont l'espérance messianique, de plus en plus spiritualisée et universalisée, est l'expression par excellence.

2. DE LA DEUXIÈME A LA TROISIÈME NAÏVETÉ RITUELLE : LA PAROLE ESCHATOLOGIQUE

a) *L'ouverture des derniers temps*

La crise rituelle était immanente au registre historico-prophétique qui assure au judaïsme la cohérence de son système religieux particulier ; mais il a fallu attendre les prophètes pour en manifester toute l'ampleur. « Le prophète Jésus de Nazareth » (Mt 21, 11) retourne le fer dans la plaie ouverte par ses prédécesseurs : « c'est la miséricorde que je veux, et non les sacrifices », proclame-t-il à la suite d'Osée ; « ce peuple m'honore des lèvres, mais son cœur est loin de moi », reprend-il en écho à la plainte d'Isaïe. Pas plus que les prophètes cependant, il ne rejette le culte comme tel : si la réconciliation fraternelle a priorité sur l'oblation rituelle, si même elle est le sacrifice fondamental que Dieu agrée, elle ne dispense pas pour autant de l'accomplissement du rite (Mt 5, 23-24).

Pourtant, comme le manifeste notamment sa *parole contre le*

Temple, ce symbole par excellence du système religieux et national juif, la critique de Jésus par rapport au culte est *d'une autre nature*, en définitive, que celle opérée par les prophètes : elle va au-delà d'un simple rejet du formalisme cultuel, dont le cœur et la vie sont absents. L'attribution de cette parole à de faux témoins par Mc 14, 58 et Mt 26, 61 — ainsi que par Luc, en Ac 6, 13-14, dans le cadre de la condamnation d'Étienne — ne doit pas faire illusion : elle constitue vraisemblablement une parade protectrice contre la « menace permanente » que ladite parole faisait peser sur les communautés chrétiennes, notamment hellénistes, accusées de s'opposer au « Lieu saint et à la Loi ». Jn 2, 19 aurait donc raison, selon H. Cousin : la parole serait bien de Jésus lui-même ; on comprend dès lors le rôle décisif qu'elle semble avoir joué dans sa condamnation pour « blasphème » [46].

En tout cas, elle est tout à fait en harmonie avec sa prétention prépascale inouïe de fonder l'entrée dans le Royaume sur l'attitude prise envers lui-même (Lc 12, 8) et avec son comportement d'autorité à l'égard de la Loi mosaïque, dont ses repas avec les pécheurs légaux sont sans doute l'expression la plus significative et la plus scandaleuse. Par-là, c'est *le fondement même* du système religieux juif, dont le Temple était le symbole éminent, qu'il faisait craquer. Nous avons caractérisé plus haut (ch. II, § III) la subversion ainsi opérée par Jésus, dans le sillage même de sa parole sur l'impossibilité de rapporter une pièce de tissu neuf sur un vêtement trop usagé, comme une *déchirure ;* déchirure doublement symbolisée en outre, de part et d'autre de sa mort, par celle des vêtements du grand prêtre et par celle du voile du Temple : avec la Pâque de Jésus, l'humanité entre dans « *les derniers temps* » ; l'eschatologie fait irruption dans le monde.

C'est donc dans la Pâque de celui que les croyants confessent comme « Seigneur et Christ » (Ac 2, 36) que se réalise de manière

---

46. H. Cousin, *Le prophète assassiné. Histoire des textes évangéliques de la Passion*, Paris, éd. J.P. Delarge, 1976.

décisive et irréversible la déchirure du système cultuel juif annoncée et engagée au temps de sa vie terrestre. Les théologies du « culte » dans le Nouveau Testament, si diverses soient-elles — « au Nom de Jésus Christ », selon les Actes ; « dans » le Christ ou « avec » lui, selon Paul ; « par » lui, notre unique Médiateur, selon l'épître aux Hébreux ; « en vertu de l'autorité messianique qu'il a transmise à son Église », selon Matthieu ; « à partir de » son flanc transpercé, selon Jean... — ont toutes pour pierre angulaire le *Mystère pascal* du Christ. C'est dire que la subversion cultuelle opérée en lui a un fondement non pas simplement moral, mais théologal et, plus précisément, pascal.

Et qui dit Pâques dit non seulement la *mort violente* pour blasphème, selon la logique interne de la Loi elle-même, et la *résurrection,* mais aussi le *don de l'Esprit ;* qui dit Pâques dit donc de ce fait l'eschatologie commencée en ce don de « l'Esprit de Celui qui a ressuscité Jésus d'entre les morts » (Rm. 8, 11) et intègre, par conséquent, la *Parousie* à venir : celle-ci n'est pas autre chose que la manifestation ultime de la présence spirituelle du Ressuscité à notre humanité en genèse du Corps du Christ et en devenir du Royaume. Ajoutons que, en amont, l'appartenance de la mort du Christ à sa Pâque n'est compréhensible que comme condensation (« métonymique ») de sa *vie de service :* le mourir-pour n'est pas la simple conséquence du vivre-pour ; celui-ci vient à sa vérité par celui-là : la mort violente manifeste l'ultime enjeu d'une vie qui, vouée au service, était déjà tout entière traversée par elle.

C'est du mystère pascal et non de l'Incarnation que la sacramentaire, comme la christologie, doit partir ; nous y reviendrons au terme de ce chapitre. La nouveauté de la ritualité chrétienne se tire tout entière de la *déchirure eschatologique* opérée par l'Esprit de Celui qui a ressuscité le Crucifié. Déchirure telle qu'elle *troue le langage* lui-même : celui-ci ne peut la dire que métaphoriquement, dans un jeu de signifiants contrastés (haut/bas ; résurrection/exaltation ; apparaître/disparaître ; toucher/ne pas toucher...), c'est-à-dire dans un interstice, un blanc, un vide d'où se produisent des effets de sens radicalement neufs, et dont le vide du tombeau ouvert, à la charnière

de l'histoire et de la méta-histoire, est le lieu le plus typique[47].
Événement de parole absolu qui ne peut se laisser inscrire dans la
temporalité humaine au titre d'un simple fait historique, fût-ce
comme premier de série, parce qu'il constitue un trou dans le tissu de
l'histoire, la Résurrection marque ultimement l'irruption de l'eschatologie, l'advenue transgressante de Dieu dans le temps des hommes.
Une telle transgression a pour agent *l'Esprit* (Rm 8, 11). Or,
qu'est-ce que l'Esprit, ce Neutre — « to pneuma hagion », « to
kyrion », dira même par un néologisme le Symbole de Constantinople
—, ce Souffle insaisissable « qui n'a pas de nom propre » comme le
remarque O. Clément, sinon, précisément parce qu'il est comme
l'Anti-Nom de Dieu, *« Dieu qui s'efface* dans l'existence proprement
personnelle de l'homme », selon la formule du même auteur[48] ?

Aussi le culte chrétien ne tient-il sa « valeur » que de l'Esprit (Rm
12, 1; 15, 16; 1 Pi 2, 5; Jn 4, 23-24; cf. Ep. 2, 21; 1 Co 3, 16; 2
Co 6, 16...). Mais c'est aussi pourquoi, ainsi que nous l'avons
souligné au chapitre II, la chair « sacramentelle » de l'histoire et du
monde où le Ressuscité se retire dans l'Esprit est le lieu premier du
culte, de la liturgie, du sacrifice spirituels. La pratique éthique du
service et du don, en mémorial du Crucifié ressuscité, est appelée à
devenir, dans l'Esprit, une fête eucharistique.

Cette désacralisation opérée en faveur du « profane » vécu selon la
foi et l'amour donnés par l'Esprit qui habite les croyants (Rm 5, 5; 8,
11; cf. 8, 15; 1 Co 12, 3) ne remet aucunement en cause l'existence
d'une ritualité religieuse en christianisme. Bien comprise au
contraire, la sacramentalité de l'existence historique selon la foi
appelle les célébrations sacramentelles de l'Église (cf. supra, ch. II).
Il n'en demeure pas moins, à cause de la situation eschatologique
inaugurée par Pâques et Pentecôte, que la crise rituelle ouverte au
sein du judaïsme et manifestée par les prophètes *se redouble* en

---

47. R. SUBLON, *Le temps de la mort. Savoir, Parole, Désir*, Strasbourg,
Cerdic-Publications, 1975, pp. 225-233.

48. O. CLÉMENT, *Le visage intérieur*, Paris, Stock, 1978, p. 81.

christianisme. En raison, en effet, de sa détermination de mémorial eschatologique, la ritualité ecclésiale n'est proprement chrétienne qu'à attester sa propre *contestation* d'elle-même. Sa « christianité » est liée à un équilibre instable de *permanente vacillation sur une position-limite,* toujours en bordure d'elle-même, sans cesse tentée de se saborder pour se dissoudre dans ce profane où se vit prioritairement la rencontre « sacrée » avec le Ressuscité retiré au cœur du monde dans l'Esprit, où advient le Royaume et où grandit l'humanité en Corps du Christ. Peut-être faut-il avoir éprouvé la tentation de rejeter le « culte » rituel au profit du culte de la praxis éthique de service au Nom de Jésus pour pouvoir estimer de tout leur prix les célébrations sacramentelles...

S'il faut dénoncer le soupçon systématique porté sur elles au nom de ce fourre-tout bien commode qu'on appelle « la vie », il faut aussi contester avec force l'attitude de possession tranquille que, par la force de l'habitude et — ce qui, d'une certaine manière, est plus grave — par l'oubli de la radicale nouveauté de ce qui a surgi dans le monde avec la Pâque du Christ, l'on adopte trop souvent à leur égard. De ce point de vue, la crise actuelle de la pratique et de l'institution peut aider bien des chrétiens à se refaire une santé cultuelle. La resacralisation du vocabulaire liturgique et ministériel que nous voyons s'effectuer à partir de la fin du IIe siècle (Tertullien, Hippolyte, Cyprien...) est légitime et sans doute inévitable. Elle n'en est pas moins dangereuse : le statut si original de la ritualité en christianisme peut finir, notamment dans une Église établie en situation de chrétienté, par être tellement émoussé que l'on en revient pratiquement, sinon même théoriquement, au système des *intermédiaires sacrés* entre l'homme et Dieu. On récupère les béquilles rituelles, on oublie le changement de registre opéré par l'événement de Pâque et Pentecôte.

La question proprement théologique ici est de savoir si la foi au Christ va être suffisamment aiguisée pour jouer son rôle d'*opérateur critique* à l'égard d'un appareil religieux hors duquel elle ne saurait vivre ; ou encore : si, tout en étant inéluctablement prise dans le cercle de la naïveté symbolique où fonctionne tout rituel, elle va être suffisamment « chrétienne » pour en débusquer les pièges. Il ne peut être question de tendre vers une foi a-religieuse ou a-rituelle. Les chrétiens, par conséquent, n'ont pas à considérer les rites comme un mal nécessaire : ce serait alors l'humanité même de leur foi, ses limites, sa finitude, qu'ils seraient amenés à soupçonner du même coup ; l'imaginaire a plus d'un tour dans son sac... La foi, parce que *foi d'homme,* se ferait illusion si elle se donnait comme idéal d'être débarrassée de ses expressions rituelles. Mais elle se ferait illusion également si elle s'imaginait pouvoir se reposer tranquillement sur ces dernières. Elle a toujours pour tâche de les prendre à revers par la tangente : héritière du judaïsme, sa dimension historico-prophétique lui enjoint de ne se fier aux rites qu'en une naïveté seconde ; et sa spécificité chrétienne de mémorial eschatologique de la Pâque du Christ situe la ritualité *au bord de l'intenable :* la foi excède sans cesse, vers l'histoire, cette religion dont elle procède, si bien que le rituel ne peut être chrétiennement vécu que selon une *naïveté troisième.* La manière dont l'Église a déritualisé d'un côté et ritualisé de l'autre le temps eschatologique est particulièrement significative de la difficulté du christianisme à gérer son rapport aux rites.

b) *La ritualisation du temps eschatologique*

Jusqu'au IVe siècle, l'Église ignore pratiquement le calendrier liturgique. Fait d'autant plus étonnant qu'on avait tous les points d'appui nécessaires dans les Evangiles et les Actes pour étaler dans le temps annuel les divers moments du Mystère du Christ : Noël et Épiphanie ; Jeudi et Vendredi Saints ; dimanche de Pâques ; Ascension le 40e jour et Pentecôte le 50e jour après Pâques, etc... Or, au lieu de distribuer ainsi « religieusement » le temps du Christ sur le rythme du calendrier solaire, lunaire et saisonnier, selon un processus quasiment universel et anthropologiquement « naturel », l'Église le soumet au contraire à une sorte de « *déritualisation* ». Deux faits majeurs nous l'attestent : le dimanche et la Pâque annuelle.

— « Pour les premiers siècles chrétiens, Pâques est *la fête,* non seulement la fête par excellence, la fête des fêtes (...), mais la seule fête, à côté de laquelle il ne saurait en exister d'autre[49]. » Cette remarque s'applique bien sûr à la célébration annuelle de la Pâque du Seigneur ; mais elle vaut d'abord du *dimanche,* où l'on fait mémoire en bloc de tous les aspects du mystère pascal. Il est en effet remarquable que l'Église a célébré la Pâque *hebdomadairement* avant de le faire annuellement, éliminant ainsi toute idée d'anniversaire et cassant une référence religieuse apparemment plus naturelle au temps cosmique. D'autre part, avant de commencer à devenir jour officiel de repos sous Constantin, le dimanche n'est *pas présenté comme le substitut chrétien du sabbat juif,* bien qu'il lui succède immédiatement dans la semaine[50]. Il est en effet d'un autre ordre : on le réfère non au Dieu Créateur, comme le sabbat, mais au *Christ Kyrios.* « Premier jour de la semaine », « jour du Seigneur », « huitième jour », « jour du soleil » : toutes les dénominations antiques du dimanche le centrent sur la *Résurrection* du Seigneur, avec référence parousiaque très nette. Jour de la fondation d'une « autre race » (Justin), « image du siècle à venir » (Basile), « avènement de la nouvelle création » (Grégoire de Nazianze), le dimanche est la manifestation joyeuse de l'ouverture des derniers temps et de l'inauguration des cieux nouveaux et de la terre nouvelle. Tout y est commandé par la dimension *eschatologique* du mystère pascal. Aussi est-ce un « crime de jeûner et de prier à genoux le jour du Seigneur », s'exclame Tertullien — parmi bien d'autres auteurs chrétiens[51]. Le dimanche n'est pas un sabbat plus « spirituel ». Il est tout autre chose : *jour-mémorial eschatologique, il inscrit symboliquement, dans la chair même du temps qu'il prend pour « matière première » sacramentelle, la lecture chrétienne de l'histoire, à savoir l'eschatologie.*

49. I.H. DALMAIS, « Liturgie et Mystère du salut », in *L'Église en prière. Introduction à la liturgie,* Paris, Desclée et Cie, 1961, p. 218.

50. « C'est seulement lorsque le dimanche devint jour de repos qu'une comparaison effective avec le sabbat pouvait s'effectuer » (W. RORDORF, « Le dimanche, jour de culte et jour de repos dans l'Église primitive », in *Le dimanche, op. cit.,* p. 103).

51. TERTULLIEN, *De Cor.* 3, 4 ; JUSTIN, *Dial.* 138, 1-2 ; BASILE, *Traité du S. Esprit,* 27 ; GRÉGOIRE DE NAZ., *De Nov. Dom.* 5...

Lᴇ temps de l'assemblée dominicale figure le *chiffre secret de l'identité ecclésiale* et de tout agir chrétien : le *mémorial eschatologique*. Nous n'atteignons le Messie crucifié (Fondateur historique passé) que comme Ressuscité (Fondement méta-historique présent) et Ressuscitant (Promesse, déjà inaugurée par les prémices de l'Esprit, de transfiguration de l'humanité et de l'univers). La Parousie n'est pas un simple appendice, mais une dimension constitutive du mystère pascal ; elle exprime la dynamique de la Résurrection qui tire ce monde en avant : dans les gémissements de l'Esprit (Rm 8, 22-26) répandu « en cette période finale où nous sommes » (He 1, 2), le monde est en effet *en travail d'enfantement* du Royaume de Dieu et du Corps du Christ jusqu'à la plénitude de sa taille adulte (Ep 4, 13). Le redoublement en christianisme de cette sorte de cassure syntaxique sans laquelle, nous l'avons souligné, le mémorial juif ne pouvait trouver à se dire est tel qu'en définitive l'aujourd'hui de l'Église, parce que eschatologique, est sacramentellement vécu comme au *futur antérieur :* c'est à partir de ce qu'elles « seront devenues » que l'histoire et la création se dé-cèlent, viennent à leur vérité. Le temps de l'assemblée dominicale (car c'est par l'assemblée d'Église qui se réunit ce jour-là en corps sacramentel du Seigneur que le dimanche devient jour-mémorial eschatologique) est la figure sacramentelle de la situation *« avant-dernière »* de l'histoire actuelle. De ce point de vue, tout est dit en cette célébration hebdomadaire de la Pâque du Christ ; la temporalité n'a pas besoin, de soi, de plus ample ritualisation en christianisme.

— La commémoration *annuelle* de la Pâque, originellement, n'est jamais que la solennisation de « la fête » pascale que l'Église célèbre chaque dimanche. *L'Epistula Apostolorum* (vv. 130-140) en est le premier témoignage connu [52]. Elle fait état d'une vigile nocturne jusqu'au premier chant du coq, moment de la célébration eucharistique. Il est symptomatique que cette vigile soit vécue

---

52. O. Cᴀsᴇʟ, *La fête de Pâques dans l'Église des Pères,* Cerf, 1963, « Lex orandi » 37, pp. 19-22.

comme à la charnière entre « *Pascha* » et « *Pentécostê* », et que l'on y fasse allusion à la « conception chère à l'antiquité chrétienne, selon laquelle le Seigneur reviendrait au cours de la nuit pascale ou lors de la 'Pentécostê' » [53]. Mort — Résurrection — Pentecôte — Parousie : ici, comme le dimanche, tout est vécu *dans l'unité du mystère*. Dans la ligne de Paul, l'Église célèbre d'un bloc les divers moments de la Pâque du Christ : dans le rite eucharistique, nous annonçons « la mort du Seigneur jusqu'à ce qu'il vienne » » (1 Co 11, 26) ; ou encore, dans le sillage de Jean, elle tient symboliquement unis la mort du Verbe incarné, sa glorification pascale sur le trône de la croix et son envoi de l'Esprit au soir de Pâques.

Il en est encore ainsi au IIIe siècle : si la « « Pentécostê » » se développe alors en une « Cinquantaine joyeuse », ce n'est jamais qu'en tant qu'elle est l'extension de l'unique Pascha. Cette Cinquantaine en effet ignore encore la fête de l'Ascension ainsi que celle de la Pentecôte qui la clôturera au siècle suivant. La ritualisation proprement dite du temps en christianisme ne s'effectuera qu'avec l'établissement du calendrier liturgique au IVe siècle : séparation de la célébration de la mort du Christ le vendredi, de celle de la résurrection le dimanche de Pâques ; solennisation de la Pentecôte comme fête clôturant la Cinquantaine, ce qui, par le décompte des jours, entraîne la célébration de l'Ascension le quarantième jour ; tentative de christianisation de la fête païenne du « sol invictus », au solstice d'hiver, par la célébration de la fête de Noël ou de l'Épiphanie ; dès le IVe siècle également, se met en place le Carême et, en Gaule, l'Avent — qui ne se développera à Rome que deux siècles plus tard.

Une telle ritualisation du temps était *inévitable* anthropologiquement, historiquement et sociologiquement. Anthropologiquement, parce que toute appréhension humaine du temps est indissolublement liée à la symbolique primaire des rythmes cosmiques — alternance régulière du jour et de la nuit, des mois lunaires, des saisons... —, si

---

53. *Ibid.*, p. 21.

bien que dès l'origine, et dans son discours le plus original —
l'annonce de la résurrection — l'Église s'est vue liée à la récurrence
régulière du cycle cosmique par le biais de la semaine : le jour du
Seigneur est « le premier jour de la semaine » juive. Historiquement,
parce que la ritualisation semble aller de concert avec l'émoussement
du sentiment de l'imminence parousiaque ; mais si elle ne se
manifeste qu'au IVᵉ siècle, elle plonge en fait ses racines bien au-delà
de cette époque. Sociologiquement enfin, parce que la prétention
missionnaire universaliste du christianisme ne pouvait pas ne pas
l'amener à négocier avec la société païenne qu'il voulait conquérir au
Christ ; la fête de Noël est typique de ce processus.

Inévitable, le phénomène était d'ailleurs *souhaitable à maints
égards :* outre la possibilité qu'il donnait à l'Église de prendre pied
dans le monde païen, il permettait d'articuler l'histoire des hommes
sur celle du Christ et de diluer, par étalement dans le temps, un
concentré dominical ou annuel de la Pâque qui était sans doute trop
fort au goût de la masse des chrétiens.

Mais une telle opération était nécessairement onéreuse : le
fondement même de la spécificité chrétienne, à savoir le mémorial
eschatologique de la Pâque, risquait d'en faire les frais, à mesure que
l'année liturgique se développait comme un grandiose « socio-
drame ». Le mémorial sacramentel de la Pâque où l'Église refait sans
cesse eschatologiquement l'itinéraire de Jésus, son Seigneur, c'est-à-
dire son passage de la mort à la vie, de l'esclavage à la liberté, risque
de dégénérer en un simple *anniversaire mimétique* des étapes de la
vie de Jésus ou des divers « moments », chronologiquement séparés,
de sa Pâque[54]. Du même coup, le présent historique est de moins en

---

54. A la différence de la fête de Pâques qu'il considère comme un « *sacramentum* »,
parce qu'il s'y réalise pour l'Église le passage de la mort à la vie qui s'y figure
symboliquement, Augustin considère la fête de Noël comme un simple *natale*,
c'est-à-dire un anniversaire. (Cf. J. GAILLARD, « Noël, memoria ou mystère », in *La
Maison-Dieu* 59, 1959, pp. 37-70). On voit combien, pour Augustin, la Pascha est
encore *la* fête unique de l'Église. — L'Incarnation, comme dans le Nouveau
Testament, est encore pensée à partir du mystère pascal, au lieu de l'être comme

moins pensé à partir de l'eschatologie qui le détermine : celle-ci est rejetée dans un lointain futur trans-historique. Pareil déplacement d'accent est lourd de conséquences : pris entre un passé historique, celui de Jésus, où tout est déjà joué et un avenir trans-historique seul vraiment digne de considération, *le présent de l'humanité concrète ne fait plus le poids.* La « spiritualité » de l'existence historique concrète, c'est-à-dire le fait que l'histoire présente est l'espace « sacré » où, effacé dans l'Esprit, le Ressuscité prend corps dans le monde, s'estompe au profit d'une « spiritualité » de la vie intérieure, sur arrière-fond de dualisme métaphysique platonicien. Et les inévitables resacralisation du vocabulaire cultuel et resacerdotalisation du vocabulaire ministériel ne font qu'amplifier ce mouvement qu'ils accompagnent.

On le voit : pour comprendre le calendrier liturgique de l'Église, il faudrait, paradoxalement, commencer par l'oublier. Pas pour le rejeter. Mais pour, en allant d'emblée au cœur même de la spécificité chrétienne qui, de soi, ne requiert pas d'autre cycle liturgique que celui du dimanche dont la Pascha annuelle déploie symboliquement les significations majeures, donner à la foi la possibilité de jouer son rôle propre : « élément neutre », « instance nulle qui met perpétuellement en question » la religion sans laquelle elle ne saurait vivre [55].

---

simple conséquence de l'union hypostatique, comme le fera la théologie médiévale. C'est peut-être ce qui explique — mais l'hypothèse demanderait à être soumise à vérification — que, à la fin du IVᵉ siècle, selon le *Journal de voyage* d'Ethérie, le Jeudi saint était célébré, à Jérusalem, non pas dans l'église construite à Sion sur l'emplacement du Cénacle, mais dans celle du Saint-Sépulcre au Golgotha, et l'Ascension dans la basilique de la Nativité à Bethléem et non dans l'une des églises du Mont des Oliviers. L'Incarnation était vue, à rebours, comme un « moment » du Mystère pascal, ainsi que le suggère Cyrille de Jérusalem dans un sermon pour l'Ascension célébrée à Bethléem : « Si à Bethléem il est descendu des cieux, c'est du mont des Oliviers qu'il les a regagnés » ; l'interversion des lieux « logiques » de célébration oblige à entrecroiser Noël avec la Pâque — en l'occurrence l'Ascension.

55. S. BRETON, *Théorie des idéologies*, Desclée, 1976, p. 96.

IV. SACRAMENTAIRE ET CHRISTOLOGIE TRINITAIRE

Il est illusoire de tendre à arracher la foi à ses expressions religieuses, notamment rituelles ; certaine récupération idéologique de l'Évangile en ce sens n'est qu'une mauvaise apologétique qui masque un refus généralement inavoué de l'humanité de la foi. Pour troisième qu'elle soit, la naïveté rituelle en christianisme n'en demeure pas moins naïveté, prise dans le cercle de l'expression symbolique. La même grammaire symbolique, les mêmes mécanismes anthropologiques régissent la mise-en-scène rituelle des mêmes *schèmes* archaïques, individuels et collectifs, dans la pratique eucharistique comme dans la pratique shamanistique par exemple.

Il serait pourtant tout aussi illusoire de nier ou de minimiser l'écart qui sépare ces deux rituels. D'abord parce que les schèmes anthropologiques sont investis, de part et d'autre, dans des *thèmes* culturels différents. Du fait de leur usage socio-culturel, les mêmes signifiants font penser *autre chose et autrement,* qui apparaît au niveau de la « théologie ».

Le judaïsme, comme le manifeste particulièrement le courant prophétique, rompt avec les religions traditionnelles par sa foi en un Dieu créateur d'*histoire,* c'est-à-dire d'inédit lié à la responsabilité et à la liberté de l'homme. La crise rituelle est inévitable, dans la mesure où cette responsabilité, par le biais de la « circoncision du cœur », de l'éthique du partage, voire de l'exigence de pardon, *appartient* désormais au culte lui-même.

A cause de la Pâque du Christ et de l'envoi de l'Esprit de la Promesse, la crise se redouble en christianisme. L'Église, et prioritairement lorsqu'elle s'assemble au nom du Christ le jour du Seigneur, est dans le monde le témoin de la rupture eschatologique qui a fait entrer l'histoire dans les « derniers temps ». Travaillée par le levain de la Parole et de l'Esprit, la pâte humaine est en genèse du Corps du Christ. La corporéité humaine, la pratique historique responsable, l'éthique du don au service de la justice et de l'amour, sont l'espace premier de la véritable adoration du Père « en esprit et en vérité » (Jn 4, 23-24) et de la rencontre du Ressuscité. Le projet existentiel du se livrer/se recevoir, reprise historique concrète de l'itinéraire du Fondateur, Jésus-Christ, — projet où il est sans doute permis de discerner l'écho de la structure pro-jective existentiale de l'être-avec-autrui ou de l'échange symbolique —, devient ainsi le lieu « sacramentel » où prend corps dans l'Esprit, le Ressuscité et son Royaume dans le monde. Les sacrements enjoignent ainsi aux chrétiens de devenir cela même qu'ils célèbrent. C'est dire qu'ils *contestent* sans cesse cette Église qui les fait ; ils *déchirent* l'unité qu'ils lui donnent, et ils déplacent indéfiniment son identité, l'obligeant, comme Abraham, à « résider en étranger dans la terre promise » et à habiter sous la tente au lieu de s'installer dans le dur (He 11, 8-10). D'où le caractère presque intenable de la ritualité religieuse en régime de troisième naïveté. Mais c'est aussi pourquoi il faut d'autant plus fermement la tenir : les sacrements manifestent la situation *d'écartèlement* entre le « déjà » et le « pas encore » qui tient l'Église debout ; voilà la crucifixion, la mort qu'elle a pour tâche de revivre sans cesse en communion avec son Seigneur.

1. LE POINT DE DÉPART : LE MYSTÈRE PASCAL DU CHRIST

C'est de la Pâque du Christ que les sacrements tiennent leur irréductible originalité. *C'est d'elle, et non pas de l'Incarnation comme telle, qu'il faut partir* pour comprendre leur efficacité symbolique et sa portée : la Pâque du Christ y devient la Pâque de l'Église. Du point de vue néo-testamentaire, on va de la Pâque vers l'Incarnation et non de l'Incarnation vers la Pâque. L'histoire même de la formation des évangiles nous en est témoin, de même que les premières annonces du Kérygme, ainsi que les grandes hymnes christologiques pauliniennes, comme Ph 2, 6-11 et Col 1, 15-20. Si l'idée de la préexistence et de l'Incarnation du Fils n'est pas absente de ces hymnes, ce n'est pourtant pas elle, mais bien le mystère pascal, qui en constitue l'argument[56]. Il faut en outre remarquer que leur milieu d'origine ('Sitz im Leben') est très probablement *l'assemblée liturgique,* et plus précisément baptismale en ce qui concerne Col 1, 15-20, ce qui laisse penser que ces hymnes sont des créations prépauliniennes; il semble que, dès les toutes premières décennies de leur existence, les communautés chrétiennes aient fait preuve d'une grande créativité hymnique. Ainsi, comme l'écrit W. Kasper à propos de Ph 2, 6-11, « la reconnaissance de Jésus comme Dieu ne se fonde pas sur des spéculations abstraites, mais sur la foi à l'Exaltation du Ressuscité. Le 'Sitz im Leben' de cette confession est la doxologie liturgique »[57]. L'expérience liturgique n'a certes pas été le seul milieu d'élaboration de la confession de foi et de la christologie; mais on reconnaît aujourd'hui de plus en plus qu'elle a joué un rôle déterminant[58]. Ce qui veut dire qu'il est insuffisant d'aller de la christologie à la sacramentaire; le mouvement inverse

---

56. « L'hymne (de Ph 2, 6-11) ne prétend pas isoler l'Incarnation et la considérer en elle-même. Elle ne contient aucune réflexion sur l'égalité du Christ préexistant avec Dieu (...). Les études récentes soulignent avec raison que cette hymne ne porte pas en premier lieu sur l'être du Christ, ne vise pas à exposer le Mysterium Christi dans le cadre de la doctrine des deux natures, mais regarde vers l'événement du salut. » Cette priorité du mystère pascal n'empêche pas, bien sûr, que la préexistence du Christ soit « au moins présupposée » par Paul (A. GRILLMEIER, *Le Christ dans la tradition chrétienne. De l'âge apostolique à Chalcédoine (451),* Cerf, 1973, « Cogitatio Fidei » 72, pp. 40-42). Remarques analogues à propos de l'hymne de Col 1, 15-20 (pp. 43-46).

57. W. KASPER, *Jésus le Christ,* Cerf, 1976, « Cogitatio Fidei » 88, p. 253.

58. J. GUILLET, *Les premiers mots de la foi. De Jésus à l'Église,* Centurion, 1977, « Croire et Comprendre », p. 28 : « Une chose est sûre, écrit l'auteur à propos de la confession de 1 Co 15, 3-5, c'est qu'il s'agit d'un texte fait pour un public assemblé, et d'un texte transmis avec autorité. D'après ce que nous savons des premières communautés chrétiennes, le lieu où l'on trouve à la fois une assemblée réunie et une parole transmise au nom du Seigneur, c'est avant tout le baptême. C'est là que l'annonce de l'Évangile donne naissance à la foi, et que la foi est reçue et confessée dans l'Église. Il y a bien des raisons pour rattacher notre formule à la liturgie du baptême, mais il est impossible de préciser davantage. » Par ailleurs, l'auteur souligne l'importance primordiale de la pratique eucharistique dans l'élaboration de la sotériologie : « Si l'on veut savoir comment l'Église a pu découvrir et proclamer que le

est tout aussi constitutif de l'une et de l'autre. C'est cela, en définitive, que signifie fondamentalement l'adage « lex orandi, lex credendi », même si historiquement sa visée n'avait pas une telle portée [59].

2. CHRISTOLOGIE TRINITAIRE : LA RÉVOLUTION DE NOS REPRÉSENTATIONS DU RAPPORT HOMME/DIEU

La priorité, de fait et de droit, accordée au mystère pascal par rapport à l'incarnation comme telle ne vient pas minimiser celle-ci. Au contraire, en la situant à sa bonne place, c'est-à-dire seconde dans la réflexion, elle en manifeste d'autant mieux l'enjeu. Cet enjeu n'est autre que la *subversion du rapport de concurrence* entre l'homme et Dieu auquel les hommes sont liés de par leurs possibilités mêmes de

---

Christ était mort pour tous les hommes, il est probable que c'est en répétant et en transmettant dans ses Eucharisties les paroles et les gestes du Seigneur » (p. 35). La liturgie n'est pas seulement un lieu important d'expression de la confession de foi ; elle apparaît ici comme *l'un des lieux majeurs — peut-être le tout premier — d'élaboration de la confession de foi*.

59. La formule semble avoir son origine chez Prosper d'Aquitaine (« legem credendi lex statuat supplicandi ») et elle est alors (Ve siècle) dirigée contre les semi-pélagiens : puisque vous priez pour que Dieu donne la grâce, c'est que vous croyez que la grâce est absolument nécessaire à la conversion. On a ensuite généralisé la portée de l'expression : la prière de l'Église fait loi en matière de foi. Un tel principe est loin d'être sans ambiguïtés. Mais celles-ci ne légitiment aucunement pour autant le renversement de la formule, tel que nous le voyons dans l'encyclique *Mediator Dei* de Pie XII : « *Lex credendi legem statuat supplicandi* » ; la liturgie devient alors un simple commentaire appliqué de la doctrine laquelle aurait par ailleurs son indépendance. Pie XII ne faisait d'ailleurs que sanctionner par là une conception repandue depuis des siècles. Ce n'est que depuis Vatican II, en gros, qu'on a enfin réagi contre cet extrême appauvrissement de la théologie de la liturgie : au lieu d'être subordonnée à un ensemble de vérités doctrinales, la liturgie est considérée comme l'un des lieux prioritaires où le croyant saisit sur le vif, véri-fie et « fait » la foi dont il a à rendre compte.

représentation et de par la mégalomanie du désir qui les habite. Mais une telle subversion ne se manifeste pas si l'on part de l'Incarnation du Verbe préexistant en Jésus-Christ. A ce compte en effet, on ne peut que projeter sur celui-ci les représentations « naturelles » de Dieu et de l'homme. Obnubilé par la question de l'union hypostatique, on demeure prisonnier du *dualisme métaphysique hérité d'Athènes*. On a très fortement conscience, bien sûr, de la nouveauté radicale inaugurée en Jésus : désormais, dit-on, l'abîme qui séparait l'homme de Dieu est aboli ; en l'homme-Dieu, la distance incommensurable est annulée, sans confusion pourtant entre l'humanité et la divinité. La différence entre Dieu et l'homme est toujours pensée cependant en termes d'*opposition :* Dieu est appréhendé a priori, donc *en dehors de sa révélation en Christ,* comme l'inverse de l'homme (esprit, alors que l'homme est corporel ; éternel, alors que l'homme est dans le temps ; immuable, alors que l'homme est changeant ; apathique, alors que l'homme est soumis à la souffrance, etc.). La réflexion sur l'Incarnation se déploie à partir du « de Deo uno », c'est-à-dire de la *notion simple de Dieu ;* tout l'essentiel tourne autour de l'union hypostatique, donc de la conjonction sans confusion de la *nature* divine avec la nature humaine. Si importante que soit, bien sûr, la réflexion trinitaire en christologie, elle demeure toujours dépendante du présupposé d'une essence divine simple, c'est-à-dire d'un *principe trans-trinitaire et trans-christologique.*

Mais on devine la difficulté : on ne s'est pas demandé en quoi Jésus le Christ remet en cause, de manière fondamentale, nos représentations de Dieu, de l'homme et de leur rapport. Or c'est justement ce point qui, à notre sens, constitue l'enjeu décisif de la christologie, s'il est vrai que la confession de Jésus comme Christ implique la reconnaissance en lui du Révélateur de Dieu et de l'Homme. Confesser la conjonction sans confusion de l'humanité et de la divinité en Christ est certes important ; mais cette opération n'a d'intérêt que si l'on se demande d'abord de *quel Dieu* et de *quel Homme* il s'agit. C'est dire que tant que l'on se contente de « plaquer » sur Jésus les deux natures, sans passer par la radicale critique des représentations a priori de Dieu et de l'Homme dont est porteur le mystère pascal et notamment la mort en croix, on passe à côté du véritable enjeu de la christologie. Si bien que le rapport de concurrence entre Dieu et l'homme, si bouleversé qu'on le dise, n'est pas attaqué à sa racine même.

L'attaquer à sa racine même, c'est notamment dans la perspective de la christologie élaborée par J. Moltmann, *tenter de penser Dieu, rigoureusement et d'emblée, comme Trinité à partir de la Croix du Ressuscité*[60]. C'est, en d'autres termes, soutenir l'insoutenable scandale d'un Dieu qui, dans la croix de Jésus le Fils, nous est manifesté comme *nulle part aussi divin que dans l'humanité du Crucifié*. C'est dénoncer la projection idolâtrique de l'homme dans ses représentations — d'ailleurs inévitables — d'un Dieu simple, que son désir figure immanquablement comme merveilleux et majestueux, pour annoncer la mort *en* un Dieu Trinité qui se révèle en Jésus comme humain dans sa divinité. C'est démasquer le piège d'une différence posée comme un abîme entre Dieu et l'homme, donc extérieure à chacun d'eux, pour tenter de penser celle-ci à partir de la différence interne qui traverse l'homme et qui structure trinitairement Dieu.

Une telle entreprise n'est sans doute jamais totalement possible, compte tenu du désir qui nous habite et qui infléchit inéluctablement nos représentations de Dieu et de l'homme dans une perspective dualiste, d'autant que nous y sommes portés en Occident par 25 siècles de tradition métaphysique[61]. Mais l'important n'est pas de réussir pareille entreprise; ou plutôt, la réussite en ce domaine est de savoir remettre sans cesse l'ouvrage sur le métier : la foi au Ressuscité crucifié ne vit que d'être une permanente dénonciation des

---

60. J. MOLTMANN, *Le Dieu crucifié, op. cit.*, notamment, le ch. VI, central à tous égards, pp. 225-324.

61. Cf. la question primordiale de « l'oubli de la différence ontologique » pour M. HEIDEGGER, c'est-à-dire de l'oubli de la question de l'Être, dû au fait que nous nous représentons toujours celui-ci à partir de l'étant. Cf. par ex., « Identité et Différence », in *Questions* I, *op. cit.*, pp. 296-297. Tous les dualismes métaphysiques, à commencer par ceux de être / penser, penser / dire « que » (apparaître) / « ce que » (idée), sensible / intelligible, existence / essence, etc. trouvent dans cet oubli premier leur racine.

pièges de nos inévitables représentations. Tel est l'impensable ouvert par la Résurrection jusque dans le langage; nous n'en pourrons jamais saisir que les contours.

C'est, là encore, à partir du mystère pascal qu'il nous faut approcher la condition de Jésus comme Fils. Sur la croix il fait jusqu'au bout l'amère expérience de ce que veut dire être Fils. Car c'est au moment même où, crucifié, il supplie « avec grand cri et larmes celui qui pouvait le sauver de la mort » (He 5, 7) et où il jette son cri : « Mon Dieu, mon Dieu, pourquoi m'as-tu abandonné ? », c'est-à-dire au moment où il fait *l'ultime épreuve humaine de l'altérité et du silence de Dieu,* que, nous dit l'épître aux Hébreux, il est *« conduit à son propre accomplissement »* de Fils (He 5, 7-9). Au schème du péché des origines, « vous serez comme des dieux », à savoir celui de *l'identité par substitution,* succède le schème de la *similitude dans la différence.* Le premier est celui du rapport de force maître-esclave; le second est celui de la relation paternité-filiation. La crise œdipienne, selon la psychanalyse freudienne, est l'épreuve décisive de ce passage — décisive, car structurante du champ psychique pour la vie, mais toujours à reprendre par la suite. Jésus vit jusqu'au bout, jusqu'à mourir comme « l'Abandonné de Dieu », selon l'expression de J. Moltmann, l'épreuve de la différence, de l'altérité, de l'absence de Dieu, son Père pourtant si proche. S'il est un moment où l'absence du Père se radicalise en ce Fils qui est pourtant l'Autre de lui-même et où se réalise la parole de Jésus à Philippe : « Qui m'a vu a vu le Père » (Jn 14, 9), c'est bien dans cet ultime don du Fils par le Père jusqu'à l'abandon pour le pardon des hommes. *L'Esprit,* l'Esprit du Père et du Fils, est le Tiers témoin, le lieu de cette radicale différence entre Dieu et Dieu; en lui, Dieu s'efface ultimement dans l'humanité du Crucifié, comme Jean nous le donne symboliquement à lire : le dernier souffle du Fils est la « mission » de l'Esprit.

Dans la fidélité à sa victoire sur la triple tentation qui inaugure sa mission, Jésus va donc jusqu'au bout de l'expérience de la *non-utilisation de Dieu.* Il vit jusqu'à la mort, c'est-à-dire en faisant les frais de la non-intervention et du silence de Dieu, l'épreuve de la *gratuité* divine. Il dénonce par-là même toute idolâtrie, c'est-à-dire toute tentative de s'asservir Dieu, si subtile qu'elle soit : psychiquement (identification imaginaire par substitution projective), intellectuellement (réduction de la croix à quelque théorie du salut), ou spirituellement (dévotieuse piété qui entoure la croix de roses pour en mieux masquer le trop abrupt scandale)...

Dans l'Esprit de la Résurrection, c'est un appel à *devenir fils* qui est alors adressé à l'homme. Devenir fils, c'est-à-dire d'une part apprendre à reconnaître l'absolue *Différence* et Altérité de Dieu, à supporter sa radicale absence, à laisser Dieu être Dieu, « inutilisable » parce que gratuit ; et, d'autre part, apprendre à reconnaître la *similitude* qui, du sein de la différence qui nous constitue nous-mêmes comme hommes, nous permet de nous confesser comme de lui et pour lui en Jésus. Devenir fils, c'est-à-dire encore avouer notre radicale *dépendance* de vie à l'égard de celui que nous nommons dans l'Esprit « notre Père » (différence) et, par là même, prendre à bras le corps l'*autonomie* que confère l'accès à cette identité filiale, sans attendre quelque coup de pouce d'un Dieu interventionniste. *Ainsi notre « divinisation » — notre filiation — s'élabore-t-elle au pas de notre humanisation ;* et notre humanisation a pour mesure la communication, écho de la communication qu'est Dieu en sa Parole, à savoir le « se recevoir » vécu dans le « se livrer » par Jésus.

3. L'AFFIRMATION DE LA « GRÂCE SACRAMENTELLE », OU L'ACQUIESCEMENT A L'HUMANITÉ DE DIEU

L'intérêt de ces réflexions ici réside en ce qu'elles nous permettent de fonder maintenant en christologie trinitaire le dépassement de la double impasse, objectiviste et subjectiviste, que nous avons proposé au début de ce chapitre. Affirmer la « grâce sacramentelle », c'est-à-dire la rencontre gratuite de *Dieu* au sein même de l'action *humaine* qu'est le rite, c'est nécessairement mettre en jeu une certaine conception de la relation de Dieu et de l'homme en

Jésus-Christ. Dans la mesure où, comme nous y convient nos précédents propos, nous tentons de penser d'emblée cette relation à partir du mystère pascal et en perspective trinitaire, nous nous donnons la possibilité d'échapper aussi bien à la problématique scolastique que barthienne.

a) *La scolastique*

En perspective scolastique, les sacrements sont bien dépendants du mystère pascal, mais c'est seulement au titre de leurs effets de grâce ; leur nature est *directement rattachée à l'Incarnation dont ils sont le prolongement.* De même que la nature humaine du Christ a été la cause instrumentale — instrument « conjoint », comme la main (analogiquement) — par laquelle la nature divine, cause principale, a opéré le salut de l'humanité, de même les sacrements sont la cause instrumentale — instrument « séparé », comme le bâton (analogiquement toujours) — par laquelle Dieu, cause principale, nous accorde sa grâce. « La cause efficiente principale de la grâce est Dieu même, pour qui l'humanité du Christ est un instrument conjoint et le sacrement un instrument séparé. Il faut donc que la vertu salutaire découle de la divinité du Christ par son humanité jusqu'aux sacrements[62]. »

On le voit : c'est *à partir de l'union hypostatique,* dont la croix, la résurrection et la Pentecôte sont considérées comme la *simple conséquence,* et non à partir du mystère pascal, que l'on pense analogiquement les sacrements. N'étant plus situés dans la vaste économie de Pâques et de Pentecôte d'où l'Église prend naissance au

_____

62. THOMAS D'AQUIN, *Somme Th.* III, q. 62, a. 5. — On trouve, de même, quoique selon une théorie différente, un rigoureux parallèle entre la fonction simplement « dispositive » reconnue aux sacrements dans la causalité de la grâce divine et la christologie et sotériologie, chez S. BONAVENTURE : « L'humanité du Christ donne la grâce par mode de préparation, sa divinité la confère » (*III Sent.*, d. 13, a. 2, q. 1). Telle était d'ailleurs la position du premier S. Thomas, aussi bien en christologie qu'en sacramentaire : *I Sent.*, d. 16, a. 3.

souffle de l'Esprit, ils font l'objet de considérations analytiques, fort belles sans doute, mais trop *statiques*. Comme l'a relevé le P. Congar, *la « sainte humanité » du Sauveur a pris le relais du Saint-Esprit* en sacramentaire comme en ecclésiologie — cf. les traités « De Christo capite »[63]. C'est pourquoi l'on va directement du traité du Verbe incarné et rédempteur à celui des sacrements, *sans passer par l'Église*.

Il s'agit bien certes des « sacrements de l'Église », mais la médiation sacramentelle de l'Église n'est pas prise en compte comme telle. Ceci est d'ailleurs tout à fait dans la logique d'un système où le Mystère pascal n'est vu que comme l'aboutissement normal de l'Incarnation et où, de ce Mystère pascal, on ne souligne guère que la « Passion » ; la christologie est élaborée en fonction de l'Incarnation, la sotériologie en fonction de la croix. La Résurrection, lieu prioritaire de la confession de Jésus comme Christ dans les premières communautés chrétiennes, ne retient guère l'attention ; elle n'est jamais, en somme que le retour du Verbe incarné à son état « normal ». Quant à la pneumatologie, elle demeure le plus souvent à l'état embryonnaire. Comment dès lors l'Église, née de la Pentecôte, pourrait-elle dans cette perspective être pensée comme le passage obligé de la sacramentaire ?

Là où les Pères, pour prendre le cas typique de l'eucharistie, étaient incapables de penser le « corpus mysticum », à savoir eucharistique, indépendamment de sa « veritas » qu'est l'Église — une Église « sacramentelle » dont l'Esprit est l'agent efficace d'unité —, les scolastiques du XIIIe siècle, au terme d'une évolution qui commence au milieu du XIIe, qualifient l'Église comme « corpus mysticum » en un sens absolu, c'est-à-dire sans référence au Mystère de l'eucharistie. Tel est le prix payé par l'opération du renouveau théologique à l'aide de la philosophie aristotélicienne. Opération pourtant magnifique et même exemplaire comme effort créateur de

---

63. Y. CONGAR, *L'Église, de S. Augustin à l'époque moderne*, Cerf, 1970, pp. 158-164.

formulation de la théologie selon les déplacements de la culture ; mais opération qui, de ce fait, est obnubilée par la question de l'union hypostatique, et qui se solde, comme nous l'avons vu, par l'impossibilité de s'interroger sur ses présupposés trans-trinitaire et trans-christologique et d'attaquer à sa racine le dualisme métaphysique dont elle hérite en ce qui concerne, entre autres choses, le rapport de Dieu et de l'homme. Dans cette perspective, la voie thomiste de la causalité efficiente instrumentale est sans doute la plus appropriée. Mais, si affinée qu'elle soit par l'analogie, voire même si corrigée qu'elle soit par le personnalisme, comme l'a tenté, voici vingt ans, E. Schillebeeckx dans son ouvrage « Le Christ, sacrement de la rencontre de Dieu », elle demeure trop étrangère, selon nous, à la culture contemporaine pour satisfaire le questionnement radical actuel sur le rapport de l'homme et de Dieu dans les sacrements.

b) *Karl Barth*

La sacramentaire de K. Barth prend le contre-pied, de manière quasiment systématique, de la sacramentaire scolastico-tridentine dont vit encore l'Église catholique dans son ensemble. Mais, comme nous l'avons souligné au début de ce chapitre, elle ressortit en fait à la même épistémologie métaphysique.

Or, si Barth craint comme la peste la collusion synergétique entre l'action souverainement libre et gratuite de Dieu et l'action humaine de l'Église dans les sacrements — en quoi il se montre un fidèle héritier de la théologie calvinienne —, c'est en définitive parce que, malgré un christocentrisme très marqué et malgré une théologie qui se veut de bout en bout trinitaire à l'encontre de celle, issue de la scolastique, qui part du « De Deo uno », il pense, paradoxalement, « d'une manière *pas assez décidément trinitaire* ». J. Moltmann, qui montre ici du doigt la limite de la théologie barthienne, poursuit : « En relevant toujours et avec raison que Dieu était en Christ, que Dieu lui-même s'est humilié, que Dieu lui-même était en croix, il utilise une notion simple de Dieu qui n'est pas encore développée trinitairement[64] ». Typique est sa formule : « C'est le Verbe qui parle, qui agit, qui remporte la victoire (...), le Verbe incarné certes, donc (...) le Verbe dans la chair et par la chair — mais le Verbe *et non* la chair. » C'est pourquoi, écrit à juste titre H. Zahrnt, « 'le Verbe s'est fait chair' signifie pour Barth 'le Verbe a pris chair' ». Et l'auteur décèle à son tour le *présupposé trans-trinitaire* qui régit la christologie et la sotériologie de Barth : « Chose inattendue, lui, le strict théologien de la Révélation, il situe son point de vue non pas en-dessous, mais *au-dessus* de la Révélation, non dans le temps mais dans l'éternité » ; car, en dépit des apparences, « son vrai point de départ n'est pas l'événement de l'Incarnation, mais la préexistence du Christ ». Il veut sauvegarder avec une telle force la priorité de l'élection divine éternelle que « tout est non seulement décidé dans *l'éternité,* mais déjà réalisé ; ce qui se produit dans le temps n'est que l'exécution de la décision originelle de Dieu[65]. »

C'est ce même principe qui régit *l'ecclésiologie* barthienne. Si, réagissant énergiquement contre la théologie libérale qui avait presque complètement gommé le mystère de l'Église visible, Barth affirme : « c'est dans l'Église et par l'Église que l'on accède à la foi », au point que l'Église est « le lieu accessible et l'instrument utilisable de la grâce »[66], il n'entend pas, malgré la force — exceptionnelle chez lui de la dernière expression, reconnaître à l'Église visible quelque participation active au don du salut. Le synergisme, c'est-à-dire l'attribution seulement partielle à Dieu du don du salut, l'autre partie revenant à l'Église — même de manière subordonnée —, ne peut être évité à ses yeux que si l'Église est un instrument *passif* entre les mains de Dieu. Car, comme le note A. Dumas, c'est « la doctrine de l'élection (qui) constitue chez Barth la pièce majeure de sa théologie de l'Église »[67]. L'expression citée plus haut ne doit

---

64. J. MOLTMANN, *op. cit.,* p.. 230.

65. H. ZAHRNT, *Aux prises avec Dieu. La théologie protestante au XXᵉ siècle,* Cerf, 1969, pp. 147-149.

66. K. BARTH, *L'Église,* pp. 49-50.

67. A. DUMAS, « L'ecclésiologie de K. Barth », in *Les Quatre Fleuves* n° 5, 1976.

pas faire illusion : l'Église barthienne est-elle autre chose, en définitive, que le rassemblement des déjà sauvés ? Nous pourrions interroger dans la même perspective sa belle doctrine de la *création* : si Barth souligne avec raison que, bibliquement, celle-ci ne peut être comprise que comme présupposé de l'Alliance et donc relève de l'économie de la grâce, c'est au risque de méconnaître la consistance propre du monde, dont l'être véritable ne se trouverait plus que dans la signification de la rédemption. Aussi a-t-on pu y déceler « une lueur platonicienne caractérisée » et « un certain docétisme de la création ». Jugement sans doute trop sévère, mais qui souligne bien l'un des risques majeurs de la théologie barthienne [68].

On ne peut qu'acquiescer au refus barthien de tout synergisme : l'action de l'homme ne vient pas faire l'appoint à celle de Dieu. Mais on peut douter de la réussite de son entreprise. Rejetant en effet (avec raison) le schème de la partition et de l'addition qui lui semble (à tort) être nécessairement sous-jacent à toute théologie du « et... et », il renverse la perspective par une théologie du « ou... ou ». Mais il reste par-là même *prisonnier du schème qu'il refuse*. « Si l'on cherche, écrit-il, la particularité du baptême dans une œuvre et une parole de Dieu devenant événement en vertu de ce que les hommes veulent et font lorsqu'ils baptisent ou sont baptisés, on n'échappe pas au dilemme suivant : ou bien ce que veulent et font ces hommes devient sans signification, sans intérêt et ne mérite pas d'être pris en considération, puisqu'il s'agit d'une volonté et d'une action complètement dominées et voilées par l'œuvre et la Parole de Dieu qui leur sont immanentes ; dès lors, le baptême de l'Esprit 's'intègre' le baptême d'eau et il le rend finalement superflu. Ou bien ce que veulent et font ces mêmes hommes devient comme tel le vouloir et le faire de Dieu dans son œuvre et sa Parole ; en conséquence, leur action devient et est comme telle une action divine, si bien qu'ici

---

68. Les expressions sont de R. Prenter, et elles sont citées par H. BOUILLARD, dans le 2ᵉ volume de son *Karl Barth*, Aubier, 1957. H. Bouillard demeure cependant plus nuancé que R. Prenter sur ce point (p. 194).

c'est le baptême d'eau qui 's'intègre' le baptême de l'Esprit et qui le rend superflu. Dans les deux cas, le baptême chrétien se trouve 'docétisé' : il perd son caractère de baptême d'eau différent du baptême de l'Esprit [69]. »

A partir donc du moment où l'on veut voir le baptême comme un sacrement, c'est-à-dire comme une action humaine de l'Église où s'effectue un don gratuit de la part de Dieu, on est contraint, selon Barth, de « docétiser » soit l'action humaine soit l'action de Dieu. Le théologien Réformé ne peut pas penser l'action libre et gratuite de Dieu seul autrement qu'en *excluant l'homme*. Il demeure enfermé dans le schème de concurrence qu'il dénonce.

Et s'il ne peut s'en sortir, c'est parce que, en définitive, « il utilise une notion simple de Dieu qui n'est pas encore développée trinitairement », ainsi que nous le lisions plus haut sous la plume de Moltmann, notion trans-christologique présupposée dans sa conception de l'élection éternelle. Nous en avons dit par ailleurs les racines métaphysiques.

c) *La mise en présence : mise en question et mise en demeure*

L'affirmation de la « grâce sacramentelle » nous apparaît, quant à nous, non seulement possible, mais requise par la christologie trinitaire que nous avons précédemment esquissée. La croix du Ressuscité en effet ne peut s'interpréter, selon le mot de W. Kasper, « que comme un renoncement de Dieu à lui-même » ; aussi provoque-t-elle « la révolution même de l'image de Dieu », révolution qui conduit « à la crise, au changement, en un mot à la rédemption du monde » [70]. Ce sont, du même coup, nos représentations « spontanées » du rapport de l'homme à Dieu qui sont appelées à la conversion. Car le « Dieu » dont nous ne cessons de rêver — le « Dieu » de notre paradis perdu et de notre innocence première,

---

69. K. BARTH, *Dogmatique* IV, 4, *op. cit.*, p. 106.
70. W. KASPER, *op. cit.*, pp. 251-252.

garant de nos certitudes (notamment religieuses), rétributeur obligé
de nos « bonnes œuvres »... — n'est autre que notre propre double
idéal, projection idolâtrique de nous-mêmes et, de ce fait, un
concurrent et un rival. Finalement, nous vivons du désir de nous faire
les esclaves de ce « Dieu ». Ceci, en dépit des apparences bien sûr,
car l'esclave ne vit que de l'impossible désir de prendre la place du
maître, de s'emparer de sa toute-puissance ; mais c'est, du même
coup, sa situation d'esclave qu'il paraphe. Telle est, selon Freud,
l'intenable position imaginaire de l'enfant à l'égard du père idéalisé
lors de la crise œdipienne : position mortelle qui le maintient esclave
et l'empêche de devenir fils.

Le sacrifice de Dieu comme Père idéalisé a été ultimement
consommé pour le monde un Vendredi-Saint. Ce jour-là, Dieu s'est
dévoilé définitivement dans sa Parole dernière comme un Dieu de
grâce et de miséricorde, comme un Dieu *humain dans sa divinité*
jusqu'à mourir en poussant « grand cri et larmes » (He 5, 7). Et
désormais, l'Esprit de Celui qui a ressuscité le Crucifié, répandu sur
toute chair (Ac 2, 17), pousse en l'homme des gémissements
inexprimables (Rm 8, 23. 26) pour le convertir à cette humanité de
Dieu si contraire à l'image de la majestueuse toute-puissance divine
que forme son désir et pour lui faire crier : « Abba, Père », le libérant
ainsi de sa condition d'esclave pour le rendre fils dans le Fils (Rm 8,
15-16 ; Ga 4, 6-7). Telle est la folie du Logos de la croix (1 Co 1,
18).

A l'encontre de notre désir narcissique et de ses séquelles
métaphysiques dualistes, ce Logos nous ouvre à une « divinisation »
— entendons : « filiation » — qui, loin de nous arracher à notre
humanisation ou à notre « mondanéité », nous y renvoie au contraire.
Devenir fils en communion, dans l'Esprit, avec le Fils, c'est
apprendre peu à peu à reconnaître sa totale dépendance d'existence à
l'égard du Père de Jésus et être, de ce fait, engagé à faire sa propre
vie de manière autonome et responsable. L'esclave refuse sa
dépendance ; c'est pourquoi il ne peut accéder à l'autonomie.
L'enfant ne devient fils qu'en reconnaissant la Loi paternelle ; mais
c'est justement à ce compte qu'il peut s'arracher au régime de liberté

surveillée sous l'œil jaloux du père tout-puissant imaginaire, et devenir lui-même. Le Dieu Trinité révélé dans la croix du Ressuscité ne peut plus être « utilisé » comme « bouche-trou » de nos problèmes. Dieu de Grâce, il ne peut plus nous servir d'alibi : il nous met au pied du mur, il nous renvoie à notre propre responsabilité ; il nous enjoint de consentir à son absence et à son silence : dans la mort du Fils, le Verbe s'est tu.

Affirmer la « grâce sacramentelle », c'est affirmer cet avènement libérateur du Ressuscité, dans l'Esprit, *au sein même de l'humain.* C'est confesser ultimement la portée actuelle *ressuscitante* de la Résurrection du Crucifié. La reconnaissance par la foi du corps et sang du Seigneur dans le pain et le vin eucharistiques est la plus haute expression de la « sacramentalité » dont est porteuse la chair de la terre et de l'humanité, cette chair où gémit l'Esprit de la Résurrection et qui est en travail d'enfantement eschatologique de la gloire de Dieu. Nul panthéisme en cela ; nulle confusion entre Dieu et l'homme. Car c'est trinitairement que cela se donne à penser et à vivre : l'Esprit — l'Esprit de l'Incarnation et de la Résurrection, comme de l'Église et de l'Eucharistie — n'opère la communion qu'en faisant la Différence !

Tout vient de Dieu seul, gratuitement ; mais cette irruption de Dieu n'advient *jamais autrement que dans la médiation de la corporéité et de l'historicité humaine.* Tout vient de Dieu et tout est de l'homme. Cette théologie du « et » ne laisse aucune place au « partim... partim » synergétique dénoncé par K. Barth. Tel nous paraît être, sur la base de notre christologie trinitaire, l'enjeu décisif des sacrements. Tenant ensemble, sym-bolisant, Dieu et l'homme dans la médiation de l'Église qui y engage son identité de manière radicale, *ils « véri-fient » en acte l'enjeu même de la christologie.* Ils constituent l'expression symbolique la plus haute de la confession de foi. Grâce gratuite, ils affirment l'Altérité absolue de Dieu et la dépendance filiale de l'homme ; prenant corps dans la corporéité socio-historique de l'homme, ils affirment que celui-ci n'est pas aliéné par la « divinisation », mais est au contraire mis en demeure d'assumer sa liberté dans une responsabilité historique de fils appelé à devenir libérateur. C'est dire, par-là même, qu'ils fonctionnent comme la *pédagogie* de base de la foi. En eux se donne à voir l'itinéraire à parcourir, la « performance » à réaliser qu'est la vie chrétienne : apprendre Dieu de Jésus, le Fils en humanité, c'est-à-dire apprendre de lui qu'*il n'y a pas d'alternative entre l'humanité et la divinité*, entre la soi-disant horizontalité de l'amour et la soi-disant verticalité de la foi ; apprendre que *Dieu se donne à rencontrer au ras de l'humain, puisque c'est là que le Ressuscité prend corps dans l'Esprit*.

C'est bien pourquoi, ainsi que nous le disions plus haut, le « Ceci est mon corps » eucharistique ne se comprend que dans son rapport au « Ceci est mon corps » historique et cosmique. Prendre au sérieux le don sacramentel, c'est identiquement prendre au sérieux la tâche historique qui nous est assignée. Où nous retrouvons à nouveau le vivre-avec comme culte premier ou la pratique *éthique* comme pratique eucharistique. La mise en présence qu'effectuent les sacrements est une mise en question et une mise en demeure...

Loin de donner lieu au dilemme docétisant de K. Barth, la foi en la « grâce sacramentelle », c'est-à-dire en l'action gratuite de Dieu dans la médiation même de l'action humaine de l'Église, nous apparaît comme la manifestation par excellence de la spécificité du « système » chrétien et donc de l'identité ecclésiale.

Mais notre passage, notre Pâque avec le Christ, de l'esclavage à la liberté de fils requiert, pour nous amener à *faire le sacrifice du « Dieu » superbe* que soutient la figure imaginaire du père idéalisé et à *acquiescer à l'humanité de Dieu,* un tel travail de deuil que les sacrements risquent sans cesse de fonctionner à rebours ; au lieu d'être la pédagogie en acte de l'humanité de Dieu confessée en Christ, ils cultivent trop souvent, semble-t-il, notre désir de merveilleux, rassurant à bon compte les consciences et laissant d'autant mieux dans l'oubli l'éthique cultuelle de la sanctification du profane où ils prennent racine. On sait les trop néfastes conséquences engendrées par une théologie déséquilibrée de l'« ex opere operato » et par un sacramentalisme pastoral excessif dans l'Église catholique ! Grandeurs et servitudes des sacrements...

CHAPITRE V

LITURGIE CHRÉTIENNE
ET SOCIÉTÉ DE CONSOMMATION

Aucune société humaine ne peut exister sans un minimum d'organisation et d'*institutions* : institutions matrimoniales (échange de femmes) économiques (échange de biens), linguistiques (échange de mots), politiques (échange régulé selon des structures de subordination hiérarchique), judiciaires (échange codifié selon le droit, au moins coutumier : droit de défense, de vengeance, de vie et de mort). Ces institutions sont universelles ; mais elles varient d'une société à l'autre, où elles sont plus ou moins manifestes : les pouvoirs politique et judiciaire, par exemple, sont à peine apparents dans certaines sociétés traditionnelles, où, par contre, les structures de parenté et les rapports qu'elles déterminent entre les membres du clan jouent un rôle de premier plan, exactement à l'inverse de ce qui se passe aujourd'hui dans notre société occidentale.

Parmi ces institutions sociales, la *religion* tient une place particulièrement importante dans les sociétés traditionnelles : le sacré — il faudrait dire plutôt : l'expérience du sacré, puisque celui-ci n'existe jamais comme un réel en soi, mais seulement à travers elle — est diffus partout et peut se manifester dans tout élément de la nature, dans tout événement, dans toute activité du groupe ou de l'individu ; d'où la multiplication des tabous, qui protègent contre un sacré dont le contact est toujours réputé dangereux et qui le tiennent à distance. Mais si le sacré est si étroitement mêlé au profane, c'est parce qu'il en est l'antithèse : le profane ne se soutient que de par son rapport, éminemment culturel, avec le sacré qui est toujours susceptible de l'investir. Les *rites religieux* ont précisément pour fonction de « canaliser le sacré » (R. Bastide), de le « viabiliser » (H. Desroche), c'est-à-dire d'assurer le contact avec lui, mais en le tenant toujours à bonne distance selon des règles précises qui lui interdisent toute intrusion anarchique, qui serait mortelle, dans le monde des humains. Le *sacrifice*, pierre angulaire de tout système religieux, dont les autres rites ne sont jamais, en définitive, que les succédanés plus ou moins manifestes, est le paradigme sur lequel se décline toute négociation avec le sacré[1]. Rite symbolique par excellence, puisque médiation d'*échange réversible* avec la divinité : le don s'accompagne immédiatement du contre-don dans l'effectuation même du rite. « Je te donne ma mort ; tu me rends — quoi ? la pluie ? le succès à la chasse ? la purification d'une transgression ? Quelque chose de beaucoup plus fondamental que cela, qui n'a pas de prix, qui ne se met pas en équation marchande : — la vie. Tu me permets de vivre. Tu me redonnes mon existence dans le moment même où je te la rends pour racheter la dette originaire que j'ai contractée envers toi[2]. »

Pour fonctionner, les rites religieux requièrent une société où l'échange symbolique est possible. Certes, aucune société humaine, par définition même, ne peut échapper au symbolique, c'est-à-dire à la *Loi de l'échange réversible* où chacun est reconnu, ne serait-ce que par son nom, et reçoit ainsi son identité. « Reconnaissance du (et par)

---

1. R. GIRARD, *La violence et le sacré*, Grasset, 1972 ; L. DE HEUSCH, « Introduction à une ritologie générale », *art. cit.*, pp. 703-704.

2. Parce que symbolique, le sacrifice est toujours ambivalent : sacrifice au père, reconnu comme tel par le fils débiteur de sa propre vie envers lui ; mais aussi, sacrifice du père, triomphe du fils ayant effacé sa dette par ce rite. Drame de l'Œdipe jamais achevé en l'homme, dont la tâche interminable est d'advenir comme sujet dans une autonomie qui implique nécessairement sa contre-partie : la reconnaissance de l'altérité, de la Loi, c'est-à-dire du père non idéalisé.

le sujet, reconnaissance de (et par) l'autre, mais aussi (...) reconnaissance en l'Autre, comme lieu de la Loi[3] », le symbolique ne se négocie pas, ne se calcule pas. Il est *gratuit*. Pas au sens où il n'attendrait rien en retour : il ne vit au contraire que de la réversibilité qui le définit ; de ce point de vue, rien n'est moins gratuit ; mais au sens où le contre-don, qui est toujours fondamentalement celui de la mort/vie du groupe ou de l'individu, celui de son identité, n'est jamais reçu comme une « valeur » marchande.

Or, selon l'analyse de J. Baudrillard, *la société de consommation* dans laquelle nous vivons est un système qui « détient *l'exclusivité du don sans contre-don* : don du *travail* auquel il ne peut être répondu par la destruction ou le sacrifice, sinon dans la consommation qui n'est qu'une spirale de plus du système de gratification sans issue, donc une spirale de plus dans la domination ; don des *media* et des messages, auxquels, de par le monopole du code, rien ne permet de rétorquer ; don, partout et en tout instant, du *social*, de l'instance de protection, de sécurité, de gratification et de sollicitation du social auquel rien ne permet plus d'échapper[4] ». La logique interne du système, contrairement à celle des sociétés traditionnelles, est celle de l'*étouffement de l'échange symbolique*. Celui-ci est barré partout par la loi de la valeur : valeur marchande d'échange comptable, fondée sur l'équivalence, à la belle époque du capitalisme industriel ; valeur structurale de pur signe, fondée sur la différence — mais une différence sans référent réel, pure valeur différentielle entre les éléments du système —, dans le néo-capitalisme actuel. Mais à étouffer le symbolique, la société s'asphyxie elle-même ; aussi revient-il au galop, sous le masque de la *mort* qu'elle s'efforce de conjurer et de cacher mais qu'elle éprouve d'autant plus comme une véritable hantise.

Nos célébrations liturgiques sont évidemment directement affectées

---

3. G. ROSOLATO, déjà cité *supra*, ch. I, note 38.
4. J. BAUDRILLARD, *L'échange symbolique et la mort*, N.R.F. Gallimard, 1976, p. 63.

par cette immense mutation. « Dans une société séculière, notaient les évêques français à Lourdes en 1971, la célébration des sacrements n'est plus le premier point de repère de la foi pour le non chrétien. Ce point de repère est l'existence chrétienne, la vie des communautés, l'Église dans son ensemble [5]. » La cote des rites a nettement baissé sur le marché des valeurs, à proportion de la montée en flèche de celle de l'agir. Contre les rites, vieux restes d'une tradition dépassée à reléguer au musée des folklores, atouts majeurs du pouvoir clérical et de la stratégie de l'appareil, la vérité serait du côté de la vie, de la sincérité, de l'engagement. Certes, nombreuses sont les communautés chrétiennes où les célébrations, renouvelées, fonctionnent relativement bien. Mais ce fonctionnement satisfaisant, outre qu'il n'atteint qu'une minorité de plus en plus réduite de participants actifs, est dû précisément, le plus souvent, à l'introduction massive de la « vie » dans le rituel. Ces réussites ne font donc pas figure d'exception dans une société soupçonneuse à l'égard des rites : elles confirment ce soupçon général, elles en vivent, mais elles en relèvent le défi ; ce qui oblige déjà, et va obliger de plus en plus, les participants à les vivre de manière critique, au second degré. Là est le drame fondamental, et nul n'y peut rien. Le rituel résistera-t-il à cette « crise sacrificielle » d'une intensité sans précédent ? Jusqu'où peut aller sa mutation sans qu'il finisse par perdre sa consistance même de rituel ?

« Si je vis de la foi, quel besoin de la signifier ? Si je n'en vis pas, à quoi bon le signe ? » : tel est le dilemme, formulé par R. Didier [6], dont vivent, explicitement ou implicitement, nombre de chrétiens aujourd'hui. Dilemme de l'opposition entre les rites et la vie-action, typique d'une société qui étouffe l'échange symbolique. Dans cette société, nos célébrations liturgiques ont-elles encore leur chance ?

---

5. Rapport de Mgr COFFY, *Église, signe du salut au milieu des hommes*, Centurion, 1972, p. 28.

6. R. DIDIER, *Les sacrements de la foi. La Pâque dans ses signes*, Centurion, « Croire et Comprendre », 1975, p. 8.

I. L'ÉTOUFFEMENT DE L'ÉCHANGE SYMBOLIQUE DANS LA SOCIÉTÉ DE CONSOMMATION

Nos célébrations liturgiques sont ébranlées jusque dans leurs fondations par le mouvement de désacralisation et de sécularisation qui caractérise la société occidentale contemporaine. Ce mouvement participe lui-même de la profonde secousse sismique qui travaille le sous-sol même sur lequel repose notre société et l'«archéologie» de notre culture, c'est-à-dire le *code* même qui régit le système. Ce code de la modernité, en train de s'élaborer progressivement mais déjà largement repérable, impose partout la *dictature de la valeur* qui étouffe l'échange symbolique.

1. LE RÈGNE DU CODE

Après la célèbre *«triple humiliation»* dont il a été l'objet (cosmologique, avec Galilée : la terre n'est plus le centre du monde ; biologique, avec Darwin : l'homme n'est pas si éloigné de l'animal qu'on l'imaginait ; et surtout, psychique, avec Freud : le moi n'est même plus le maître chez soi), l'homme a été descendu de son piédestal. L'Église, mais aussi nombre d'humanistes incroyants, ont sans cesse cherché à relever le défi : moqueries parfois pour ridiculiser l'adversaire auprès des foules et créer la vraisemblance de l'invraisemblable de ces théories d'«intellectuels» en mal de nouveauté ; bûcher ou Syllabus ; contre-attaques, Bible en main ou métaphysique déployée... A chaque fois, il a fallu pourtant se replier sur des positions de défense que l'on s'imaginait toujours plus imprenables : plus on cédait sur le terrain aristotélico-scolastique du Dieu Premier Moteur ou Cause Première, plus on se rabattait sur le «mystère» de la vie et sur la Finalité transcendante qui seule pouvait rendre raison de l'évolution des espèces vers l'Homme. Mais Dieu

perdait du terrain et de la crédibilité au fur et à mesure que les failles
de la science, dans lesquelles on se pressait de l'engouffrer, étaient
comblées. Contre la grandiose fresque de l'évolution brossée par le
P. Teilhard de Chardin, « la logique du vivant » de F. Jacob ou « le
hasard et la nécessité » de J. Monod semblent de plus en plus
s'imposer : notre univers se suffit à lui-même [7].

La parole est à la biologie. La transcendance se résout dans
l'immanence du *code génétique*. L'apparition de cette nouvelle
hypostase n'est pas un hasard : elle cristallise et figure le code même
qui régit notre ordre social à tous les niveaux, économique, politique,
esthétique, éthique, religieux... « Elle est l'aboutissement de toute
une histoire où successivement Dieu, l'Homme, le Progrès, l'Histoire
elle-même *se meurent au profit du code* [8]. »

Placée sous le signe de la « digitalité » — c'est-à-dire de la
réduction binaire de tous les éléments à partir de leurs plus petits
traits différentiels —, de la programmation cybernétique, des
stéréotypes — modèles, tests, question/réponse, objets de série,
sondages, majorité/minorité, mode vestimentaire, littéraire, artistique, etc. —, s'épuisant dans la formalisation de modèles rationnels,
quantifiables, calculables, mesurables, notre époque scientifique et
technique ignore de plus en plus la gratuité du symbolique. Comment
nos contemporains, imprégnés dès l'enfance par ce langage opéra-
toire, pourraient-ils ne pas être méfiants à l'égard d'un langage qui,
par nature, est gratuit et symbolique ? Oh ! bien sûr, celui-ci se
charge de prendre sa revanche, nous y reviendrons plus loin ; mais il
est toujours nécessairement récupéré par le système, qu'il vient
renforcer par sa contestation : nous ne reviendrons plus jamais,
même à travers la fête, la participation, l'expression corporelle,
l'écologie..., à l'échange symbolique tel que le vivaient, comme au
degré zéro, les sociétés archaïques !

7. Cf. L. PODEUR, *Image moderne du monde et foi chrétienne*, Centurion, « Croire
et Comprendre », 1976.
8. J. BAUDRILLARD, *op. cit.*, p. 93.

2. UNE LOGIQUE DE COMPÉTITION POUR L'ÉGALITÉ

Ces sociétés étaient profondément *stables* : structures sociales, cosmologie, transmission du savoir à travers le savoir-faire rituel ou technique, échanges économiques, etc., tout était reçu et reproduit, de génération en génération, selon le même processus. Les mythes d'ailleurs fondaient dans une origine intemporelle l'ordre immuable de l'hier, de l'aujourd'hui et du demain. Bien entendu, ces sociétés « sans histoire » avaient leur histoire, avec ses inévitables changements et mutations. Du moins ceux-ci n'étaient-ils pas perçus comme tels : les mythes et les rites, luttant contre la terreur de l'histoire, se chargeaient, en se transformant insensiblement, de par la logique même de l'inconscient social d'où ils parlaient, de les récupérer et de les faire rentrer dans l'ordre. Dans ce réseau symbolique, le langage, sous toutes ses formes, se figurait « spontanément » en symboles. Entre l'homme, les animaux et les plantes, entre les vivants et les morts, entre la terre et le ciel, un dialogue permanent était établi : « de la naissance à la mort, nous Indiens, sommes pris dans les plis du symbole comme dans une couverture », écrit Tahca Ushte, dont le témoignage, sur ce point, est particulièrement révélateur; « c'est drôle, remarque-t-il, parce que *pour 'symbolisme' nous n'avons même pas de mot,* et pourtant le symbolisme nous imprègne au plus intime de notre être » [9]. En fait, ce n'est nullement « drôle » : l'expérience symbolique ne vit que de ce qu'elle s'ignore; elle est gratuite, et dès qu'on veut la maîtriser, ce qui commence par le fait de la nommer, de lui assigner une place particulière dans le champ du savoir, elle se défait. R. Girard l'a bien vu à propos du sacrifice rituel : dès que le groupe perçoit ou soupçonne les mécanismes qui le régissent, il le détruit; c'est précisément la stratégie qu'aurait employée le Christ, selon lui, pour

---

9. Tahca USHTE et Richard ERDOES, *De mémoire indienne,* Plon, « Terre Humaine », 1977, pp. 118 et 123.

mettre fin aux sacrifices, désormais accomplis et abolis dans le sien propre : il en a révélé le mécanisme secret, c'est-à-dire la violence, qu'il a poussée au bout et à bout en la prenant sur lui [10].

Nous vivons, quant à nous aujourd'hui, dans *une société et une culture éclatées* : c'est un lieu commun. Jamais sans doute n'a-t-il existé de société vivant d'une culture parfaitement unifiée. Depuis que le maître et l'esclave existent, c'est-à-dire depuis « Sapiens » — tant il est vrai que « Sapiens » émerge simultanément avec « Demens » et que l'homme est « un animal doué de déraison » [11] —, la culture s'est toujours diffractée en sous-cultures, qui ne sont pas des cultures au rabais, mais les modes différents d'appropriation de la culture globale par les divers groupes ou classes d'une société. Seulement, ces sous-cultures vivaient en relative harmonie avec l'ensemble, sur la base d'un contrat social tacite de *communion dans la stabilité hiérarchique.* Sauf cas de crise grave (révolte, révolution...), les solidarités des individus ou des sous-groupes étaient toujours *soumises,* en définitive, *au grand groupe social d'appartenance* auquel le système même commandait de faire acte d'allégeance. Les déviances caractérisées, menaçantes pour la vie même du groupe, étaient vite réprimées, comme d'instinct, par l'ensemble : la régulation se faisait d'ailleurs moins par répression (avec la connotation policière qu'a ce terme aujourd'hui) que par pression : *pression sociale* appartenant à la logique interne du système.

Or voici qu'avec les révolutions industrielle, urbaine, technique et scientifique, et, dans tout ce contexte, celle des sciences de l'homme, la stabilité traditionnelle a été radicalement bouleversée, et à un rythme qui va s'accélérant. *La compétition en vue de l'égalité* a pris le relais de la communion et de la hiérarchie : contestation de toutes les formes d'autorité patriarcale et paternaliste, celle du père de famille, du notable, du patron, du professeur, du prêtre, etc. ; volonté de prise de parole, de participation au pouvoir et au savoir ; relations

---

10. « Discussion avec R. GIRARD », in *Esprit* 1973/11, pp. 551-558.
11. E. MORIN, « Le paradigme perdu : la nature humaine », *op. cit.,* pp. 107-127.

urbaines, non plus englobantes et totalisantes comme dans le voisinage rural traditionnel, non plus subies mais choisies, éclatées en de multiples solidarités partielles; autonomie permettant de choisir tel ou tel petit ou grand groupe de référence — syndicat, parti, groupe-refuge à finalité effective, groupe-relais à finalité active déterminée par l'idéologie politique, sociale, religieuse — dont les « valeurs » sont souvent opposées à celles du milieu d'appartenance... [12]. Ainsi s'affrontent des cultures diverses, entre lesquelles « on ne parle plus le même langage ». Les conflits sociaux, ethniques, linguistiques, ecclésiaux, les revendications de toutes les minorités pour être reconnues, sont l'expression presque quotidienne de cet *éclatement culturel.*

Qui dit éclatement culturel dit *éclatement du symbolique et du procès de symbolisation.* Le pluralisme est le mot d'ordre, en liturgie comme ailleurs. Toute idéologie unitaire entre classes, milieux, groupes ayant une pratique historique différente est soupçonnée d'être idéaliste, récupératrice, mystificatrice, et de faire le jeu du pouvoir. Il n'est pas jusqu'à l'eucharistie elle-même qui ne soit l'occasion de « célébrer les conflits ». Elle aussi devient un terrain de revendication : droit à la participation, à l'expression, à la prise de parole, à un langage et à des rites qui soient en prise sur le « vécu » économique, politique, social... De plus en plus, chaque groupe veut s'y retrouver, si bien que les lieux de célébration deviennent de plus en plus sélectifs. Chances et risques ! Le symbolisme liturgique ne peut plus être partagé unanimement.

3. L'INDIFFÉRENCIATION OU LE REDOUBLEMENT SPÉCULAIRE

La stabilité sociale et culturelle d'antan a volé en éclats, accordant du même coup comme héritage à l'homme de la modernité la solitude

---

12. J. REMY, « Formes de relations et de groupes en milieu urbain », in F. HOUTART, J. REMY, *Milieu urbain et communauté chrétienne,* Mame, 1968, pp. 143-257.

et la perte de son identité. Dans l'*indifférenciation* qui résulte de la logique d'un système où chacun, « col blanc » ou « col bleu », intellectuel ou manuel, devient « exchange standard », prisonnier qu'il est, comme tout le monde, des mêmes besoins, des mêmes revendications, de la même mode, des mêmes informations, l'homme n'a plus de points de repère pour s'identifier. L'anonymat où il se trouve plongé dans les grandes villes n'est que l'épiphénomène de cette indifférenciation généralisée. Il est seul, face à lui-même, se demandant qui il est, puisque les autres ne le lui disent plus. D'où la course effrénée où il est engagé pour s'assurer quand même ces différences sans lesquelles il ne peut se situer ni subsister, et le succès de tout ce qui lui est présenté comme facteur de *personnalisation* : ce modèle — de voiture, d'appartement, de robe... — « créé pour vous » ; cette banque que « votre argent intéresse », parce qu'elle est « à votre service » ; tout est fait pour votre sécurité, votre protection contre les dangers de toutes sortes qui vous menacent, votre confort, votre épanouissement, l'expression et la promotion de votre personnalité.

Mais cette différence n'est jamais que du « design ». C'est une *différence sans autre référence que le code lui-même* qui régit le système : pure *valeur structurale,* d'où la différence symbolique est évacuée. Telle est, selon la thèse de J. Baudrillard dans « L'échange symbolique et la mort », la logique interne de notre système : *il est à lui-même son propre référent* ; tout se joue et se déjoue par l'effet du code, qui *se parodie et se redouble en se simulant.* Ce qui fait la « valeur » des choses, ce n'est pas leur usage, mais *le signe* qui s'engendre de leur usage et qui vient ainsi redoubler, imaginairement, le « réel ».

Cet effet de *redoublement,* qui fonde tout notre code culturel et qui évacue l'échange symbolique, se vérifie à tous les niveaux. La *production* est placée sous le signe de la croissance pour la croissance, sans autre finalité ni référent que le signe de prestige, de puissance, de progrès dont elle nous comble ; elle ne vise plus les « besoins », ni même le profit : elle ne vit que de sa propre *reproduction.* La *monnaie,* décrochée de la production réelle, a perdu elle aussi son référentiel — l'étalon-or — et ne trouve de valeur que dans la différence (structurale) qu'elle entretient avec les autres : jeu d'écritures, sous le régime de la flottaison généralisée. Le *salaire*, déconnecté de la « juste » valeur de la force de travail — « salaire maximum pour un travail minimum : tel est le mot d'ordre » (p. 38) — n'a pas non plus d'autre référent que le code : il fait de chacun, y compris du chômeur et de la femme au foyer, un terme de la langue, l'investissant de la logique profonde du capital, l'arrachant à la marginalisation — le danger numéro un pour le système —, lui conférant un statut social, « normal », c'est-à-dire reproduisant le code et le rendant manipulable par lui[13].

« *Medium is message* » : la formule de McLuhan résume à merveille le mécanisme fondamental de notre société. « C'est en effet le medium, le mode même de montage, de découpage, d'interpellation, de sollicitation, de sommation par le medium qui règle le procès de signification[14] » : les sondages d'opinion en sont la plus typique illustration et l'aboutissement logique ; chacun est sommé de renoncer à produire une opinion pour reproduire l'opinion publique[14]. Chacun est ainsi testé en permanence par les stéréotypes, les modèles, la « gamme de choix », simulacre de proposition soumise à « votre libre décision » qui masque en fait, dans le redoublement de l'objet comme valeur/signe, l'impérialisme du code. Même les loisirs précisément, le temps « libre », sont une prestation sociale obligatoire : tous sont sommés de consommer du temps non productif, de faire preuve de leur disponibilité à l'égard du travail dit « productif » ; c'est une valeur/signe indispensable au système, qui se théâtralise de manière particulièrement voyante dans la caravane de « Dupont-Lajoie » ou dans le désir de « faire » l'Espagne, la Grèce ou le Pérou[15]...

13. J. BAUDRILLARD, *op. cit.*, 1re partie : « La fin de la production ».
14. *Ibid.*, pp. 100-103.
15. J. BAUDRILLARD, *Pour une critique de l'économie politique du signe*, N.R.F. Gallimard, « Les Essais » CLXVIII, 1972, pp. 78-81.

La publicité sait bien que ce qui fait la valeur d'un objet auprès du public, ce n'est pas sa valeur fonctionnelle d'usage, son utilité réelle, ni même d'abord sa valeur économique d'échange comme marchandise, mais fondamentalement sa valeur structurale de signe à l'intérieur du système qui est son propre référent. La dénotation tend à être engloutie dans la connotation : le prestige social dont la voiture est le signe, par exemple [16]. Si bien que l'on nous vend, non pas la chose, mais *l'idée de la chose*. On ne nous vend pas du retour à la nature à travers les vacances, mais de l'idée de nature, de la « *naturalité* » — le système ne nous permet plus de revenir à la « nature » des sociétés archaïques : il ne peut que la redoubler comme signe. La fureur actuelle pour les objets anciens n'est pas un retour aux valeurs historiques, mais de l'« *historialité* » qui n'en est que le signe sans autre référent que le code qui le produit comme tel. La *personnalisation* du fauteuil « créé pour vous » n'est qu'un masque derrière lequel se dissimule le mode totalement impersonnel de son élaboration, depuis sa conception jusqu'à sa vente : fabriqué en série, sur modèle, par une série d'O.S. qui n'ont guère pu y investir de leur corps et de leur personne que la pression du doigt sur les boutons de la machine, emballé, facturé, transporté, destiné à être remplacé au plus vite par le super-modèle suivant, plus fonctionnel, l'objet « personnalisé » ne fait qu'allusion à la personne traitée elle-même comme simple objet de la demande économique [17]. Le sexe, pareillement, est perdu comme référence : c'est la « *sexualité* », comme discours produit par le système sur le sexe, qui officie comme référentiel ; la nudité de nos nudistes ou de nos promoteurs de libération sexuelle n'est jamais qu'un « modèle de simulation du corps », là où, pour l'Indien au contraire, le corps est « visage », c'est-à-dire tout entier lieu d'échange symbolique [18].

---

16. *Ibid.*, « La genèse idéologique des besoins », pp. 59-94.

17. J. BAUDRILLARD, *Le système des objets. La consommation des signes*, Denoël/Gonthier, Gallimard, « Médiations », 1968, pp. 77-79.

18. J. BAUDRILLARD, *L'échange symbolique...*, *op. cit.*, pp. 145-149.

Impossible d'échapper à ce code : il faudrait que le système tout entier se suicide. On aura beau vouloir « retrouver *la fête* », exalter la « *participation ludique* », promouvoir « *l'expression corporelle* », se faire *écologiste* jusqu'à la moëlle des os pour protéger la Nature, renouer contact avec le *mystérieux,* indigène ou exotique — astrologie, occultisme, sorcellerie, magie, mysticisme oriental, sociétés archaïques — jamais on ne retrouvera ce qui fut « avant ». On ne peut que le *parodier,* le redoubler en valeur/signe, s'en donner une représentation « *esthétique* » ; la vieille ferme bretonne retapée « copie conforme » à ce qu'elle fut au siècle dernier n'a d'identique que ce que l'imaginaire lui en attribue ; comme ses meubles, devenus « de style » — le fermier breton d'antan n'avait que faire de cette catégorie, pas plus que de celle de « fonctionnalité » ou autre qui n'appartenaient pas à son langage parce que totalement étrangères à sa culture et à ses conditions de vie —, elle s'est transfigurée en son double esthétique.

Une *nouvelle brèche* est ainsi venue comme redoubler la première : notre culture *se pense comme* « *cultivée* », même si nous tentons de nous le nier ; il faudrait se donner la mort pour que cette négation fût possible. C'est pourquoi tout s'y produit et s'y consomme « naturellement » comme *méta-langage* sur la nature, l'histoire, le sexe, la fête, les pratiques occultes ou magiques, etc. La fête la plus « retour à la vraie fête » ne peut se donner que comme parodie esthétique de la transgression qu'est la fête dans les sociétés archaïques, ne serait-ce que parce que celles-ci ignorent nos dichotomies linguistiques entre « la » fête et la non-fête, entre la fête « vraie » et la pseudo-fête, tout comme entre le religieux et le reste du social qui serait non religieux, ou entre l'âme et le corps, et plus précisément entre le psychique et le somatique, ou entre les vivants et les morts qui demeurent des partenaires sociaux permanents [19], ou encore entre art et non-art — nos artisans médiévaux, pas plus que les « primitifs », n'auraient jamais pu imaginer de créer des musées

---

19. *Ibid.,* 5ᵉ partie, pp. 193-282.

pour y exposer leurs « œuvres » —, ou encore entre le naturel et l'artificiel...

La culture qui se sait, qui se voit, qui se dit « cultivée » ne peut que *se produire en spectacle* à elle-même. Elle ne vit que de cette auto-contemplation dans les signes où elle se reproduit. Le système de la mode, étudié par R. Barthes, en représente le fin du fin : au-delà du beau et du laid, de l'utile et de l'inutile, « il abandonne le sens, sans cependant rien céder du *spectacle même de la signification* [20] ». La signification est tout entière dans la reduplication : la mode n'a pas d'autre référentiel qu'elle-même.

4. LE MANQUE MASQUÉ

Rêver, à partir de ces quelques éléments d'analyse, de régresser au temps « merveilleux » de la marine à voile ou s'extasier devant le bonheur des sociétés archaïques serait la pire des illusions : jamais celles-ci ne se sont éprouvées comme particulièrement heureuses, ni nos grands-pères comme vivant à une époque merveilleuse. Le mythe d'un âge d'or se situe, par définition, toujours ailleurs... Ce qui est profondément dramatique dans notre système social et culturel, c'est qu'il est « sémi-urgique », c'est-à-dire que tout produit (industriel, scientifique, artistique...) est *immédiatement récupéré* par le système comme signe ou valeur différentielle, et que cette différence codée dont il vit s'oppose à l'ambivalence qui est le lieu de l'échange symbolique. Rien n'échappe à cette logique « insubversible » ; l'inconscient lui-même, entré dans les mœurs, se parodie — inconsciemment — : on fait des rêves « analytiques », on vit des trucs « œdipiens » ; les troubles rapports infantiles au père ou à la mère font partie des gadgets culturels que l'on vend dans « Ici Paris » [21].

C'est l'échange symbolique qui fait les frais de la société de

---

20. R. BARTHES, *Le système de la mode*, Seuil, 1967.
21. J. BAUDRILLARD, *L'échange symbolique...*, pp. 103-105.

consommation : l'objet symbolique — le cadeau, l'objet rituel ou artisanal — est fondé sur l'ambivalence non comptable, l'objet-signe sur la bivalence comptable ; l'objet symbolique effectue une relation de présence en creusant la distance, le manque, — relation dans l'absence —, l'objet-signe est de l'absence de relation, de la relation réifiée ; l'objet symbolique est de la différence éprouvée, l'objet-signe de la pure différence codée. Le drame s'énonce dès lors ainsi : « dans le procès de la valeur, *personne ne manque à personne,* rien n'est rien, puisque *tout équivaut à quelque chose,* et que chacun est assuré d'équivaloir au moins à soi-même [22] ».

Rempli de toutes parts par son besoin — le besoin du système lui-même — de produire et de consommer, tant aux plans des loisirs que du travail, de la science que de la technique, de l'art que de l'industrie, noyé dans sa besogneuse satisfaction, l'homme ne peut même *plus éprouver le manque qui le constitue : il ne lui manque rien.* Son manque est masqué, il ne peut le vivre que sous son mode de redoublement dans le système général de la valeur : « l'inconscient » est là pour ça... Il a tout à sa disposition : il peut tout prendre. Il est même sommé de prendre ; *il ne peut que prendre, il ne peut plus rendre.* La société le gratifie de ses dons ; mais elle lui arrache du même coup, c'est la lourde rançon à payer, le droit au contre-don. L'échange symbolique, à savoir la réciprocité, la réversibilité du don, est neutralisé : travail, loisirs, bien-être, sécurité, information, santé physique et psychique, explications rationnelles, « culture », tout est donné *unilatéralement* pour mieux inféoder : là est l'essence du pouvoir ; car le don sans contrepartie suppose l'accumulation, le stockage, la capitalisation de la valeur.

Certes, on essaie toujours de rendre d'une manière ou d'une autre. Cet incoercible besoin trouve mille détours rusés pour chercher à se satisfaire. On peut vivre le travail, par exemple, comme besogne pénible sous le mode de l'expiation : l'abrutissement sur la machine ou au bureau, l'asservissement aux exigences du travail intellectuel

---

22. J. BAUDRILLARD, *Pour une critique...*, p. 263.

fonctionnent comme sacrifice réparateur qui tente de conjurer la culpabilité latente. « Voyez comme je me donne de la peine... Je me tue au travail. » De fait, l'homme « se tue » au travail, il s'y défait, ainsi que l'analyse D. Vasse :

Le travailleur connaît, en effet, la déception que lui procure l'objet qu'il fabrique, si cet objet n'est pas, pour celui qui le consomme ou qui s'en sert, le témoignage de son irréductible existence. Or, cet objet « n'a plus de nom, il n'est plus marqué du chiffre de celui qui l'a fait » : objet anonyme produit par un travailleur anonyme pour des destinataires anonymes qui n'ont d'autre existence que celle de la loi du marché, laquelle n'existe elle-même que de par les besoins qu'elle a idéologiquement créés. La rencontre symbolique est impossible. La dévoration des objets qu'il produit ne laisse plus de place en l'homme pour éprouver l'expropriation de soi-même qui est le lieu de sa genèse. « Le monde entier ne fonctionne plus pour lui que comme un miroir. Et derrière le miroir, il n'y a personne à découvrir. C'est le vide (...) Dans ce jeu optique, l'homme se précipite dans l'identification à sa propre image, il n'est rien d'autre que ce qu'il sait, voit ou entend de lui-même. Il s'encadre. Il devient la chose même. Il n'y a plus de médiation entre ce qu'il est et ce qu'il n'est pas [23]. »

Son travail n'est donc qu'une spirale de plus dans le système. Il ne peut être vécu comme contre-don sacrificiel : le système ne vit justement que de la conjuration de l'échange symbolique. D'ailleurs, le sacrifice requiert l'échange immédiat ; vécu à petites doses au fil des jours de travail, il ne peut plus être un sacrifice. Est-il possible, au reste, de rendre quand votre contre-don est neutralisé et annulé au fur et à mesure par le salaire [24] ? C'est en définitive *l'homme lui-même qui se consomme,* qui se consume, *dans ses objets de consommation.*

---

23. D. VASSE, *Le temps du désir. Essai sur le corps et la parole*, Paris, Seuil, 1969, pp. 103-104.
24. J. BAUDRILLARD, *L'échange symbolique...*, pp. 67-73.

II. LA REVENDICATION CONTEMPORAINE
DU SYMBOLIQUE

Refoulé par le système, l'échange symbolique, lieu même d'avènement de l'homme, doit pourtant se frayer une issue. L'empêche-t-on de sourdre à son point d'émergence « naturel », il fait irruption en un autre point, d'où il explose avec d'autant plus de violence qu'il a été plus sévèrement réprimé — cf. Mai 68. De fait, tout nous indique que nos contemporains, las de cette société « sémi-urgique » à laquelle pourtant ils ne cessent de sacrifier, revendiquent cet espace symbolique qui leur est sans cesse retiré par la logique interne du système.

1. LES CONTRE-DISCOURS SOCIAUX

Au discours social établi du calcul, de l'efficacité, de la bureaucratie, bref de la binarité ou de la « digitalité », vient s'opposer d'un peu partout un *contre-discours* qui veut libérer le Prométhée enchaîné dans l'économie politique qu'il a créée et écrasé par le terrorisme de la valeur.

Nos contemporains se réjouissent de l'autonomie qu'ils trouvent à la ville et des multiples possibilités qui leur sont ainsi offertes de choisir leur groupe de référence, leur idéologie, leur syndicat, leur communauté chrétienne... Mais, à mesure que leurs relations se diversifient et éclatent, ils éprouvent le besoin de resserrer des liens qui soient gratuits, chaleureux, et non plus seulement fonctionnels ; leur affectivité appelle des *petits groupes,* refuges ou relais, où se nouent des *relations symboliques de réciprocité,* où chacun compte pour chacun et pour tous, est reconnu pour ce qu'il est et joue son rôle propre — fût-ce comme substitut de l'« idiot » du village —, et où il est possible de se sentir — même si c'est à tort — vraiment efficace, au lieu de se laisser submerger par une bureaucratie super-organisée. Bref : des groupes où il est possible de *rendre* autant que de prendre.

Simultanément, un *contre-discours du merveilleux* vient faire pièce au discours de la réduction rationaliste. Les succès de librairie de l'astrologie et de l'ésotérisme, la passion pour la para-psychologie ou la mystique hindoue, le réveil de la curiosité à l'égard soit des pratiques magiques des sociétés traditionnelles étudiées par les ethnologues, soit des pratiques de sorcellerie dans les campagnes françaises (cf. le succès du film : « L'exorciste »), soit des phénomènes marginaux auxquels les historiens s'intéressent de plus en plus (la folie, la fête et tous les folklores, l'alchimie...), le regain d'intérêt pour Jésus et pour le christianisme aux plans historique et sociologique (ce qui ne signifie pas une renaissance de la foi, mais est au contraire une conséquence de la sécularisation : le christianisme n'a plus le monopole sur les mentalités et les conduites, et peut devenir ainsi objet d'étude et de curiosité, au même titre que l'ethnologie ou le folklore), — tout cet ensemble est caractéristique de notre société actuelle. Il est significatif d'un désir de chanter, quand même, ce monde désenchanté. L'homme d'aujourd'hui fait à nouveau la preuve qu'il ne peut être « sapiens » sans être « demens », qu'il étouffe sous son « logos » raisonneur s'il ne fait pas sa part à l'« hubris », à la déraison, à la démesure, à la violence, à la fête. L'« homo mythicus » vient sans cesse interdire à l'« homo technicus » d'épuiser, par le démontage rationnel et la mise en forme binaire qu'il en fait, la signifiance du monde. Le retour à la fête ou à la nature, la résurrection des folklores ou des dialectes provinciaux sont du même ordre.

Bien sûr, la fête dont on parle n'est pas, ne peut pas être, la fête ; on en parle d'autant plus qu'elle n'est plus. Elle ne peut que se redoubler en valeur/signe à l'intérieur du système, où elle devient, comme la « créativité », un concept « à fonction compensatrice »[25].

---

25. D. HAMELINE, « La créativité : fortune d'un concept ou concept de fortune ? », in *La Maison-Dieu* 111, 1972, pp. 84-109.

C'est pourquoi, ces contre-discours sociaux, souvent moroses et moralisants — la Société de Consommation y devient le grand bouc émissaire anonyme et mythique coupable de tous les maux —, sont *produits par le système lui-même qui en a besoin pour sa propre survie*, et qui ne peut que les *récupérer* à son profit.

La publicité peut se parodier elle-même comme anti-publicité (c'est de plus sa logique actuelle, car elle sait bien que l'on ne croit plus en son discours, mais en la vertu de son discours) ; la politique peut se masquer comme a-politique (récupérant tout : écologie, qualité de la vie, socialisme, révolution, inconscient,... et, pourquoi pas aussi la « gratuité ») ; la castration symbolique peut se jouer en valeur/signe dans tous les discours, désormais établis, du « meurtre du père » ; la vieillesse et la mort elle-même, évincées socialement, sont naturalisées en « troisième âge » et en phénomène justiciable de la Science, etc. Une logique fondamentale de récupération par simulation joue à tous les niveaux, qui ne vit qu'à évacuer la référence au « réel » social pour n'avoir d'autre référent que le code qui la gouverne. Si bien que, ainsi que l'écrit J. Baudrillard, « comme la société du Moyen Age s'équilibrait sur Dieu *et* sur le diable, ainsi la nôtre s'équilibre sur la consommation et sur sa dénonciation »[26].

La libération du symbolique à l'égard de la dictature de la valeur ne peut donc se réaliser que par la mort du système. Nul besoin de déployer toute la batterie imaginaire des apocalypses et millénarismes pour se représenter une telle échéance : c'est de l'intérieur qu'il est menacé, comme le montrent les soudaines violences qui le secouent si durement et si fréquemment aujourd'hui. Il se perfectionne certes sans cesse dans l'art de récupérer. Mais peut-il se perfectionner indéfiniment sans éclater un jour de sa trop grande précision ? C'est pourquoi, les revendications symboliques, si naïves ou lucides soient-elles, si sujettes à récupération soient-elles nécessairement, le contraignent à *se déverrouiller* jusqu'à le faire peu à peu *basculer*.

---

26. J. BAUDRILLARD, *La société de consommation. Ses mythes, ses structures*, N.R.F. Gallimard, « Idées » 316, 1970, p. 316.

Aussi ne sont-elles pas vaines, en dépit souvent des apparences à court terme. De toute façon, elles sont significatives d'une demande d'oxygène qu'on ne peut puiser sans faire violence à la logique même du système.

2. LES MÉTAMORPHOSES DU SACRÉ ET DU RELIGIEUX

Le sacré, lui aussi, cherche à prendre sa revanche. Il se venge de la désacralisation, phénomène massif à la mesure du recul des grandes religions. Car, comme l'écrit R. Bastide, « la mort de Dieu n'est pas nécessairement la mort du sacré, s'il est vrai que l'expérience du sacré constitue une dimension nécessaire de l'homme [27] ». La *sécularisation,* c'est-à-dire la revendication d'autonomie de la politique, de la science, de la morale par rapport aux religions établies, entraîne une métamorphose du sacré, non sa mort : on assiste à une *désacralisation religieuse* et à une *resacralisation a-religieuse.*

Le sacré n'existe jamais comme une chose. Il qualifie une expérience et les objets dans lesquels elle s'investit. C'est, selon Bastide, « l'expérience primordiale » de la rencontre avec une réalité éprouvée comme transcendante [28] ; c'est, selon A. Vergote, l'expérience d'une « transcendance immanente qui s'impose comme inviolable (...) Le sacré est anonyme... Il est omniprésence latente et flottante, *fond inépuisable du 'il y a' des profondeurs,* (...) expérience de l'écart, de la non-coïncidence avec soi-même [29] ».

Modalité fondamentale de l'expérience humaine, il ne disparaît évidemment pas avec la sécularisation, mais il se métamorphose en

---

27. R. BASTIDE, *Le sacré sauvage,* Paris, Payot, 1975, p. 227.

28. R. BASTIDE, *Ultima scripta,* recueillis et présentés par H. DESROCHE, in *Arch. de Sc. soc. das rel.* 38, 1974, p. 34.

29. A. VERGOTE, « Equivoques et articulation du sacré », in *Le sacré. Études et recherches,* Aubier-Montaigne, 1974, pp. 479-480.

se fixant sur de *nouveaux objets*[30], non religieux — la Révolution, le Socialisme, l'Histoire, l'Autonomie, le Pluralisme, la libération des Minorités, la Non-Violence, l'Écologie, etc. — ou parfois pseudo-religieux, comme la mystique hindoue ou, sous certains aspects, les phénomènes charismatiques, qui sont éprouvés comme *inviolables* et pour lesquels on est prêt, au moins idéalement, à sacrifier sa vie. Sacré non point théologal, mais essentiellement « anthropologal », selon l'expression de D. Dubarle, il est, lui aussi, revendication du symbolique par « suppression du masque social »[31], c'est-à-dire de la simulation dont vit le système.

Une telle resacralisation est pleine d'ambiguïtés. En bien des cas, elle fait appel à ce qu'il y a de plus trouble dans l'imaginaire. Les contre-discours du merveilleux, resacralisant en version séculière ou pseudo-religieuse l'éternel retour des choses de la Nature, sont significatifs à cet égard[32]. L'un des problèmes brûlants de l'Église à l'heure actuelle concerne précisément la gestion de ce que l'on appelle « le christianisme populaire », sensible à la sacralisation des quatre saisons de la vie par les rites de passage, à la religion-tradition (« le Dieu de nos pères »), à la religion-sentiment (le Dieu de l'enfance et du touchant), à la religion-morale (le Dieu gardien du bon ordre), à la religion-espérance (le Dieu de l'au-delà).

Cependant, si le sacré cosmique tient bon, surtout dans les couches sociales dominées, s'il connaît même un réveil ailleurs, il semble s'être largement déplacé sur un *sacré de type historique,* même dans les classes dominées. Ce ne sont plus tant la Patrie, le Mariage, la Famille, la Tradition que la Justice, la Libération, l'Égalité, la maîtrise de l'Histoire qui sont vécues comme des réalités inviolables.

---

30. C. GEFFRÉ, « Le christianisme et les métamorphoses du sacré », *ibid.,* pp. 132-150.

31. D. DUBARLE, « L'invention du sacré », in *La Maison-Dieu* 123, 1975, p. 134.

32. Nous ne voulons pas dire que le sacré cosmique serait de soi aliénant : les sociétés archaïques nous montrent le contraire. Mais dans *notre* société, son exaltation ne peut se vivre sans une certaine déconnexion d'avec le pôle social ; là est le danger de régression vers la confusion imaginaire. Cf. *supra.* ch. I, § III, 3, a.

De telles causes sacrées mobilisent tellement les énergies qu'on est capable de déchaîner, pour les défendre, la violence suprême de la mort; « le jeu du sacré et celui de la violence ne font qu'un [33] ». Ce nouveau modèle de sacré est vécu comme *projet collectif ouvert sur un avenir nouveau* et il engendre une pratique historique prétendant maîtriser le cours de l'histoire. Il vient contrebalancer le cosmique et le saisonnier, vécus à l'inverse beaucoup plus comme régression vers le passé et sur un mode individuel. Les visages des Jésus « libérateur », « prophète assassiné », « martyr », « marginal » ont pris le relais de ceux des Jésus piétiste, mystique ou thaumaturge merveilleux.

Ces déplacements ont évidemment des incidences directes sur les *religions*. Soit qu'elles meurent avec les dieux — encore que, même en dehors de toute croyance, le recours à eux (les Apollon, Dionysos, Eros et autres Thanatos) pour assigner métaphoriquement leur place à la Mort ou à l'Origine ne soit sans doute pas sans signification. Soit, le plus fréquemment semble-t-il, qu'elles sont travaillées par une pression interne qui opère leur réajustement, et dont la grille célèbre des cinq dimensions de la religiosité des sociologues Glock et Stark peut aider à rendre compte [34]. Dans notre société par exemple, la dimension *ritualiste* de la religion peut régresser globalement, alors que les dimensions *expérientielle* — d'ordre surtout affectif : l'attachement au Jésus prophète, par exemple — et *conséquentielle* — les conduites qui en dérivent, comme l'engagement pour la justice — peuvent connaître un regain de vigueur. Dans le même temps où la dimension *idéologique* — l'adhésion au discours dogmatique officiel — est dévaluée, celle de l'*intelligence* de la foi — cf. le succès des multiples propositions de formation permanente — fait l'objet d'une forte demande. Sommes-nous en période de déchristianisation, terme qui présuppose, comme le remarque justement J. Delumeau, la référence aux paramètres religieux de l'âge clas-

33. R. GIRARD, *La violence et le sacré, op. cit.*, p. 357.
34. Cf. L. VOYE, Sociologie du geste religieux, *op. cit.*, pp. 222-225.

sique, c'est-à-dire à l'unanimisme et à l'austérité ? Ne sommes-nous pas plutôt, comme il le pense, dans une phase de dépérissement d'un *modèle* de christianisme en train d'être remplacé par un *nouveau* modèle, séculier, et sacralisé autrement[35] ?

Comme tous les autres contre-discours sociaux, ce courant n'échappe pas à la récupération par le système : communauté, partage, justice, monde fraternel, libération, engagement, etc. sont devenus des « tartes à la crème » consommables et consommées par presque tous. Ils n'ont d'autre référentiel, bien souvent, que le système de signes dans lequel ils sont digérés, perdant dans leur redoublement leur valeur d'usage pour devenir signes de cet usage. C'est toujours le même processus qui est à l'œuvre : « le mythe de gauche, écrit R. Barthes, surgit précisément au moment où la révolution se transforme en 'gauche', c'est-à-dire accepte de se masquer, de voiler son nom, de produire un méta-langage innocent et de se déformer en 'Nature' ». Selon ce processus, « tout peut être mythe[36] ». Et s'il est vrai que nous n'avons plus de mythes constitués, nous vivons pourtant sans cesse d'une *mythogénisation constituante*. La difficulté, pour reconnaître cette situation, vient de ce que l'on « est enclin à ne jamais reconnaître comme mythes que les mythes des autres[37] », du fait que le mythe ne fonctionne que dans la mesure où l'on y adhère, où il se donne comme langage premier, fondement qui n'a pas à être fondé. La Science, comme nous l'avons signalé[38], l'Histoire, comme le pense M. De Certeau[39], semblent bien tenir la place des dieux ou des ancêtres mythiques dans notre société. Mais, plus fondamentalement, c'est tout le système lui-même, celui de la consommation, qui fonctionne comme mythe,

35. J. DELUMEAU, Leçon inaugurale au Collège de France (13.2.75) : « Le prescrit et le vécu », parue dans *Le christianisme va-t-il mourir ?* Hachette, 1977, pp. 178-211.

36. R. BARTHES, *Mythologies,* Seuil, « Pierres vives », 1957, pp. 215 et 219.

37. P. SMITH, art. cit., *supra.* Chap. III, note 70.

38. Supra, ch. I, note 69.

39. M. DE CERTEAU, *L'écriture de l'histoire,* N.R.F. Gallimard, 1975, pp. 57-62.

dans la mesure où ce qu'il produit est immédiatement reproduit comme valeur/signe et où, dans cette reduplication, il est son propre fondement référentiel.

Si la société de consommation ne produit plus de mythe, c'est qu'elle *est à elle-même son propre mythe* (...) La consommation est un mythe. C'est-à-dire que c'est une *parole de la société contemporaine sur elle-même,* c'est la façon dont notre société se parle. Et en quelque sorte la seule réalité objective de la consommation, c'est *l'idée* de la consommation, c'est la configuration réflexive et discursive, indéfiniment reprise par le discours quotidien et le discours intellectuel, et qui a pris force de *sens commun.* Notre société se pense et se parle comme société de consommation. Au moins autant qu'elle consomme, elle se consomme en tant que société de consommation, en *idée.* La publicité est le péan triomphal de cette idée [40].

C'est pourquoi, l'agir historique pour la justice, la libération, est inextricablement mêlé de chant mythique : « nous voguons sans cesse, dit R. Barthes à ce propos, entre l'objet et sa démystification, impuissants à rendre sa totalité [41] ».

« Malraux, notre ambition », écrivait J. Daniel à l'occasion de la mort de celui-ci [42]. « Helder Camara, notre ambition », pourraient écrire bien des chrétiens aujourd'hui. Ces figures, parmi d'autres, incarnent les rêves de notre temps ; elles parlent aussi bien à l'ouvrière d'usine qu'à l'intellectuel. Elles symbolisent le déplacement significatif du sacré et du religieux vers le pôle *historique, prophétique,* et même *utopique.* Elles témoignent d'un profond courant de revendication symbolique, symptomatique d'une transformation des mentalités et qui est, pensons-nous, une chance pour l'avenir de l'Église et des sacrements.

---

40. J. BAUDRILLARD, *La société de consommation, op. cit.,* pp. 311-312.
41. R. BARTHES, *op. cit.,* p.. 268.
42. *Le Nouvel Observateur,* du 29.11.76.

III. LES CHANCES DES CÉLÉBRATIONS CHRÉTIENNES

1. QUELLES CHANCES ?

Moyennant un certain nombre de conditions, que nous développerons plus loin, les célébrations chrétiennes semblent avoir leur chance pour deux raisons fondamentales.

a) D'abord, parce que la ritualité chrétienne demeure le lieu d'un *travail symbolique,* d'un échange sacrificiel, d'une épreuve du manque constitutif de l'homme, qui répond, pour une part, à la revendication contemporaine contre un système supertechnocratique qui traite les personnes comme des objets de la loi économique, super-bureaucratique qui les traite comme des numéros de sécurité sociale, super-scientifique qui les traite comme la simple résultante d'un code génétique, fruit du hasard et de la nécessité. A cette irrépressible requête de l'homme « vivant », corps de parole et de désir venant prendre constamment à revers l'homme « sachant » et rouvrir la question que celui-ci déclare close — le savoir universitaire a beau lui dire que sa liberté n'est qu'illusion, il se trouve qu'il a besoin de cette « illusion » pour ne pas aller au suicide[43] —, l'expérience symbolique de la ritualité n'est pas la seule, bien sûr, à apporter une certaine satisfaction : l'art — quand il ne tombe pas dans le piège de la « valeur » —, l'amour — quand il est demande de l'autre et non pas simple besoin d'un objet —, le cadeau — quand il n'est pas geste de bienséance dicté par la logique de la consommation —, le petit groupe — quand il n'enlise pas dans une régression affective romantique —, etc., toutes ces expériences créent un espace d'échange symbolique, de réciprocité gratuite, où chacun est renvoyé à son origine et à sa mort, à son manque-à-être, à l'absence dans

---

43. P. NEMO, *L'homme structural,* Grasset, 1975 (« Figures »).

laquelle il advient. La liturgie, heureusement, n'en a pas le monopole.

Elle aussi est *piégée* d'ailleurs, inévitablement, comme tout le reste. Elle n'a droit de cité désormais que si elle est de la « bonne » liturgie, répondant aux « besoins » du public. Elle se produit donc comme spectacle à elle-même, se contemplant dans le signe qu'elle donne. Elle ne peut plus être vécue dans une simple naïveté, mais seulement au sein d'un langage critique sur son langage à elle et donc de son *redoublement en valeur/signe*. Irréversiblement, elle est entrée dans le cycle du système. On vend de la liturgie qui s'achète — de la liturgie engagée, de la liturgie esthétique, de la liturgie « symbolique » (car les symboles sont eux-mêmes en passe de devenir « valeur ») —, et qui s'achète non pour son usage, mais pour le signe ou l'idée que donne cet usage ; de même que, selon le même processus, les éditeurs vendent non ce qui se lit, mais ce qui s'achète... Le message qu'elle transmet, c'est d'abord sa propre valeur. Elle a cours, elle aussi, sur ce marché-là. Elle est aussi un *produit de consommation,* au même titre que les objets, la presse ou le cinéma. Impossible d'y échapper, même pas — surtout pas — par recours conservateur à la « vraie » liturgie d'antan, pas plus que, comme nous l'avons signalé, par recours aux objets artisanaux ou aux meubles rustiques d'autrefois.

Malgré cette inévitable récupération, la ritualité liturgique demeure cependant, à l'intérieur du système tel qu'il est, un *lieu prioritaire possible de déverrouillage* du carcan de la valeur au profit de l'échange symbolique. Elle conserve en effet son *irréductible originalité* de *symbolisation privilégiée de l'homme total comme tel* exprimant dans l'acte même de ritualisation son *drame existential,* son manque constitutif, sa « passion » de l'origine et de la mort, à la face de l'Autre divin auquel il vient *rendre* la grâce que celui-ci lui a *donnée.* Elle est ainsi toujours *violence* faite au système.

A condition qu'elle respecte la nature propre de la ritualité, notamment dans sa programmation et son hétérogénéité symbolique. Certes, il y a danger parfois actuellement, suite à la découverte du « travail » des symboles, de céder au *chantage rituel* — « voyez

comme c'est archaïque », « voyez comme ça travaille symboliquement », « voyez comme ça marche inconsciemment... et comme il
faut respecter la religion populaire... « Ne tuez pas le cultuel,
vous tueriez le culturel ; conservez la ' religion ' si vous voulez
conserver l'homme. » Eh ! bien sûr, il y a dans cet appel quelque
chose d'important à entendre : la lit-urgie n'est pas une « logie », un
discours qui fonctionnerait d'abord au niveau du cerveau, mais une
mise-en-scène symbolique de l'homme tout entier, selon sa corporéité de nature et de culture ; à vouloir trop la démystifier,
démythologiser, désacraliser au nom d'une parole de foi préten-
dument plus pure et engagée, on la dénature.

Mais il est trop simple de se ranger derrière ce merveilleux
discours sur la ritualité pour défendre une pastorale liturgique du
« statu quo », en faveur de la religion populaire, du grand nombre et
du touchant. Certains sociologues et historiens du christianisme
populaire ne sont pas exempts de toute réaction tendancieuse en ce
domaine. Car il faut aller jusqu'au bout du discours sur la ritualité et
ne pas retomber dans la tentation métaphysique qui hypostasie les
symboles comme des archétypes « naturels » séparables de la culture
et de la pratique historique dans lesquelles ils seraient enrobés. Nous
le savons : ils ne fonctionnent qu'*investis dans des schèmes culturels*,
lesquels sont nécessairement soumis à variation. Lorsque, comme
c'est profondément le cas aujourd'hui, la culture a changé, ils en sont
directement affectés. Ce n'est pas en conservant pieusement le style
des « cérémonies » du passé que les symboles liturgiques auront plus
de chances de fonctionner archaïquement. Bien au contraire : on crée
alors une telle dichotomie avec la culture qu'ils ne peuvent que se
défaire sous l'emprise de l'imaginaire. Mais ici, compte tenu de la
diversité des sensibilités culturelles, un assez large pluralisme sera
nécessaire. Nous y reviendrons.

L'expérience pastorale montre qu'il n'est pas simple de trouver le
bon créneau entre la banalisation verbeuse et le hiératisme fixiste qui,
en-deça et au-delà de la loi de la symbolisation rituelle, lui retirent
ses chances de fonctionner. Et pourtant, si la revendication
symbolique actuelle est une chance pour nos célébrations, c'est dans

la mesure où ces dernières _respecteront la programmation et l'hétérogénéité nécessaires au symbolisme rituel_ : sur cette «autre scène», un autre espace se crée, où l'homme peut entrer dans une autre économie que celle de la «valeur», l'économie gratuite de l'échange-don où, «sacrificiellement» [43bis], il rend à Dieu sa grâce.

b) La grâce de Dieu manifestée et donnée au monde en Jésus-Christ est une grâce pascale de _libération_. Le dessein de Dieu est d'arracher les hommes à l'esclavage de la division avec la nature, entre eux et avec lui, de leur faire franchir la mer de l'impossible et de les rassembler dans son alliance pour établir entre eux et avec lui une communion de vie. Projet qui atteint l'homme dans toute sa corporéité, individuelle et collective, naturelle et culturelle, somatique et psychique, jusqu'au fond de son «cœur»; divinisation qui s'effectue au sein d'une humanisation.

Or les déplacements actuels du sacré vers le pôle historico-prophétique — libération, justice, partage, maîtrise de l'Histoire... — _entrent en résonance avec ce message biblique._ Une telle résonance ne dit pas, bien sûr, identité. Toute tentative de récupération doit être clairement bannie : Dieu ne peut intéresser l'homme que s'il est différent, totalement différent; la divinisation n'est pas l'humanisation. La première pourtant ne prend corps qu'au sein de la seconde : c'est seulement au creux de la différence constitutive de l'homme, vécue dans la relation à soi-même et à autrui, que s'effectue la relation différentielle à Dieu. Le rapport de l'homme à Dieu n'est pas celui, dialectique, du maître et de l'esclave — identité par exclusion —, mais celui, symbolique, du père et du fils — similitude dans l'altérité, moyennant un pacte de reconnaissance mutuelle.

Cette cohérence entre les nouveaux lieux du sacré et l'Évangile

---

43bis. Les guillemets rappellent ici, en raison de la «déchirure» effectuée par la Résurrection du Crucifié et par le don de l'Esprit, le statut tout à fait critique du «culte» en christianisme. L'éthique est le lieu premier du «sacrifice» des chrétiens ; si bien que le «sacrifice» rituel ne peut être pensé chrétiennement que sous le mode de l'«anti-sacrifice» (supra, pp. 100-106 et 225-230).

n'est sans doute pas fortuite. Une désacralisation de l'univers au profit de l'histoire n'est-elle pas inscrite au cœur même de la Bible? L'amour du prochain comme lieu même de l'amour de Dieu — double commandement qui réalise toute la Loi et les Prophètes — ne vient-il pas subvertir, selon Jésus, les sacrifices cultuels? Si bien que la sécularisation massive à laquelle le christianisme est aujourd'hui affronté est le fruit de son dynamisme évangélique le plus authentique. Aussi n'est-il pas étonnant que les chrétiens soient sensibles à l'harmonie qu'ils perçoivent entre le projet sacré de libération humaine, projet collectif tendu vers un monde autre, et le dessein libérateur de Dieu en Christ, dessein également collectif et universel tendu vers un autre monde; un autre monde qui prend corps eschatologiquement dans ce monde-ci vécu autrement.

Une seconde chance est ici offerte à nos célébrations liturgiques. En bien des lieux déjà, la dimension *prophétique* de l'Évangile est largement prise en compte dans la ritualité sacramentelle; on y respire une espérance. Mais ailleurs, on ne rencontre parfois que désespérance, ennui, sacralité cosmique, langage médiéval : Église moribonde?...

2. MOYENNANT QUELLE STRATÉGIE?

Nous ne pouvons ici que donner quelques points de repères. La bibliographie, sur ce plan pastoral, est impressionnante [44]. Nous nous limiterons à faire ressortir, en fonction de la perspective particulière de cet ouvrage et, plus précisément, de ce chapitre, *deux axes stratégiques majeurs* pour la pastorale liturgique et sacramentelle : le *pluralisme* et la *symbolisation de l'histoire*.

---

44. Parmi les ouvrages récents, nous signalons simplement, sur le plan de la pastorale sacramentelle globale : H. DENIS, *Des sacrements et des hommes. Dix ans après Vatican II*, Chalet 1975. Sur le plan de la célébration liturgique : J. GELINEAU, *Demain la liturgie*. Essai sur l'évolution des assemblées chrétiennes, Cerf 1976 (« Rites et symboles »); C. DUCHESNEAU, *La célébration dans la vie chrétienne*, Centurion 1975 (« Croire et Comprendre »).

a) *Le pluralisme*

L'Église, comme la société, est éclatée. De ce fait, les symboles ne peuvent pas fonctionner partout de la même manière, et une pratique pluraliste est nécessaire.

Énoncé sous cette forme générale, ce principe acquiert l'adhésion du plus grand nombre. D'ailleurs, le terme de « pluralisme », largement récupéré par le pouvoir politique de gauche comme de droite, appartient désormais à la panoplie de notre système social. La difficulté surgit dès que l'on se réfère concrètement au terrain.

D'abord, il n'est pas aisé de reconnaître en en pesant tout le poids, le fait de la pluralité des cultures. Toute analyse, surtout lorsqu'elle touche à des phénomènes humains sociaux ou psychiques, passe inévitablement à travers un *mécanisme filtrant* largement conditionné, outre le désir et la culture, par la pratique historique dans laquelle on est engagé et par la justification du statut personnel dans la société. Selon l'« intérêt » que l'on y trouve — la plupart du temps en toute bonne foi d'ailleurs —, on gommera ou on accentuera les différences. Lorsque l'on se trouve en situation de pouvoir, où que ce soit, dans l'Église ou ailleurs, on a toujours « intérêt » à minimiser les différences : la hantise, c'est l'unité — nationale, syndicale, ecclésiale. Ce phénomène « naturel » est surdéterminé dans l'Église par une éthique de charité-unité fondée dans une ecclésiologie de communion qui vient elle-même s'emboîter dans une théologie trinitaire à forte influence unitaire [45]. De ce fait, les responsables pastoraux — évêques, prêtres, laïcs — sont spontanément sensibles à ce qui unit *encore* les chrétiens à l'institution ecclésiale dont ils sont, par fonction, les représentants — pratique sacramentelle, catéchisme, savoir doctrinal... — : c'est leur pouvoir, leur statut social, leur identité même, donc toute leur raison d'être qui est en jeu. Mais l'arbre de ces restes de culture ecclésiale

---

45. Cf. l'analyse matérialiste du discours trinitaire de S. Augustin que fait R. NOUAILHAT, *Le spiritualisme chrétien dans sa constitution, op. cit.*, notamment pp. 154-157.

commune à tous cache alors la forêt profonde des diversités culturelles : la pluralité est reconnue intellectuellement, elle n'est pas vraiment éprouvée concrètement.

Tout pouvoir a quelque chose d'aveugle. Les responsables pastoraux se laissent facilement *sécuriser par ce qui marche encore*. Bien sûr, tout le monde parle de la « crise » et de sa gravité. Mais c'est toujours à partir d'elle-même que l'institution essaie d'y faire face. Or elle a en fait relativement *peu de pouvoir* sur la transformation des mentalités, comme le montrent les résistances de la « religion populaire » à l'acculturation conciliaire, malgré l'énorme dépense d'énergie effectuée par les responsables en vue d'élaborer des stratégies pastorales missionnaires et liturgiques adaptées à la situation nouvelle. Le bilan, il est vrai, est loin d'être négatif : une nouvelle image de marque de l'Église, plus proche des hommes, plus courageuse, plus évangélique aussi, semble en train de s'imposer. Mais aussi, et c'est le revers de la médaille, il semble bien, statistiquement, qu'elle demeure ou soit devenue étrangère à une masse plus importante de gens qu'autrefois, à tel point que, devant le phénomène des résistances aux changements liturgiques récents, nombre de sociologues ont évoqué ou supposé un mouvement d'« ex-christianisation », terme qui, comme l'a relevé F.A. Isambert, a fonctionné et fonctionne toujours comme « un véritable paradigme sociologique » : les réformes auraient accéléré la non pratique[46]. L'auteur s'interroge à juste titre sur la validité d'un tel schéma. Quoi qu'il en soit, nous avons conscience, plus d'une décennie après Vatican II, que le poids des mentalités et des cultures est sans commune mesure avec l'inflexion que les responsables pastoraux peuvent leur faire subir depuis l'ambon ou depuis les petits noyaux de chrétiens engagés qu'ils rencontrent régulièrement. Ce n'est pas la quantité, mais la qualité qui compte, dit-on parfois pour se rassurer. Cela n'est vrai que dans une métaphysique de l'intériorité. Non que les deux termes soient proportionnellement liés, bien sûr ; mais la

---

46. F.A. ISAMBERT, *art. cit., La Maison-Dieu* 128, 1976, pp. 76-80.

crédibilité théologique de l'Église et du message évangélique n'est pas purement et simplement dissociable de sa crédibilité sociologique : un certain seuil quantitatif conditionne l'une et l'autre. De combien, dans dix ans, dans vingt ans, le pourcentage de croyants, de baptisés, de pratiquants sera-t-il inférieur à ce qu'il est actuellement ?

Il n'existe pas de remède radical à cette situation. Le pouvoir des responsables sur la transformation des mentalités est limité. Au plan liturgique, sa *marge de manœuvre est étroite,* pris qu'il est entre deux exigences contradictoires : d'une part, il ne peut laisser trop vite casser le modèle liturgique officiel, sous peine de perdre un peu plus de son pouvoir, de n'être plus en mesure de contrôler la situation et, finalement, de couper l'Église en deux — conduite suicidaire —; d'autre part, il ne peut contraindre les jeunes et les adultes, les ouvriers et les patrons, les militants engagés et les chrétiens plus traditionnels, à entrer tous dans le même moule liturgique, sous peine de voir partir — c'est pourtant ce qui se passe — tous ceux qui ne s'y retrouvent aucunement. Il faut pourtant faire une option. Les célébrations chrétiennes ne nous semblent avoir de chance pour l'avenir que si l'on fait droit à un *large pluralisme,* auquel Vatican II n'a fait qu'ouvrir la voie. Compte tenu des frictions culturelles très vives au sein de l'Église actuelle, ce pluralisme ne peut se mettre en place que par la base et de manière progressive. La tâche de la pastorale liturgique et sacramentelle aujourd'hui est de le *favoriser* autant que faire se peut.

Ce pluralisme existe déjà de fait, au moins dans une certaine mesure. Mais il pose au moins *deux questions théologiques* importantes.

— La *première* est celle de l'*appartenance à l'Église.*

L'identification à l'Église est désormais de plus en plus *partielle :* « Il y a, écrit le P. Congar, ce à quoi on adhère, il y a ce qu'on laisse tomber, ou ce dont on doute, ce qu'on laisse dans l'interrogation. On ne sort pas de l'Église, mais, un jour, on s'aperçoit qu'on est dehors sur un point, dedans par un autre [47]. » Si bien que le seuil de rupture paraît reculer indéfiniment; la notion d'hérésie perd de sa signification. Surtout dans les jeunes générations, on reste attaché à la « res » — les valeurs du christianisme comme défenseur de la justice, de la liberté, etc. —, mais sans le « sacramentum » — ministères, dogmes, sacrements —, ce qui est la situation inverse d'autrefois, remarque encore l'auteur. L'orthopraxie tend à remplacer l'orthodoxie dans le sentiment d'appartenance.à l'Église.

Les circuits dans lesquels celui-ci s'investit sont de plus en plus diversifiés, suite à l'éclatement des relations sociales et de la culture. Une identification *totale* à l'Église est *de moins en moins possible*. Ceci pose évidemment une grave question. Il est vrai qu'une identification totale est périlleuse, car elle présuppose la référence à une Église prise essentiellement du côté de l'institution [48]. Or toute définition de l'Église qui prétendrait à l'exhaustivité ne pourrait que la figer en institution juridique. L'Église est « sacrement »; elle ne peut faire l'objet que d'approches symboliques diverses : Peuple de Dieu, Corps du Christ, Épouse du Christ, Temple de l'Esprit..., dont aucune ne l'épuise. C'est précisément l'écart entre ces images qui fait signe vers son Mystère. Elle n'en a pas moins un pôle institutionnel : le Peuple de Dieu est structuré par l'Alliance, le Corps du Christ est organisé selon des fonctions ministérielles, etc. [49]

Toute identité s'établit dans un procès de socialisation : apprentissage et intériorisation des codes linguistique, parental, politique, éthique... ; c'est un phénomène éminemment institutionnel. L'identité chrétienne suppose également la référence à l'institution-Église — initiation à son langage, à sa structure, et notamment aux sacrements —, même là où, en raison de la survalorisation idéologique actuelle de la critique contre les institutions, l'on s'abstient de recourir aux ministres et aux sacrements [50].

---

47. Y. CONGAR, Sur la transformation du sens de l'appartenance à l'Église, in *Communio 5*, 1976, pp. 41-49.

48. Cf., à ce sujet l'article de H. SCHLETTER, in *Concilium 66*, 1971.

49. P. EYT,̀ « Église : symboles et institution », in *Communio 5*, 1976, pp. 50-58.

50. *Supra*, ch. III, § IV, 2.

286 DU SYMBOLIQUE AU SYMBOLE

Au bout du compte, si la situation actuelle nous impose de *ne plus limiter les critères d'appartenance à la pratique sacramentelle*, elle nous impose tout autant de *ne pas dévaluer celle-ci*, ni théologiquement, ni pastoralement. La tâche urgente est bien plutôt de chercher à la *réévaluer*. Cela suppose que l'on recherche une voie moyenne, basée, comme le suggère H. Denis, sur une *détente pratique de la sacramentalité*[51]. Des lieux sacramentels de réflexion et de célébration, respectueux des sous-cultures des groupes et du cheminement des personnes, doivent être aménagés. *Une politique « catéchuménale » de seuils sacramentels* est à mettre en œuvre.

— La *seconde* question théologique que soulève le pluralisme concerne la relation entre *l'Église particulière et l'Église universelle*.

L'ecclésiologie de Vatican II fournit un bon point d'appui théorique pour penser ce rapport : l'Église particulière n'est pas une simple portion de l'Église universelle ; elle en est la réalisation concrète dans une société ou un milieu donné. Cela fait écho à la dimension patristique première de «katholikos», qui désigne une universalité en profondeur avant de désigner une universalité en extension — l'Église était déjà catholique au matin de la Pentecôte —[52], ainsi qu'à la signification première d'«ekklêsia» dans le Nouveau Testament qui vise d'abord l'assemblée des croyants réunis en un lieu donné ou le groupe qu'ils forment dans une localité, avant d'être étendue à l'Église en diaspora[53].

Le pluralisme que rend possible et même que requiert cette ecclésiologie est en fait difficile à réaliser. La centralisation uniformisante qui aboutit, après cent ans de guerre pour les rites, en

---

51. H. DENIS, « Les stratégies possibles pour la gestion de la religion populaire », in : *La Maison Dieu*, 122, 1975, pp. 184-188.

52. H. DE LUBAC, *Catholicisme. Les aspects sociaux du dogme*, Cerf, 1965, (« Foi vivante », 13), ch. II.

53. Cf. note de la TOB sur Ac 5, 11. Au terme «ekklêsia» se substitue souvent celui de « se réunir » (syn-erchomai) qui, selon F. HAHN (*Der urchristliche Gottesdienst*, Stuttgart 1970), est « le seul concept qui se présente avec une régularité certaine » dans le N.T. pour la liturgie (p. 34).

Chine, à la Bulle *'Ex quo singulari'* de Benoît XIV (1742). (Celle-ci mettait fin, de manière impérieuse, à la recherche qu'avait menée les jésuites pour adapter la liturgie romaine à la culture chinoise.) — cette centralisation est largement battue en brèche depuis Vatican II, c'est vrai. Néanmoins, on réagit encore souvent comme si *l'universel eucharistique* impliquait le minimum de prise en compte du *particulier culturel.* C'est bien ce que l'on fait quand on se contente de traduire des textes latins, composés par des esprits latins, dans un monde culturel totalement différent du nôtre, ou quand les créations que l'on propose sont elles-mêmes moulées sur les « monuments » anciens — les prières eucharistiques, par exemple. L'universel ecclésial et sacramentel et le particulier culturel vont *de pair ;* ils ne sont pas en concurrence. Cet universel ne peut avoir de consistance qu'incarné dans le particulier historique du groupe qui célèbre. Les participants ne peuvent se l'approprier que dans la médiation de leur langage, de leur culture, et même de leur idéologie. Sinon, la catholicité n'est plus mystère de communion, mais uni(formi)té mystificatrice. Tel est d'ailleurs le danger qui guette les *assemblées paroissiales de type classique :* la catholicité, dont on se plaît à souligner qu'elles sont le signe, puisqu'elles rassemblent en un seul corps riches et pauvres, intellectuels et manuels, forts et faibles dans la foi, jeunes et anciens, n'est-elle pas en fait un alibi commode ? L'hétérogénéité des cultures, des mentalités, des sensibilités est en effet telle que la parole verbo-rituelle y est inappropriable collectivement par le groupe et qu'on est contraint d'en rester à des généralités abstraites pour éviter de trop vives tensions. Une telle universalité n'est-elle pas plutôt insignifiante ? Et pour ceux qui participent régulièrement à ce type d'assemblée, les menaces sont lourdes : la foi s'y sclérose ; le groupe, l'habitude aidant, finit par ne produire autre chose que lui-même.

Mais si le particulier culturel pose de sérieuses questions à l'universel ecclésial et sacramentel, la réciproque est également vraie. Le mystère pascal célébré dans les sacrements de l'Église vient faire éclater tout particulier qui virerait au particularisme idéologique. On reconnaît là la tentation des *groupes homogènes,* de taille généralement plus réduite que les assemblées classiques, tentation souvent d'ordre politique. Si le groupe refuse la communion ecclésiale et eucharistique avec ceux qui vivent d'une autre idéologie, il devrait s'abstenir d'eucharistie ; un tel jeûne serait significatif. Mais il ne suffit pas de se déclarer prêt à une telle reconnaissance de communion : il faut le signifier sacramentellement, notamment à travers la présidence d'un ministre ordonné tenu pour autre chose qu'un simple délégué du groupe. Moyennant cette ouverture à l'universel qu'implique le fait d'être d'Église et de célébrer un sacrement, ces groupes homogènes où l'appropriation collective du langage verbo-rituel ne fait plus guère de difficulté sont une chance pour la liturgie de demain. Le courant d'homogénéisation que l'on observe dans certaines assemblées paroissiales plus typées l'est également. Mais sans doute faudra-t-il proposer aussi des formes de rassemblements plus larges, de temps en temps, pour manifester sacramentellement, de manière plus sensible, l'unité ecclésiale de cette diversité.

Ce discours théologique d'ouverture à l'universel peut toujours être soupçonné, du point de vue *sociologique,* d'être une stratégie déployée, consciemment ou non, par la hiérarchie pour assurer et renforcer son pouvoir sur la masse des fidèles. Une telle analyse, largement vérifiable dans les faits, est probablement exacte dans son ordre. Mais le *danger* ici — et c'est pour cela que nous soulevons cette question — serait de la prendre pour *norme d'action pastorale.* Elle aide à comprendre les mécanismes de fonctionnement de la théologie de l'Église comme Corps du Christ ou de l'eucharistie comme communion universelle. Elle en décèle certains pièges. Elle invite les responsables pastoraux à s'interroger sur l'« utilisation », jamais innocente, qu'ils font de ces concepts théologiques fondamentaux. Elle invite prêtres et laïcs à vivre leur mission en co-responsabilité. Mais elle ne porte *pas de jugement de valeur.* Cette évidence doit être soulignée, car il arrive que des chrétiens, sous le choc de ce que l'analyse sociologique leur a manifesté, l'utilisent pourtant ainsi. Il devient « mal », parce que « non évangélique » et « en contradiction avec ce que vivaient les communautés primitives » (!), de «profiter» ainsi de la présidence de l'eucharistie pour renforcer son pouvoir... Comme si les mécanismes sociologiques pouvaient jouer autrement dans l'Église que dans la société! Comme si l'Évangile pouvait se vivre ailleurs que dans l'humain! Comme si le pouvoir, qui ne peut durer que grâce aux processus sociaux qui le soutiennent et le renforcent, était chose impure! En réalité, le problème est ailleurs : dans la revendication de participation et dans le rejet d'une autorité qui ne s'exerce ou ne donne l'impression de s'exercer qu'à coups de pouvoir. L'autorité se mérite, elle requiert un consensus; un pouvoir qui n'a plus d'autorité est aujourd'hui contesté. C'est le drame que vivent un certain nombre de prêtres actuellement : leur «pouvoir sacerdotal» ne suffit plus à leur acquérir cette confiance du peuple chrétien qui faisait leur autorité autrefois; on exige désormais d'eux qu'ils soient fonctionnellement compétents et notamment que leur discours théologique soit crédible. C'est aussi le drame, assez souvent, de la hiérarchie dans l'Église lorsqu'elle parle selon des schèmes culturels d'une autre époque.

b) *La symbolisation de l'histoire*

Si les chrétiens des premiers siècles ou du Moyen Age entendaient le langage de nos prières liturgiques, ils ne seraient guère dépaysés, puisque celui-ci semble destiné à toutes les époques et cultures. Langage *intemporel* qui n'évoque le présent que sous forme mystérique — «aujourd'hui, le Christ est né» —, et de manière toujours abstraite — «le genre humain», «les peuples et les nations», «toujours et en tout lieu». Pris entre un passé — celui de Jésus — où tout est joué et un avenir eschatologique dont le seul côté méta-historique est mis en valeur — «les biens qui ne passent pas» — le présent historique ne fait manifestement pas le poids [54].

---

54. Le livre de C. DUQUOC et J. GUICHARD, en collaboration avec un groupe de recherche de la Faculté de Théologie de Lyon, *Politique et vocabulaire liturgique*, Cerf 1975 («Rites et symboles»), malgré ses importantes limites, fait ressortir vigoureusement ce point.

L'acte ecclésial qu'est la liturgie n'est pas le lieu, il est vrai, des effusions personnelles, et il est facile de profiter d'une prière « engagée » pour transmettre sa propre idéologie. Car toute prière a un *double destinataire* : un destinataire direct, désigné dans le discours — Dieu — et un destinataire oblique — soi-même et les autres. Du point de vue anthropologique, c'est toujours nécessairement à travers le second que le premier est atteint. S. Augustin l'avait déjà remarqué : « en priant Dieu, que nous ne pouvons songer à enseigner ou à faire se souvenir, le rôle des paroles sera ou de nous avertir nous-mêmes ou d'avertir et d'enseigner les autres [55] » ; et Hugues de Saint-Victor, au XIIᵉ siècle, dans la très fine analyse qu'il fait du statut de la prière, remarque avec perspicacité que si, du côté de Dieu, la seule « supplicatio », c'est-à-dire la demande sans énoncé — « petitio » sans « narratio » — est suffisante, du côté de l'homme en revanche, l'énoncé est nécessaire — « postulatio » —, « pour qu'il puisse comprendre sa demande [56] ». Dans la plus pure demande de Dieu, parce qu'elle est nécessairement demande d'amour, le demandeur se fait toujours le demandé : « je t'aime » suppose toujours « je t'aime m'aimant » ; la demande est tout autant réponse qu'offre [57]. Le piège de la prière est toujours de se stabiliser dans cette « tautologie » [58] et de faire de la demande à Dieu un alibi qui masque la réponse rassurante que l'on se donne. Jamais certes on n'évitera totalement ce risque. La prière, comme le signale R. Bastide, comportera toujours une part de flatterie interressée de Dieu,

---

55. S. AUGUSTIN, *De magistro VII,* 19.
56. Hugues de SAINT-VICTOR, *De moro orandi,* P.L. 176, 982.
57. J.C. SAGNE, « Du besoin à la demande, ou la conversion du désir dans la prière », in *La Maison-Dieu,* 109, 1972, pp. 87-96. De même, la demande de cure analytique est « réponse à la demande dont l'analyste se porte garant : ce qui est demandé est identifié par le demandeur à ce qu'il est supposé *offrir* (...) C'est pourquoi la demande se veut non seulement réponse à notre offre (à nous, analystes), mais tout autant offre nous situant en position de demandeurs » (P. CASTORIADIS-AULAGNIER, « Demande et identification », in : *L'inconscient,* 7, 1968, pp. 23-24).
58. R. BARTHES, « Comment parler à Dieu ? », in *Tel Quel,* 38, 1969.

qu'on le loue, qu'on s'humilie, qu'on lui demande une faveur [59]. Elle sera toujours une prière *d'homme,* même dans sa teneur la plus évangélique, comme demande de l'Esprit Saint, ou demande du désir même de Dieu : « pour accorder à tes fidèles ce qu'ils désirent, fais-leur demander ce qui te plaît » (liturgie romaine) ; c'est précisément cela qui en fait la « valeur », et non point quelque pureté perfectionniste qui n'est qu'une forme pathologique de la culpabilité.

Le risque d'une prière liturgique qui se veut « en prise sur la vie concrète » est, outre le bavardage sans pudeur, voire exhibitionniste, dans lequel elle donne parfois, de profiter de sa fonction patente d'allocution à Dieu pour exercer maintes *fonctions latentes :* information des auditeurs — la prière-journal —, rappel de doctrine — la prière-discours théologique —, pression morale — la prière-qui-fait-la-leçon —, et surtout instruction idéologique. Certes, même la prière la moins apparemment engagée exerce ces fonctions latentes. Mais quand on en vient à se raconter sous prétexte d'« exprimer la vie », on sombre franchement dans le discours de la « valeur ». La pression idéologique est telle qu'elle bouche tout espace symbolique où chacun pourrait se retrouver à sa manière propre.

La liturgie n'a de chance pour l'avenir que si, d'une part, elle ne demeure plus figée dans le langage *et* les modèles traditionnels, et si, d'autre part, elle évite de, se laisser entraîner dans la trompeuse facilité de l'expression immédiate des « problèmes de vie » — ce qui ne veut nullement dire qu'il ne faille y aménager des moments pour cela : de tels moments sont bien souvent, au contraire, des catalyseurs indispensables à sa « prise ». Son urgente actualisation culturelle passe par sa capacité à *symboliser ce nouveau lieu du sacré qu'est la dimension historique* de l'existence collective et individuelle. Une double exigence apparaît ici :

---

59. R. BASTIDE, « L'expression de la prière chez les peuples sans écriture », in : *Le Sacré sauvage, op. cit.,* pp. 125-150. (Paru dans *La Maison-Dieu,* 109, 1972, pp. 98-112).

— Celle d'une certaine *poétique,* à condition d'enlever à ce terme ses connotations traditionnelles de « poésie » et d' « esthétique ». Les phrases les plus simples peuvent exercer une forte fonction poétique. Dans la communication, littéraire ou la plus courante, celle-ci vise à donner au message « la meilleure configuration possible », dit R. Jakobson [60]. Il n'est pas besoin pour cela, bien au contraire, de faire appel à des termes compliqués, à des expressions alambiquées ou à une esthétique raffinée. Simplement, un certain travail sur le texte, les gestes, les objets, la disposition des lieux ouvre un espace symbolique vers cette « région autre » dont nous avons déjà parlé. Ce n'est pas un passage d'un sens à un autre, ce n'est pas un arrachement au visible pour accéder à l'invisible, comme dans la métaphysique platonicienne. C'est un passage à ce qui est autre, passage qui se réalise au contraire dans la mesure où l'on s'enfonce dans la corporéité et dans ses signifiants : le corps du Christ se fait d'autant plus pain qu'il est toujours ailleurs. Le *travail sur l'enchaînement des signifiants,* auditifs, visuels, etc., vise à leur rendre possible le maximum de productivité symbolique.

Un important chantier est ici ouvert à la *créativité.* Encore faut-il se méfier, car un tel concept, lui aussi récupéré par le système de la valeur, est, comme l'a signalé D. Hameline, « saturé d'idéologie » — surtout gauchisante « par son glissement vers la revendication de spontanéité » [61]. Au nom de la créativité, on aboutit parfois — stupéfiant paradoxe ! — à des liturgies où vous êtes quasiment sommés de faire preuve de spontanéité. Ce spontanéisme a quelque chose de pathologique. La spontanéité ne se réalise pas sur commande ; elle demande qu'on ait « longuement intériorisé ses conduites d'expression [62] ». Dans ce cas, elle sera créative, ce qui montre du même coup que la créativité n'est pas proportionnelle à la quantité de créations nouvelles. Selon l'idéologie des groupes, ces

---

60. R. JAKOBSON, « Essais de linguistique générale », Ed. de Minuit, 1963, p. 219. Cf. *supra,* ch. I, note 61.
61. D. HAMELINE, « La créativité »..., *art. cit.*
62. J. GELINEAU, *Demain la liturgie, op. cit.,* p. 134.

nouveautés peuvent être plus ou moins requises; on trouve sur ce point toute la gamme des possibilités. Mais on peut utiliser les meilleurs matériaux en provoquant l'ennui général. La manière de faire est toujours déterminante en ce domaine, puisque l'on est dans le domaine de l'*activité* symbolique[63].

— Cependant, pour être créatrice de foi, la liturgie doit être créative à partir de la culture actuelle, et notamment de tout ce qui se situe sur *l'axe historique de l'ouverture au futur* — recherche, projet, devenir — *ou à un monde autre* — libération, justice, partage, humanité nouvelle — : c'est là la deuxième exigence.

Elle ne peut plus fonctionner comme si le *cosmos* était encore le signe direct du Créateur et comme si l'analogie du visible et de l'invisible pouvaient s'imposer avec évidence. « Dieu tout-puissant, qui régis l'univers du ciel et de la terre », dit encore une oraison de la messe. La cosmologie impliquée dans ce langage, ainsi que la représentation métaphysique de Dieu, cause motrice et ordinatrice, qui lui est liée, constituent de véritables obstacles à la foi et à sa crédibilité aujourd'hui.

---

63. On peut illustrer ceci par un schéma très simple, où l'axe d'abscisse Ox indique le degré de créations nouvelles (textes notamment, mais pas exclusivement), et l'axe d'ordonnée Oy le taux de « rendement » symbolique et performatif.

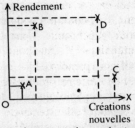

On voit qu'avec peu de textes neufs, on peut avoir un rendement très faible (A) ou, au contraire très élevé (B) — par exemple, par des interpolations brèves, mais pertinentes par leur style, leur lien avec la liturgie de la Parole, etc. dans une prière eucharistique classique —; inversement, une importante création de textes peut aboutir à un rendement très médiocre (C) — parce que les textes sont trop difficiles ou trop marqués idéologiquement, ou bien, tout en étant excellents, parce qu'ils ont été mal proclamés, ou à un moment où l'assemblée était fatiguée de paroles, etc. —; mais le rendement peut être aussi excellent (D). Il est des groupes où les exigences culturelles — et idéologiques — sont telles que le rendement requiert d'importantes créations de textes à chaque fois.

Il faut rappeler cependant que le symbolisme liturgique ne fonctionne pas d'abord au niveau de la connaissance rationnelle, mais qu'il opère prioritairement comme travail de reconnaissance d'identité chrétienne. De ce fait, le textuel ici ne trouve son épaisseur que dans l'*extra-textuel* de la ritualité pour laquelle il a été fabriqué. Une analyse littéraire, sémiotique ou autre, des textes liturgiques est parfaitement légitime dans son ordre, mais, par méthode, elle sacrifie le hors-texte, c'est-à-dire l'*usage* rituel qui en est fait et qui leur confère leur opérativité symbolique : ce qui explique que bien des chrétiens, même « engagés », se reconnaissent encore « sans réfléchir » dans cette liturgie d'une époque pré-scientifique, voire féodale [64]. Certains pourront souligner, d'autre part, que la théologie de la prière ci-dessus mentionnée n'est pas différente de celle du récit de la création dans la Genèse. Mais une telle remarque présuppose que le fond serait séparable de la forme. En réalité, la même chose dite tout autrement n'est plus la même chose, surtout quand les genres littéraires sont aussi différents. Cependant il demeure vrai que, au sein de sa mise en œuvre rituelle, cette prière ne fonctionne pas comme un énoncé théologique et que, dans l'espace symbolique où elle se situe, chacun peut la recevoir à sa façon comme expression du rapport de différence et de dépendance radicale du monde avec Dieu, rapport qu'il revient à la théologie d'expliciter. Il reste, en dernière analyse, que ce langage liturgique entretient des représentations religieuses qui ne sont plus crédibles, et crée un malaise qui ne peut aller que s'accroissant à mesure que, avec la culture, les chrétiens deviendront plus critiques. Dans le meilleur des cas, il faut faire un réel effort pour surmonter les objections qui viennent à l'esprit ; on s'use vite à ce jeu-là...

L'historique ne doit pas pourtant évacuer le cosmique. Aujourd'hui comme hier, l'homme corporel est travaillé par l'imaginaire et

---

64. Cf. les remarques pertinentes dans ce sens de A. ROUSSEAU, à propos du livre *Politique et vocabulaire liturgique* (*supra*, n. 52) : « Discussion sur les limites d'une analyse du vocabulaire liturgique », in : *La Maison-Dieu*, 125, 1976, pp. 85-96.

il est parlé par les schèmes sub-rituels de hauteur/profondeur, lumière/ténèbres, matin/soir, faim/rassasiement, souillure/purification, etc. Comme nous l'avons montré, il serait naïf de croire ces ambivalences natives dépassées. Même l'Histoire se vit, se pense et se dit à travers ces schèmes. Et il serait catastrophique de proposer des célébrations qui écarteraient au maximum les symboles de type cosmique. Ceux-ci doivent y avoir toute leur place ; mais ils doivent être aussi à leur place, c'est-à-dire fonctionner en troisième naïveté, comme nous l'avons montré au chapitre IV : c'est le *Dieu de l'histoire*, de cette histoire qui est aujourd'hui dans les derniers temps ouverts avec le tombeau du Ressuscité, qui crée ; c'est le *Dieu Trinité*, Père, Fils et Esprit, tel qu'il s'est manifesté dans la *croix de Jésus, le Ressuscité*, et non le Dieu simple de la théodicée, Moteur immobile et Principe immuable, qui est la présence créatrice tenant le monde dans l'être, un monde dont la fin est anticipée, dans la résurrection du Crucifié, au beau milieu de l'histoire [65]. C'est à partir du « corps spirituel » de résurrection du Christ, c'est-à-dire de sa qualification par l'Esprit de Dieu qu'il faut penser la création ; elle est alors considérée pleinement comme un phénomène historique, travaillée qu'elle est par les douleurs de l'enfantement sous la force de l'Esprit gémissant en elle (Rm 8, 13-30) [66]. Ce n'est pas la symbolisation du cosmos comme tel qui fait problème dans les célébrations chrétiennes, mais l'assignation de sa place dans la configuration symbolique propre à la foi ecclésiale : sa position historique et eschatologique.

L'événement pascal que la liturgie célèbre en mémorial ouvre la possibilité d'une *autre histoire* ; il assure la genèse d'un *monde nouveau* ; il convoque l'humanité à la réconciliation en *Corps du Christ* ; il brise sacrificiellement et définitivement le cercle infernal de la *violence* ; il consacre l'homme, appelé à devenir fils dans le Fils, comme *lieu premier du sacré*, et ses tâches historiques, vécues

---

65. J. MOLTMANN, *Le Dieu crucifié*, Cerf/Mame 1974, (« Cogitatio Fidei », 80), pp. 225-324.

66. W. KASPER, *Jésus le Christ*, Cerf, 1976 (« Cogitatio Fidei », 88), pp. 387-389.

dans cette réalisation surabondante de la justice qu'est l'amour, comme *espace prioritaire du culte* où Dieu se donne à rencontrer; et il fait naître l'Église comme le *sacrement vivant de cette espérance* pour le monde.

C'est cet avenir eschatologique, tirant le présent historique en avant, que les célébrations chrétiennes ont à faire vivre symboliquement. A ce compte, elles pourront devenir, sans y sacrifier leur spécificité, une *parole audible* par nos contemporains. Leur projet sacré de transformation du monde pourra y trouver un écho. Elles cesseront alors de se présenter comme remèdes aux déficiences humaines de la part d'un Dieu compensateur de nos impuissances; elles cesseront de ne prendre l'histoire que par le biais de ce qui lui fait défaut. C'est au contraire dans le creux de son *excès* qu'elles figureront son manque.

Mais une telle liturgie « historicisée » est le produit typique de notre époque. Elle ne peut échapper totalement à son fonctionnement comme *différence idéologique consommée,* comme « *valeur différentielle* » à l'intérieur du système, comme cela est manifeste dans bien des groupes. Du moins doit-elle veiller à ne pas se laisser aller au contre-discours morose, dont la fonction cathartique n'est guère moins ambiguë que le discours cosmique anesthésiant. Seule la *gratuité du poétique* peut la sauver.

3. ET LE « CHRISTIANISME POPULAIRE » ?

Si nous posons cette question ici, ce n'est pas pour reprendre un dossier qui, depuis quelques années, a été abondamment exploré[67]. Simplement, nous nous demandons si la mise de fond sur le

---

67. *La Maison-Dieu,* 122, 1975 : « Religion populaire et réforme liturgique » ; J.M.R. TILLARD et al., *Foi populaire et foi savante.* Actes du 5ᵉ colloque du Centre d'études d'histoire des religions populaires au Collège dominicain de théologie (Ottawa), Cerf, 1976 (« Cogitatio Fidei », 87). Au plan historique : « Le christianisme populaire. Les dossiers de l'histoire », sous la direction de B. PLONGERON et

socio-historique que nous préconisons en liturgie ne va pas se heurter d'emblée aux revendications inquiètes du « christianisme populaire ».

« Christianisme » ici est pris dans le sens sociologique d'une acculturation religieuse chrétienne. Nous inspirant de H. Bourgeois[68], nous classons dans le christianisme populaire les baptisés, se déclarant chrétiens, qui sont en position sociale dominée — ce qui exclut les « bourgeois », milieu où l'on retrouve pourtant des réactions religieuses assez souvent proches de la religion populaire —, qui vivent d'une culture pratique et concrète — ce qui exclut les militants ouvriers ou autres, qui sont censés avoir acquis une certaine conscience critique —, et dont la pratique religieuse est festive — ce qui exclut les pratiquants réguliers qui sont relativement acculturés à l'Église de Vatican II.

Ceci dit, il reste que la pertinence à accorder au concept de « religion populaire » pose problème : la frontière entre la « masse » et l'«élite» n'est pas nette, comme l'a montré notamment J. Delumeau[69]. Ce n'est sans doute pas un hasard si c'est aujourd'hui, et de la part de l'«élite» — les clercs et ceux qui tournent dans leur orbite — que ce concept, apparemment innocent, a pris tant d'importance. Pour l'élite, il joue en fait une fonction de rempart. Le processus est assez analogue, semble-t-il, à celui qu'a analysé E. Morin à propos de la « culture de masse ». En reléguant le kitsch, les juke-box ou les émissions de Guy Lux dans les enfers infra-culturels, une élite fétichise sa « haute culture » afin de mieux se défendre contre un processus de démocratisation qui menace son monopole sur « la »

R. PANNET, Centurion, 1976 ; « La religion populaire dans l'Occident chrétien. Approches historiques », sous la direction de B. PLONGERON, Beauchesne, 1976 ; Y.M. BERCE, *Fête et Révolte. Des mentalités populaires du XVIe au XVIIIe siècle,* Hachette, 1976 (« Le temps et les hommes »). E. LE ROY-LADURIE, *Montaillou, village occitan, de 1294 à 1324,* N.R.F., Gallimard, 1975 ; J. DELUMEAU, *Leçon inaugurale au Collège de France, art. cit. ;* etc.

68. H. BOURGEOIS, « Le christianisme : un problème d'anthropologie théologique », in : *La Maison-Dieu,* 122, 1975, pp. 118-119.

69. J. DELUMEAU, *op. cit.,* pp. 188-190.

culture[70]. En se posant face à la religion populaire, l'élite chrétienne s'affirme dans son identité d'« élite », niant ainsi le caractère pourtant également « sociologique » de son christianisme. C'est son pouvoir, contesté implicitement par le refus d'acculturation à Vatican II et aux nouvelles normes pastorales qui anime les chrétiens populaires, qu'elle cherche à récupérer. Plus encore, comme le remarque finement H. Bourgeois, c'est l'Église conciliaire, l'Église « Peuple de Dieu », qui a besoin de ce christianisme de masse pour pouvoir justifier sa théologie et ne pas devenir une secte[71].

Si le terme de « populaire » est si relatif, il n'en implique pas moins toujours « une *différenciation sociale,* une opposition au moins signalétique »[72]. La *résistance passive,* vers lequel il pointe, à l'« engagement » de la foi dans les tâches historiques et dans la liturgie que Vatican II a mis au premier plan, n'est pas sans inquiéter. Si le christianisme populaire est un oxygène, comme le déclare R. Pannet[73], ce n'est, pensons-nous, que du point de vue *culturel :* psychologiquement, comme lieu d'expression d'un certain sens de la vie, de la souffrance, de la mort ; sociologiquement — comme le montrent nombre d'études historiques récentes — comme facteur d'intégration socio-culturelle et de « santé » sociale, notamment par les multiples fêtes, soupapes permettant de réguler l'agressivité collective grâce à l'inversion ludique des rôles sociaux. Faire baptiser ses enfants c'est encore — bien que le phénomène soit déjà sensiblement en train de se modifier — faire preuve presque tout autant de « francité » que de « christianité ». Les rites de passage — la pratique dominicale relativement régulière joue très différem-

---

70. E. Morin, *L'esprit du temps* 1, *Névrose,* Grasset, 1975 (3ᵉ éd.), pp. 13-25.

71. H. Bourgeois, *art. cit,* p. 127.

72. F. Courtas et F.A. Isambert, « Ethnologues et psychologues aux prises avec la notion de "populaire" » in *La Maison-Dieu,* 122, p. 42.

73. R. Pannet, *Le catholicisme populaire. Trente ans après "La France, pays de mission",* Centurion, 1974, p. 93. Le titre de « catholicisme » n'est évidemment pas neutre dans cette perspective.

ment [74] — exercent ainsi une fonction d'«adoubement culturel [75] ». Nul doute, en outre, que le besoin d'enracinement dans une tradition stable, d'images touchantes, d'émotions collectives, de sécurité morale, de «transcendance» donnant sens à la vie et à la mort, ne trouve dans ces rites religieux, notamment aux grands changements de saison anthropologiques que l'Église est seule, dans notre société, à pouvoir sacraliser, de quoi se satisfaire. Et nul n'a le droit de juger la « valeur » subjective de ces expressions religieuses, si déviantes nous paraissent-elles du point de vue théologique. De toute façon, l'évangélisation ne pourra se faire *que sur la base de ce «sacré» culturellement religieux,* héritage que nous laisse notre Histoire.

Mais c'est pour le *convertir* à l'Évangile, nous pour l'assouvir, ce qui remet en cause l'utilisation trop commode de la faveur prioritaire de Jésus à l'égard des pauvres et des petits pour défendre le christianisme populaire. D'autre part, à entretenir celui-ci, on ne fait guère que *conforter l'athéisme ;* dans la culture actuelle, l'Église ne peut en être que moins crédible encore. Ce n'est point là sa mission ! Certes, au nom même de la Bonne Nouvelle d'un Dieu de grâce et de miséricorde, on se doit d'être *accueillant à tous,* tels qu'ils sont, notamment avec leur sens du « sacré », et même en s'appuyant sur ce sacré. Mais, au nom de ce même Évangile, c'est-à-dire d'une part de sa logique interne de libération de Dieu et de l'homme en Jésus-Christ et, d'autre part, de sa destination à des hommes qui ne peuvent l'accueillir que s'il leur est présenté de manière crédible, il faut, comme le déclare H. Denis, *« accepter, et au besoin favoriser, un certain dépérissement de la religion [76] ».* Sous peine de continuer à engendrer de futurs athées.

Dans cette perspective, la sensibilité des couches socialement dominées à la justice, à la libération, à la promotion de l'homme, à la fraternité, etc., c'est-à-dire aux nouveaux lieux du sacré — si mêlé qu'y demeure celui-ci avec le saisonnier cosmique et anthropolo-

---

74. L. VOYE, *op. cit.,* pp. 232-234.
75. R. PANNET, *op. cit.,* pp. 115.
76. H. DENIS, *art. cit.,* p. 175.

gique — fournit un bon point d'appui, semble-t-il, à la pastorale liturgique et sacramentelle. Essayons bien sûr de demeurer lucides : il y a loin de cette sensibilité à la confession du Christ. Elle constitue cependant un lieu de résonance possible privilégié de sa Parole. C'est pourquoi le christianisme populaire peut trouver son compte, *lui aussi,* dans la symbolisation liturgique de l'histoire. Sans faire preuve d'optimisme béat, nous croyons qu'il y a là une chance à saisir pour les célébrations chrétiennes.

« Liturgie chrétienne et société de consommation », tel est l'intitulé de ce dernier chapitre. En français, la copule « et » comporte bien des sens. Ici, elle n'a pas valeur d'association, ni de simple juxtaposition, mais bien de contraste.

Contraste plus théorique qu'effectif d'ailleurs. Les formes nouvelles de célébration sont nécessairement le produit du système économique, politique, scientifique actuel. Même si elles prétendent le dénoncer ; précisément dans la mesure où elles prétendent le dénoncer... Cercle vicieux ? Non pas, pas totalement, dans la mesure où la revendication du symbolique y fait son œuvre patiente de déverrouillage. Œuvre infiniment précieuse en elle-même dès aujourd'hui : l'homme y retrouve la parole, et Dieu peut y faire entendre son appel. Œuvre qui prépare un non utopique basculement possible de tout le système, qui ne peut sans doute se perfectionner indéfiniment à chaque nouvelle récupération.

Mais il est tant de pièges à éviter pour que les célébrations chrétiennes dégagent cet espace symbolique où la Parole de Dieu peut trouver un écho en l'homme de la modernité que l'entreprise apparaît bien périlleuse. L'important est de les démasquer pour pouvoir les négocier. Si le détour par les sciences de l'homme dans cet ouvrage a pu paraître parfois long, c'est parce qu'il nous paraît la lourde rançon à payer, l'exigeant effort à fournir, l'opérateur du décapage inévitablement pénible à effectuer de nos évidences, pour un résultat cependant bien modeste : un peu plus de lucidité, un peu moins de naïveté.

TABLE DES MATIÈRES

INTRODUCTION 7

CHAP. I : DU SYMBOLIQUE AU SYMBOLE 13

   I. LE SYMBOLIQUE 15

     1. Le symbolique et le réel 19

       a) Il n'est d'homme que parlant, 19. — b) Pris dans les
filets du langage, 21. — c) La case vide, 24. — d) L'appel,
26. — e) Un jeu de construction, 28.

     2. Le symbolique et l'imaginaire 29

       a) Narcisse, 29. — b) Hors-jeu, 30. — c) En-jeu, 33.

   II. LA FONCTION SYMBOLIQUE 34

   III. LE SYMBOLISME ET LES SYMBOLES 37

     1. Un opérateur de communication et d'alliance 38

       a) Le symbole antique, 38. — b) Dans l'ordre des signi-
fiants, 39. — c) Le « témoin intérieur d'un système de
langage », 41. — d) Un concept analogique, 44.

     2. Signe et symbole : deux niveaux de langage 46

       a) De l'extérieur à l'intérieur : autotélisme et intransitivité
du symbole, 46. — b) De la reproduction à l'acte de
production ; de l'énoncé à l'acte d'énonciation, 48. —
c) de l'équivalence à l'ambivalence, 49. — d) L'immaîtrisable, 50. — e) Le symbole, ou la limite extrême du
langage, 53. — f) Le symbole non linguistique, ou :
« quand ça vous coupe la parole », 56.

3. Signe et symbole : deux polarités du langage   61

a) Le champ du symbolisme, 61. — b) Langage de reconnaissance et langage de connaissance : du mythe au
discours scientifique, 62. — c) Le pôle « reconnaissance »
du langage « connaissance », 63. — d) Le pôle cognitif du
langage symbolique, 68.

4. Symbole et réalité : ouverture aux sacrements   69

5. Symboles métaphoriques et symboles métonymiques   74

a) La symbolisation de type métaphorique, 75. — b) La
symbolisation de type métonymique, 76.

CHAP. II : LES SACREMENTS DE L'ÉGLISE (les sacrements dans le réseau symbolique de la foi ecclésiale)   81

 I. LA MÉDIATION SACRAMENTELLE DE L'ÉGLISE ET
    SA TRIPLE MANIFESTATION   82

 1. Trois textes-matrices   82

 2. Écriture, Sacrement, Éthique   84

 3. La « performance » de la foi et la « compétence »
    pour l'accomplir   86

II. LA STRUCTURATION DE LA FOI   87

 1. Une lecture du récit des disciples d'Emmaüs   87

1ʳᵉ partie : Fermeture et mort, 88. — 2ᵉ partie : Fermeture
et mort, 89. — 3ᵉ étape : L'ouverture des yeux, 91. —
4ᵉ partie : La surrection de l'Église, 93.

 2. L'épreuve de la foi, ou le consentement à une perte   94

III. L'ARTICULATION DU TRIPLE TÉMOIGNAGE DE
     L'ÉGLISE   97

A) Sacrement et pratique éthique (Parole célébrée et
   Parole vécue)   98

 1. Luc   98
 2. Paul   99
 3. Ensemble du Nouveau Testament 100

a) Désacralisation, 100. — b) Déchirure, 102.

B) Sacrement et Écriture (Parole célébrée et Parole annoncée) 107

   1. En perspective (chrono)logique 107

   2. En perspective de structure 108

IV. LA PLACE PRIVILÉGIÉE DES SACREMENTS 111

   1. Jésus et les disciples ont célébré 111

   2. La sacramentalité, dimension constitutive de la foi 112

   a) Emmaüs, 113. — b) Le discours du pain de vie, 114.

   3. La polarité sacramentelle de la grâce 117

CHAP. III : LA SYMBOLISATION DE L'ÉGLISE ET DE L'EXISTENCE CROYANTE : la ritualité sacramentelle 123

I. UNE ACTION RITUELLE 126

   1. Une « -urgie », et non une « -logie » 126

   2. L'acte de célébration, point de départ de toute réflexion sacramentaire 128

II. DES RITES PROGRAMMÉS 129

   1. Index métonymique pointé vers l'origine 129

   2. L'institution des sacrements, figure-type de l'institué ecclésial 131

   3. Les figures sacramentelles concrètes de l'institué ecclésial 133

   a) Eléments matériels et formule sacramentelle, 134. — b) La présidence d'un ministre, 136. — c) La programmation de la célébration. Un exemple : la prière eucharistique, 141.

III. UNE MISE EN SCÈNE SYMBOLIQUE 152

   1. L'« écart » symbolique du rituel et son double seuil . 152

   2. La figuration de « l'ordre occulte du désir » 158

IV. UNE SYMBOLISATION DE L'HOMME TOTAL 160

   1. La symbolisation de l'autochtonie humaine 160

a) Quelques éléments figuratifs, 160.— b) Les schèmes subrituels de la symbolique primaire, 161.— c) Projection/introjection : la « sym-bolisation » du microcosme et du macrocosme, 163.

2. La symbolisation de la socialité humaine 164

a) Le rituel comme « drame social », 164. — b) Les rites sacramentels, pièces maîtresses d'intégration ecclésiale, 168.

3. L'originalité du procès de symbolisation des rites religieux 170

4. La symbolisation de l'antinomie originaire du penser et du vivre : mythe et rite 173

5. Une symbolisation « économique » 177

V. L'IRREMPLAÇABLE ORIGINALITÉ DES SACREMENTS 179

CHAP. IV : L'EFFICACITÉ SYMBOLIQUE DES SACREMENTS DE L'ÉGLISE 187

I. DEUX IMPASSES OPPOSÉES...................... 188

1. L'impasse objectiviste 188

a) Une définition des sacrements, 189. — b) Un présupposé devenu inacceptable, 189. — c) Des sacrements « objets » d'où l'homme est évincé, 192. — d) La transcendance métaphysique, 194. — e) La revendication contemporaine : l'homme dans les sacrements, 198.

2. L'impasse subjectiviste 200

a) Célébration du « déjà vécu », 200. — b) La Tradition ecclésiale, 204. — c) Une anthropologie toujours métaphysique, 205. — d) Une incohérence théologique, 208.

II. LES SACREMENTS : EXPRESSIONS SYMBOLIQUES EFFICACES 209

1. L'expression 209

2. L'expression symbolique des sacrements 211

3. L'efficacité symbolique des sacrements 215

III. LES SACREMENTS DE LA PÂQUE 217

1. De la première à la deuxième naïveté rituelle : parole mythique et parole historico-prophétique 219

a) Histoire et méta-histoire, 219. — b) Mémorial historique, 223. — c) Crise rituelle, 224.

2. De la deuxième à la troisième naïveté rituelle : la parole eschatologique 225

a) L'ouverture des derniers temps, 225. — b) La ritualisation du temps eschatologique, 230.

IV. SACRAMENTAIRE ET CHRISTOLOGIE TRINITAIRE ... 236

1. Le point de départ : le mystère pascal du Christ 237

2. Christologie trinitaire : la révolution de nos représentations du rapport homme/Dieu 239

3. L'affirmation de la « grâce sacramentelle », ou l'acquiescement de l'humanité de Dieu 243

a) La scolastique, 244. — b) K. Barth, 246. — c) La mise en présence : mise en question et mise en demeure, 249.

CHAP. V : LITURGIE CHRÉTIENNE ET SOCIÉTÉ DE CONSOMMATION 253

I. L'ÉTOUFFEMENT DE L'ÉCHÉANCE SYMBOLIQUE DANS LA SOCIÉTÉ DE CONSOMMATION 257

1. Le règne du code 257

2. Une logique de compétition pour l'égalité 259

3. L'indifférenciation, ou le redoublement spéculaire.... 261

4. Le manque masqué 266

II. LA REVENDICATION CONTEMPORAINE DU SYMBOLIQUE 269

1. Les contre-discours sociaux 269

2. Les métamorphoses du sacré et du religieux 272

III. Les chances des célébrations chrétiennes 277
  1. Quelles chances? 277
  2. Moyennant quelle stratégie? 281
      a) Le pluralisme, 282. — b) La symbolisation de l'histoire, 289.
  3. Et le « christianisme populaire »? 296

Achevé d'imprimer en avril 1981
Sur les presses de l'imprimerie Laballery et Cie
58500 Clamecy
Dépôt légal : 2e trimestre 1981
Numéro d'éditeur : 6999
Numéro d'imprimeur : 20011

Imprimé en France

Rites et Symboles

Ces dernières années un effort considérable a été fourni pour mettre en place la réforme liturgique décidée par Vatican II. Mais celle-ci, en même temps qu'elle apportait une réponse aux besoins pastoraux de l'heure, en faisait naître de nouveaux. Par ailleurs le développement des sciences humaines et la prise en considération de la place des rites et des symboles dans la vie de l'homme obligent à s'interroger sur le caractère spécifique des chrétiens.

La nouvelle collection « Rites et Symboles » se propose de répondre à ces besoins nouveaux. Alors que jusqu'à maintenant les études liturgiques étaient souvent d'ordre historique, « Rites et Symboles » fait largement appel aux sciences telles que la sociologie, la psychologie, la sémiotique et la linguistique, car cette nouvelle approche de la liturgie paraît requise pour répondre aux problèmes posés par la situation actuelle.

TITRES PARUS

1. J. Potel
   Les funérailles, une fête?

2. Groupe de recherche de la Faculté de théologie de Lyon
   Politique et vocabulaire liturgique

3. J. Potel
   Moins de baptêmes en France, pourquoi?

4. P. Ariès, H. Bourgeois, R. Courtas, H. Denis, etc.
   Religion populaire et réforme liturgique

5. J. Gelineau
   Demain, la liturgie. Essai sur l'évolution des assemblées chrétiennes

6. J.-M. Marconot
   Comment ils prêchent. Analyse du langage religieux.
   Vingt-deux sermons de Toussaint

7. M. Quesnel
   Aux sources des sacrements

8. Fr. Isambert
   Rite et efficacité symbolique

9. L.-M. Chauvet
   Du symbolique au symbole
   Essai sur les sacrements

10. Irénée-Henri Dalmais
    Liturgies d'Orient